초보 학습자를 위한 해커스중국어의 선물 발사!

 본 교재 무료 핵심포인트 인강

 해커스 자동발사 중국어 팟캐스트

 교재학습 MP3

 중국어 말문트기 워크북

 자동발사 단어카드 (스마트폰 학습용 PDF)

 실력이 쑥쑥 발음 학습 MP3 실전회화 드라마 버전 MP3

 쓰면서 외우는 자동발사 단어암기장 (HSK 3·4급 핵심 단어 300 PDF)

중국어 말문트기 워크북은 교재 안에 있습니다.

팟캐스트는 팟빵 웹사이트(www.podbbang.com) 혹은 앱이나, 아이폰 Podcast 앱에서 '해커스 자동발사 중국어'를 검색하여 들을 수 있습니다.

무료 핵심포인트 인강은 해커스중국어(china.Hackers.com) 접속 후 로그인 > 상단메뉴 [무료 자료 → 무료 강의] 클릭 > [회화 → 초급] 클릭 후 '자동발사 중국어 2' 탭에서 수강할 수 있습니다.

그 외 모든 선물은 해커스중국어(china.Hackers.com) 접속 후 로그인 > 상단메뉴 [교재/MP3 → 교재 MP3/자료] 클릭 > [회화 → 자동발사 중국어] 클릭 후 본 교재 우측에서 해당 자료를 다운받으실 수 있습니다.

해커스중국어 china.Hackers.com

해커스 자동발사 중국어 **첫걸음 2탄**

따라만 하면 저절로
중국어 자동발사!

중국어
말문트기
워크북

MP3
무료
다운로드

해커스 어학연구소

해커스 자동발사 중국어 첫걸음 2탄

따라만 하면 저절로
중국어 자동발사!

중국어 말문트기 워크북

해커스 어학연구소

저작권자 ⓒ 2017, 해커스 중국어연구소 이 책 및 음성파일의 모든 내용, 이미지, 디자인, 편집 형태에 대한 저작권은 저자에게 있습니다.
서면에 의한 저자와 출판사의 허락 없이 내용의 일부 혹은 전부를 인용, 발췌하거나 복제, 배포할 수 없습니다.

DAY 01 너 언제 여행 가니?
你什么时候去旅游?

핵심 문장 자동발사

🎧 말문트기 워크북_Day01_1~4.mp3

🎧 바로 듣고 따라하기

1 你什么时候去旅游? 너 언제 여행 가니?
　　Nǐ shénme shíhou qù lǚyóu?

STEP 1 발음성조 입에 붙이기
발음성조에 유의하여 한마디씩 추가하며 따라 읽어요.
- Nǐ shénme shíhou / qù lǚyóu?
- Nǐ shénme shíhou / qù lǚyóu?

STEP 2 한자만 보고 읽기
- 你什么时候 / 去旅游?

STEP 3 중국어 자동발사
- 너 언제 여행 가니?

2 所以我昨天买了两张火车票。 그래서 어제 기차표 두 장을 샀어.
　　Suǒyǐ wǒ zuótiān mǎile liǎng zhāng huǒchē piào.

STEP 1 발음성조 입에 붙이기
발음성조에 유의하여 한마디씩 추가하며 따라 읽어요.
- Suǒyǐ / wǒ zuótiān mǎile / liǎng zhāng huǒchē piào.
- Suǒyǐ / wǒ zuótiān mǎile / liǎng zhāng huǒchē piào.
- Suǒyǐ / wǒ zuótiān mǎile / liǎng zhāng huǒchē piào.

STEP 2 한자만 보고 읽기
- 所以 / 我昨天买了 / 两张火车票。

STEP 3 중국어 자동발사
- 그래서 어제 기차표 두 장을 샀어.

3 我后天晚上回来。 나 모레 저녁에 돌아와.
Wǒ hòutiān wǎnshang huílai.

STEP 1 발음성조 입에 붙이기

발음성조에 유의하여
한마디씩 추가하며
따라 읽어요.

Wǒ hòutiān wǎnshang / huílai.

Wǒ hòutiān wǎnshang / huílai.

STEP 2 한자만 보고 읽기

我后天晚上 / 回来。

STEP 3 중국어 자동발사

나 모레 저녁에 돌아와.

4 好好儿玩儿吧！ 재미있게 놀아!
Hǎohāor wánr ba!

STEP 1 발음성조 입에 붙이기

발음성조에 유의하여
한마디씩 추가하며
따라 읽어요.

Hǎohāor / wánr ba!

Hǎohāor / wánr ba!

STEP 2 한자만 보고 읽기

好好儿 / 玩儿吧！

STEP 3 중국어 자동발사

재미있게 놀아!

DAY 01 너 언제 여행 가니? 你什么时候去旅游? 3

실전회화 자동발사

끊어 읽는 부분에 유의하며 천천히 따라 읽으세요.

STEP 1 발음성조 입에 붙이기

민준 Nǐ shénme shíhou / qù lǚyóu?

루루 Wǒ míngtiān / qù lǚyóu.

민준 Nǐ gēn shéi / yìqǐ qù?

루루 Wǒ gēn péngyou / yìqǐ qù, //
suǒyǐ / wǒ zuótiān mǎile / liǎng zhāng huǒchē piào.

민준 Nà nǐ shénme shíhou / huílai?

루루 Wǒ hòutiān wǎnshang / huílai.

민준 Shì ma? // Hǎohāor / wánr ba!

STEP 2
한자만 보고 읽기

민준   你什么时候去旅游？
루루   我明天去旅游。
민준   你跟谁一起去？
루루   我跟朋友一起去，所以我昨天买了两张火车票。
민준   那你什么时候回来？
루루   我后天晚上回来。
민준   是吗？好好儿玩儿吧！

STEP 3
중국어 자동발사

민준   너 언제 여행 가니?
루루   내일 여행 가.
민준   누구와 함께 가니?
루루   친구와 함께 가. 그래서 어제 기차표 두 장을 샀어.
민준   그러면 너는 언제 돌아오니?
루루   나 모레 저녁에 돌아와.
민준   그래? 재미있게 놀아!

DAY 01 너 언제 여행 가니? 你什么时候去旅游？ 5

DAY 02 오늘은 11월 8일 수요일이야.
今天十一月八号星期三。

📢 핵심 문장 자동발사

1 今天十一月八号星期三。 오늘은 11월 8일 수요일이야.
Jīntiān shíyī yuè bā hào xīngqī sān.

STEP 1 발음성조 입에 붙이기
발음성조에 유의하여 한마디씩 추가하며 따라 읽어요.

Jīntiān / shíyī yuè bā hào / xīngqī sān.
Jīntiān / shíyī yuè bā hào / xīngqī sān.
Jīntiān / shíyī yuè bā hào / xīngqī sān.

STEP 2 한자만 보고 읽기

今天 / 十一月八号 / 星期三。

STEP 3 중국어 자동발사

오늘은 11월 8일 수요일이야.

2 那这个星期六就是你的生日。 그러면 이번 주 토요일이 바로 네 생일이네.
Nà zhè ge xīngqī liù jiù shì nǐ de shēngrì.

STEP 1 발음성조 입에 붙이기
발음성조에 유의하여 한마디씩 추가하며 따라 읽어요.

Nà zhè ge xīngqī liù / jiù shì / nǐ de shēngrì.
Nà zhè ge xīngqī liù / jiù shì / nǐ de shēngrì.
Nà zhè ge xīngqī liù / jiù shì / nǐ de shēngrì.

STEP 2 한자만 보고 읽기

那这个星期六 / 就是 / 你的生日。

STEP 3 중국어 자동발사

그러면 이번 주 토요일이 바로 네 생일이네.

3 光棍节是我的生日。 광군절이 내 생일이야.
Guānggùnjié shì wǒ de shēngrì.

STEP 1 발음성조 입에 붙이기
Guānggùnjié / shì wǒ de shēngrì.
Guānggùnjié / shì wǒ de shēngrì.

발음성조에 유의하여
한마디씩 추가하며
따라 읽어요.

STEP 2 한자만 보고 읽기
光棍节 / 是我的生日。

STEP 3 중국어 자동발사
광군절이 내 생일이야.

4 提前祝你生日快乐！ 미리 생일 축하해!
Tíqián zhù nǐ shēngrì kuàilè!

STEP 1 발음성조 입에 붙이기
Tíqián / zhù nǐ shēngrì kuàilè!
Tíqián / zhù nǐ shēngrì kuàilè!

발음성조에 유의하여
한마디씩 추가하며
따라 읽어요.

STEP 2 한자만 보고 읽기
提前 / 祝你生日快乐！

STEP 3 중국어 자동발사
미리 생일 축하해!

🔊 실전회화 자동발사 🎧 말문트기 워크북_Day02_실전회화_ST1~ST2.mp3

끊어 읽는 부분에 유의하며 천천히 따라 읽으세요.

STEP 1 발음성조 입에 붙이기

민준 　Jīntiān / jǐ yuè jǐ hào / xīngqī jǐ?

루루 　Jīntiān / shíyī yuè bā hào / xīngqī sān.

민준 　Nà zhè ge xīngqī liù / jiù shì / nǐ de shēngrì, / duì ma?

루루 　Duì, / Guānggùnjié / shì wǒ de shēngrì. // Nǐ zěnme zhīdào?

민준 　Wǒ bù zhīdào, / dàn wǒ shǒujī / zhīdào.

루루 　Hāha, / shì ma?

민준 　Tíqián / zhù nǐ shēngrì kuàilè!

루루 　Rúguǒ nǐ nàtiān / yǒu shíjiān, // wǒmen jiànmiàn ba. // Wǒ qǐngkè!

STEP 2 한자만 보고 읽기

민쥰 今天几月几号星期几?
루루 今天十一月八号星期三。
민쥰 那这个星期六就是你的生日，对吗?
루루 对，光棍节是我的生日。你怎么知道?
민쥰 我不知道，但我手机知道。
루루 哈哈，是吗?
민쥰 提前祝你生日快乐!
루루 如果你那天有时间，我们见面吧。我请客!

STEP 3 중국어 자동발사

민쥰 오늘이 몇 월 며칠 무슨 요일이지?
루루 오늘은 11월 8일 수요일이야.
민쥰 그러면 이번 주 토요일이 바로 네 생일이네, 맞아?
루루 맞아, 광군절이 내 생일이야. 너 어떻게 알았어?
민쥰 나는 모르지만, 내 휴대폰은 알지.
루루 하하, 그래?
민쥰 미리 생일 축하해!
루루 그날 시간 있으면, 우리 만나자. 내가 살게!

DAY 03 지금 오후 6시 20분이에요.
现在下午六点二十分。

핵심 문장 자동발사

🎧 말문트기 워크북_Day03_1~4.mp3

1 公司前面新开了一家中国饭馆儿。
Gōngsī qiánmian xīn kāile yì jiā Zhōngguó fànguǎnr.
회사 앞에 중국 식당 하나가 새로 오픈했어요.

STEP 1 발음성조 입에 붙이기
발음성조에 유의하여 한마디씩 추가하며 따라 읽어요.

Gōngsī qiánmian / xīn kāile / yì jiā Zhōngguó fànguǎnr.
Gōngsī qiánmian / xīn kāile / yì jiā Zhōngguó fànguǎnr.
Gōngsī qiánmian / xīn kāile / yì jiā Zhōngguó fànguǎnr.

STEP 2 한자만 보고 읽기
公司前面 / 新开了 / 一家中国饭馆儿。

STEP 3 중국어 자동발사
회사 앞에 중국 식당 하나가 새로 오픈했어요.

2 那家的菜又便宜又好吃…
Nà jiā de cài yòu piányi yòu hǎochī…
그 집 요리가 싸기도 하고 맛도 있는데…

STEP 1 발음성조 입에 붙이기
발음성조에 유의하여 한마디씩 추가하며 따라 읽어요.

Nà jiā de cài / yòu piányi / yòu hǎochī…
Nà jiā de cài / yòu piányi / yòu hǎochī…
Nà jiā de cài / yòu piányi / yòu hǎochī…

STEP 2 한자만 보고 읽기
那家的菜 / 又便宜 / 又好吃…

STEP 3 중국어 자동발사
그 집 요리가 싸기도 하고 맛도 있는데…

3 那家饭馆儿几点关门? 그 식당 몇 시에 문 닫나요?
Nà jiā fànguǎnr jǐ diǎn guānmén?

STEP 1 발음성조 입에 붙이기
발음성조에 유의하여 한마디씩 추가하며 따라 읽어요.

Nà jiā fànguǎnr / jǐ diǎn guānmén?
Nà jiā fànguǎnr / jǐ diǎn guānmén?

STEP 2 한자만 보고 읽기
那家饭馆儿 / 几点关门?

STEP 3 중국어 자동발사
그 식당 몇 시에 문 닫나요?

4 我们下班的时候一起去吧! 우리 퇴근할 때 같이 갑시다!
Wǒmen xiàbān de shíhou yìqǐ qù ba!

STEP 1 발음성조 입에 붙이기
발음성조에 유의하여 한마디씩 추가하며 따라 읽어요.

Wǒmen / xiàbān de shíhou / yìqǐ qù ba!
Wǒmen / xiàbān de shíhou / yìqǐ qù ba!
Wǒmen / xiàbān de shíhou / yìqǐ qù ba!

STEP 2 한자만 보고 읽기
我们 / 下班的时候 / 一起去吧!

STEP 3 중국어 자동발사
우리 퇴근할 때 같이 갑시다!

🔊 실전회화 자동발사 🎧 말문트기 워크북_Day03_실전회화_ST1~ST2.mp3

끊어 읽는 부분에 유의하며 천천히 따라 읽으세요.

STEP 1 발음성조 입에 붙이기

동희 씨 Gōngsī qiánmian / xīn kāile / yì jiā Zhōngguó fànguǎnr, // nǐ qùguo ma?

장 과장 Wǒ méi qùguo.

동희 씨 Nà jiā de cài / yòu piányi / yòu hǎochī…

장 과장 Shì ma? // Nà jiā fànguǎnr / jǐ diǎn guānmén?

동희 씨 Wǎnshang shí diǎn.

장 과장 Xiànzài jǐ diǎn?

동희 씨 Xiànzài / xiàwǔ liù diǎn èrshí fēn.

장 과장 Nà wǒmen / xiàbān de shíhou / yìqǐ qù ba!

STEP 2 한자만 보고 읽기

동희 씨 公司前面新开了一家中国饭馆儿，你去过吗?
장 과장 我没去过。
동희 씨 那家的菜又便宜又好吃…
장 과장 是吗? 那家饭馆儿几点关门?
동희 씨 晚上十点。
장 과장 现在几点?
동희 씨 现在下午六点二十分。
장 과장 那我们下班的时候一起去吧!

STEP 3 중국어 자동발사

동희 씨 회사 앞에 중국 식당 하나가 새로 오픈했는데, 가본 적 있으세요?
장 과장 가본 적 없어요.
동희 씨 그 집 요리가 싸기도 하고 맛도 있는데…
장 과장 그래요? 그 식당 몇 시에 문 닫나요?
동희 씨 저녁 10시요.
장 과장 지금 몇 시죠?
동희 씨 지금 오후 6시 20분이에요.
장 과장 그러면 우리 퇴근할 때 같이 갑시다!

DAY 04 바깥 날씨 어때요?
外面天气怎么样?

📢 핵심 문장 자동발사

🎧 말문트기 워크북_Day04_1~4.mp3

🎧 바로 듣고 따라하기

1 外面天气怎么样? 바깥 날씨 어때요?
Wàimian tiānqì zěnmeyàng?

STEP 1 발음성조 입에 붙이기
발음성조에 유의하여 한마디씩 추가하며 따라 읽어요.

Wàimian tiānqì / zěnmeyàng?
Wàimian tiānqì / zěnmeyàng?

STEP 2 한자만 보고 읽기
外面天气 / 怎么样?

STEP 3 중국어 자동발사
바깥 날씨 어때요?

2 听说下午有雨, 您带雨伞了吗?
Tīngshuō xiàwǔ yǒu yǔ, nín dài yǔsǎn le ma?
듣자 하니 오후에 비 온다는데, 우산 챙기셨는지요?

STEP 1 발음성조 입에 붙이기
발음성조에 유의하여 한마디씩 추가하며 따라 읽어요.

Tīngshuō / xiàwǔ yǒu yǔ, / nín dài yǔsǎn le ma?
Tīngshuō / xiàwǔ yǒu yǔ, / nín dài yǔsǎn le ma?
Tīngshuō / xiàwǔ yǒu yǔ, / nín dài yǔsǎn le ma?

STEP 2 한자만 보고 읽기
听说 / 下午有雨, / 您带雨伞了吗?

STEP 3 중국어 자동발사
듣자 하니 오후에 비 온다는데, 우산 챙기셨는지요?

3 你怎么有两把雨伞? 어떻게 우산이 두 개 있어요?
　Nǐ　zěnme yǒu liǎng bǎ　yǔsǎn?

STEP 1 발음성조 입에 붙이기
발음성조에 유의하여 한마디씩 추가하며 따라 읽어요.

> Nǐ zěnme yǒu / liǎng bǎ yǔsǎn?
> Nǐ zěnme yǒu / liǎng bǎ yǔsǎn?

STEP 2 한자만 보고 읽기
> 你怎么有 / 两把雨伞?

STEP 3 중국어 자동발사
> 어떻게 우산이 두 개 있어요?

4 一把是为别人准备的。 한 개는 다른 사람을 위해 준비한 거예요.
　Yì　bǎ　shì wèi biérén　zhǔnbèi de.

STEP 1 발음성조 입에 붙이기
발음성조에 유의하여 한마디씩 추가하며 따라 읽어요.

> Yì bǎ / shì wèi biérén / zhǔnbèi de.
> Yì bǎ / shì wèi biérén / zhǔnbèi de.
> Yì bǎ / shì wèi biérén / zhǔnbèi de.

STEP 2 한자만 보고 읽기
> 一把 / 是为别人 / 准备的。

STEP 3 중국어 자동발사
> 한 개는 다른 사람을 위해 준비한 거예요.

🔊 실전회화 자동발사 🎧 말문트기 워크북_Day04_실전회화_ST1~ST2.mp3

끊어 읽는 부분에 유의하며 천천히 따라 읽으세요.

STEP 1 발음성조 입에 붙이기

장 과장   Wàimian tiānqì / zěnmeyàng?

동희 씨   Tiān yīn le. // Tīngshuō / xiàwǔ yǒu yǔ, // nín dài yǔsǎn le ma?

장 과장   Méiyǒu, / wǒ wàng dài le.

동희 씨   Wǒ yǒu / liǎng bǎ yǔsǎn. // Nín yòng wǒ de, / zěnmeyàng?

장 과장   Xièxie. // Nǐ zěnme yǒu / liǎng bǎ yǔsǎn?

동희 씨   Yì bǎ / shì wèi biérén / zhǔnbèi de.

장 과장   Nǐ zhēn bàng!

> **STEP 2** 한자만 보고 읽기

장 과장　外面天气怎么样?
동희 씨　天阴了。听说下午有雨，您带雨伞了吗?
장 과장　没有，我忘带了。
동희 씨　我有两把雨伞。您用我的，怎么样?
장 과장　谢谢。你怎么有两把雨伞?
동희 씨　一把是为别人准备的。
장 과장　你真棒!

> **STEP 3** 중국어 자동발사

장 과장　바깥 날씨 어때요?
동희 씨　날이 흐려졌습니다. 듣자 하니 오후에 비 온다는데, 우산 챙기셨는지요?
장 과장　아뇨, 챙기는 걸 깜빡했네요.
동희 씨　저는 우산 두 개 있습니다. 제 것 쓰시는 거 어떠세요?
장 과장　고마워요. 어떻게 우산이 두 개 있어요?
동희 씨　한 개는 다른 사람을 위해 준비한 거예요.
장 과장　정말 훌륭하네요!

DAY 05 너 지금 뭐하고 있니?
你在干什么呢?

📢 핵심 문장 자동발사   🎧 말문트기 워크북_Day05_1~4.mp3

🎧 바로 듣고 따라하기

1 我正在做作业呢。 나 숙제하고 있어.
Wǒ zhèngzài zuò zuòyè ne.

STEP 1 발음성조 입에 붙이기
발음성조에 유의하여 한마디씩 추가하며 따라 읽어요.

Wǒ zhèngzài / zuò zuòyè ne.

Wǒ zhèngzài / zuò zuòyè ne.

STEP 2 한자만 보고 읽기

我正在 / 做作业呢。

STEP 3 중국어 자동발사

나 숙제하고 있어.

2 她正在一边打扫，一边唱歌。 그녀는 청소하면서 노래 부르고 있어.
Tā zhèngzài yìbiān dǎsǎo, yìbiān chànggē.

STEP 1 발음성조 입에 붙이기
발음성조에 유의하여 한마디씩 추가하며 따라 읽어요.

Tā zhèngzài / yìbiān dǎsǎo, / yìbiān chànggē.

Tā zhèngzài / yìbiān dǎsǎo, / yìbiān chànggē.

Tā zhèngzài / yìbiān dǎsǎo, / yìbiān chànggē.

STEP 2 한자만 보고 읽기

她正在 / 一边打扫， / 一边唱歌。

STEP 3 중국어 자동발사

그녀는 청소하면서 노래 부르고 있어.

3 你们俩吃饭了没有? 너희 둘 밥 먹었니 안 먹었니?
Nǐmen liǎ chī fàn le méiyǒu?

STEP 1 발음성조 입에 붙이기
발음성조에 유의하여 한마디씩 추가하며 따라 읽어요.

Nǐmen liǎ / chī fàn le / méiyǒu?
Nǐmen liǎ / chī fàn le / méiyǒu?
Nǐmen liǎ / chī fàn le / méiyǒu?

STEP 2 한자만 보고 읽기
你们俩 / 吃饭了 / 没有?

STEP 3 중국어 자동발사
너희 둘 밥 먹었니 안 먹었니?

4 我和妹妹都还没吃。 나랑 여동생 모두 아직 안 먹었어.
Wǒ hé mèimei dōu hái méi chī.

STEP 1 발음성조 입에 붙이기
발음성조에 유의하여 한마디씩 추가하며 따라 읽어요.

Wǒ hé mèimei / dōu hái méi chī.
Wǒ hé mèimei / dōu hái méi chī.

STEP 2 한자만 보고 읽기
我和妹妹 / 都还没吃。

STEP 3 중국어 자동발사
나랑 여동생 모두 아직 안 먹었어.

실전회화 자동발사

끊어 읽는 부분에 유의하며 천천히 따라 읽으세요.

STEP 1 발음성조 입에 붙이기

민준   Wéi, / shì Lùlu ma? // Nǐ zài gàn shénme ne?

루루   Wǒ zhèngzài / zuò zuòyè ne.

민준   Nǐ mèimei ne? // Tā zài gàn shénme?

루루   Tā zhèngzài / yìbiān dǎsǎo, / yìbiān chànggē. // Nǐ ne?

민준   Wǒ dǎsuan chī fàn, // nǐmen liǎ / chī fàn le / méiyǒu?

루루   Wǒ hé mèimei / dōu hái méi chī.

민준   Nà nǐmen gēn wǒ / yìqǐ chī wǎnfàn, / hǎo ma?

루루   Hǎo a!

STEP 2 한자만 보고 읽기

민준 喂，是露露吗？你在干什么呢？
루루 我正在做作业呢。
민준 你妹妹呢？她在干什么？
루루 她正在一边打扫，一边唱歌。你呢？
민준 我打算吃饭，你们俩吃饭了没有？
루루 我和妹妹都还没吃。
민준 那你们跟我一起吃晚饭，好吗？
루루 好啊！

STEP 3 중국어 자동발사

민준 여보세요, 루루니? 너 지금 뭐하고 있니?
루루 나 숙제하고 있어.
민준 네 여동생은? 그녀는 뭐하고 있어?
루루 그녀는 청소하면서 노래 부르고 있어. 너는?
민준 난 밥 먹으려고 하는데, 너희 둘 밥 먹었니 안 먹었니?
루루 나랑 여동생 모두 아직 안 먹었어.
민준 그러면 너희 나와 함께 저녁 먹는 것, 괜찮아?
루루 좋아!

DAY 06 우리 PC방 가서 게임하자!
我们去网吧玩儿游戏吧!

📢 핵심 문장 자동발사 🎧 말문트기 워크북_Day06_1~4.mp3

바로 듣고 따라하기

1 我们去网吧玩儿游戏吧! 우리 PC방 가서 게임하자!
Wǒmen qù wǎngbā wánr yóuxì ba!

STEP 1 발음성조 입에 붙이기
발음성조에 유의하여 한마디씩 추가하며 따라 읽어요.

Wǒmen qù wǎngbā / wánr yóuxì ba!
Wǒmen qù wǎngbā / wánr yóuxì ba!

STEP 2 한자만 보고 읽기
我们去网吧 / 玩儿游戏吧!

STEP 3 중국어 자동발사
우리 PC방 가서 게임하자!

2 我朋友在学校门口等着我。 내 친구가 학교 입구에서 나를 기다리고 있어.
Wǒ péngyou zài xuéxiào ménkǒu děngzhe wǒ.

STEP 1 발음성조 입에 붙이기
발음성조에 유의하여 한마디씩 추가하며 따라 읽어요.

Wǒ péngyou / zài xuéxiào ménkǒu / děngzhe wǒ.
Wǒ péngyou / zài xuéxiào ménkǒu / děngzhe wǒ.
Wǒ péngyou / zài xuéxiào ménkǒu / děngzhe wǒ.

STEP 2 한자만 보고 읽기
我朋友 / 在学校门口 / 等着我。

STEP 3 중국어 자동발사
내 친구가 학교 입구에서 나를 기다리고 있어.

3 我们打算先吃饭，然后去图书馆。
Wǒmen dǎsuan xiān chī fàn, ránhòu qù túshūguǎn.
우리는 먼저 밥 먹고, 그다음 도서관에 갈 계획이야.

STEP 1 발음성조 입에 붙이기
발음성조에 유의하여 한마디씩 추가하며 따라 읽어요.

Wǒmen dǎsuan / xiān chī fàn, / ránhòu qù / túshūguǎn.
Wǒmen dǎsuan / xiān chī fàn, / ránhòu qù / túshūguǎn.
Wǒmen dǎsuan / xiān chī fàn, / ránhòu qù / túshūguǎn.
Wǒmen dǎsuan / xiān chī fàn, / ránhòu qù / túshūguǎn.

STEP 2 한자만 보고 읽기
我们打算 / 先吃饭， / 然后去 / 图书馆。

STEP 3 중국어 자동발사
우리는 먼저 밥 먹고, 그다음 도서관에 갈 계획이야.

4 你们俩要去图书馆学习吗? 너희 둘이 도서관 가서 공부하려고?
Nǐmen liǎ yào qù túshūguǎn xuéxí ma?

STEP 1 발음성조 입에 붙이기
발음성조에 유의하여 한마디씩 추가하며 따라 읽어요.

Nǐmen liǎ / yào qù túshūguǎn / xuéxí ma?
Nǐmen liǎ / yào qù túshūguǎn / xuéxí ma?
Nǐmen liǎ / yào qù túshūguǎn / xuéxí ma?

STEP 2 한자만 보고 읽기
你们俩 / 要去图书馆 / 学习吗?

STEP 3 중국어 자동발사
너희 둘이 도서관 가서 공부하려고?

실전회화 자동발사 🎧 말문트기 워크북_Day06_실전회화_ST1~ST2.mp3

끊어 읽는 부분에 유의하며 천천히 따라 읽으세요.

STEP 1 발음성조 입에 붙이기

민준   Wǒmen qù wǎngbā / wánr yóuxì ba!

루루   Bù xíng, / wǒ péngyou / zài xuéxiào ménkǒu / děngzhe wǒ.

민준   Nǐmen jīntiān / dǎsuan zuò shénme?

루루   Wǒmen dǎsuan / xiān chī fàn, // ránhòu qù / túshūguǎn.

민준   Nǐmen liǎ / yào qù túshūguǎn / xuéxí ma?

루루   Shì, / wǒmen hòutiān / yǒu kǎoshì. // Nǐ yě / yìqǐ qù ba.

민준   Bù, / wǒ yào / huíjiā xiūxi.

STEP 2 한자만 보고 읽기

민준 我们去网吧玩儿游戏吧！
루루 不行，我朋友在学校门口等着我。
민준 你们今天打算做什么？
루루 我们打算先吃饭，然后去图书馆。
민준 你们俩要去图书馆学习吗？
루루 是，我们后天有考试。你也一起去吧。
민준 不，我要回家休息。

STEP 3 중국어 자동발사

민준 우리 PC방 가서 게임하자!
루루 안 돼, 내 친구가 학교 입구에서 나를 기다리고 있어.
민준 너희 오늘 무엇을 할 계획이니?
루루 우리는 먼저 밥 먹고, 그다음 도서관에 갈 계획이야.
민준 너희 둘이 도서관 가서 공부하려고?
루루 응, 우리 모레 시험이 있거든. 너도 같이 가자.
민준 아냐, 난 집에 가서 쉴게.

DAY 07 말씀 좀 물을게요. 명동에 어떻게 가나요?
请问一下，明洞怎么走?

 핵심 문장 자동발사 🎧 말문트기 워크북_Day07_1~4.mp3

🎧 바로 듣고 따라하기

1 请问一下，明洞怎么走? 말씀 좀 물을게요. 명동에 어떻게 가나요?
Qǐngwèn yíxià, Míngdòng zěnme zǒu?

STEP 1 발음성조 입에 붙이기
발음성조에 유의하여 한마디씩 추가하며 따라 읽어요.

- Qǐngwèn yíxià, / Míngdòng / zěnme zǒu?
- Qǐngwèn yíxià, / Míngdòng / zěnme zǒu?
- Qǐngwèn yíxià, / Míngdòng / zěnme zǒu?

STEP 2 한자만 보고 읽기
- 请问一下，/ 明洞 / 怎么走?

STEP 3 중국어 자동발사
- 말씀 좀 물을게요. 명동에 어떻게 가나요?

2 明洞有点儿远，你应该坐地铁去。
Míngdòng yǒudiǎnr yuǎn, nǐ yīnggāi zuò dìtiě qù.
명동은 좀 멀어요, 지하철을 타고 가셔야 해요.

STEP 1 발음성조 입에 붙이기
발음성조에 유의하여 한마디씩 추가하며 따라 읽어요.

- Míngdòng / yǒudiǎnr yuǎn, / nǐ yīnggāi / zuò dìtiě qù.
- Míngdòng / yǒudiǎnr yuǎn, / nǐ yīnggāi / zuò dìtiě qù.
- Míngdòng / yǒudiǎnr yuǎn, / nǐ yīnggāi / zuò dìtiě qù.
- Míngdòng / yǒudiǎnr yuǎn, / nǐ yīnggāi / zuò dìtiě qù.

STEP 2 한자만 보고 읽기
- 明洞 / 有点儿远， / 你应该 / 坐地铁去。

STEP 3 중국어 자동발사
- 명동은 좀 멀어요, 지하철을 타고 가셔야 해요.

3 在哪儿坐地铁? 어디에서 지하철을 타나요?
Zài nǎr zuò dìtiě?

STEP 1 발음성조 입에 붙이기
발음성조에 유의하여 한마디씩 추가하며 따라 읽어요.

Zài nǎr / zuò dìtiě?
Zài nǎr / zuò dìtiě?

STEP 2 한자만 보고 읽기
在哪儿 / 坐地铁?

STEP 3 중국어 자동발사
어디에서 지하철을 타나요?

4 先一直往前走，然后往右拐，就可以到地铁站。
Xiān yìzhí wǎng qián zǒu, ránhòu wǎng yòu guǎi, jiù kěyǐ dào dìtiězhàn.
먼저 앞쪽으로 쭉 걸어가시다가, 그다음 오른쪽으로 꺾으시면, 바로 지하철역에 도착할 거예요.

STEP 1 발음성조 입에 붙이기
발음성조에 유의하여 한마디씩 추가하며 따라 읽어요.

Xiān yìzhí wǎng qián zǒu, / ránhòu wǎng yòu guǎi, / jiù kěyǐ / dào dìtiězhàn.
Xiān yìzhí wǎng qián zǒu, / ránhòu wǎng yòu guǎi, / jiù kěyǐ / dào dìtiězhàn.
Xiān yìzhí wǎng qián zǒu, / ránhòu wǎng yòu guǎi, / jiù kěyǐ / dào dìtiězhàn.
Xiān yìzhí wǎng qián zǒu, / ránhòu wǎng yòu guǎi, / jiù kěyǐ / dào dìtiězhàn.

STEP 2 한자만 보고 읽기
先一直往前走， / 然后往右拐， / 就可以 / 到地铁站。

STEP 3 중국어 자동발사
먼저 앞쪽으로 쭉 걸어가시다가, 그다음 오른쪽으로 꺾으시면, 바로 지하철역에 도착할 거예요.

DAY 07 말씀 좀 물을게요. 명동에 어떻게 가나요? 请问一下，明洞怎么走? 27

🔊 실전회화 자동발사 🎧 말문트기 워크북_Day07_실전회화_ST1~ST2.mp3

> 끊어 읽는 부분에 유의하며 천천히 따라 읽으세요.

STEP 1 발음성조 입에 붙이기

중국 여행객 Qǐngwèn yíxià, // Míngdòng / zěnme zǒu?

동희 씨 Míngdòng / yǒudiǎnr yuǎn, // nǐ yīnggāi / zuò dìtiě qù.

중국 여행객 Nàme / zài nǎr / zuò dìtiě?

동희 씨 Xiān yìzhí wǎng qián zǒu, // ránhòu wǎng yòu guǎi, //
jiù kěyǐ / dào dìtiězhàn.

중국 여행객 Wǒ yào / zài nǎr xià?

동희 씨 Zài Míngdòngzhàn xià. //
Wǒ yě zhènghǎo / yào qù nàr, // gēn wǒ / yìqǐ qù ba.

중국 여행객 Xièxie nín de bāngzhù!

STEP 2 한자만 보고 읽기

중국 여행객 　请问一下，明洞怎么走?
동희 씨　　 明洞有点儿远，你应该坐地铁去。
중국 여행객 　那么在哪儿坐地铁?
동희 씨　　 先一直往前走，然后往右拐，就可以到地铁站。
중국 여행객 　我要在哪儿下?
동희 씨　　 在明洞站下。我也正好要去那儿，跟我一起去吧。
중국 여행객 　谢谢您的帮助!

STEP 3 중국어 자동발사

중국 여행객 　말씀 좀 물을게요. 명동에 어떻게 가나요?
동희 씨　　 명동은 좀 멀어요, 지하철을 타고 가셔야 해요.
중국 여행객 　그러면 어디에서 지하철을 타나요?
동희 씨　　 먼저 앞쪽으로 쭉 걸어가시다가, 그다음 오른쪽으로 꺾으시면, 바로 지하철역에 도착할 거예요.
중국 여행객 　어디에서 내려야 하죠?
동희 씨　　 명동역에서 내리세요. 저도 마침 거기로 가야 하는데, 저랑 같이 가요.
중국 여행객 　도와주셔서 감사합니다!

DAY 08 저는 매우 잘 지냅니다!
我过得挺好的!

🔊 핵심 문장 자동발사 🎧 말문트기 워크북_Day08_1~4.mp3

🎧 바로 듣고 따라하기

1 我过得挺好的! 저는 매우 잘 지냅니다!
Wǒ guò de tǐng hǎo de!

STEP 1 발음성조 입에 붙이기
발음성조에 유의하여 한마디씩 추가하며 따라 읽어요.

Wǒ guò de / tǐng hǎo de!
Wǒ guò de / tǐng hǎo de!

STEP 2 한자만 보고 읽기
我过得 / 挺好的!

STEP 3 중국어 자동발사
저는 매우 잘 지냅니다!

2 听张科长说，你最近干得很好。
Tīng Zhāng kēzhǎng shuō, nǐ zuìjìn gàn de hěn hǎo.
장 과장에게 듣자 하니, 요즘 잘 하고 있다더군요.

STEP 1 발음성조 입에 붙이기
발음성조에 유의하여 한마디씩 추가하며 따라 읽어요.

Tīng Zhāng kēzhǎng shuō, / nǐ zuìjìn / gàn de hěn hǎo.
Tīng Zhāng kēzhǎng shuō, / nǐ zuìjìn / gàn de hěn hǎo.
Tīng Zhāng kēzhǎng shuō, / nǐ zuìjìn / gàn de hěn hǎo.

STEP 2 한자만 보고 읽기
听张科长说, / 你最近 / 干得很好。

STEP 3 중국어 자동발사
장 과장에게 듣자 하니, 요즘 잘 하고 있다더군요.

3 我昨天看了你写的报告。 어제 당신이 쓴 보고서 봤어요.
Wǒ zuótiān kànle nǐ xiě de bàogào.

STEP 1 발음성조 입에 붙이기
발음성조에 유의하여 한마디씩 추가하며 따라 읽어요.

Wǒ zuótiān / kànle / nǐ xiě de bàogào.
Wǒ zuótiān / kànle / nǐ xiě de bàogào.
Wǒ zuótiān / kànle / nǐ xiě de bàogào.

STEP 2 한자만 보고 읽기
我昨天 / 看了 / 你写的报告。

STEP 3 중국어 자동발사
어제 당신이 쓴 보고서 봤어요.

4 你现在心情怎么样? 지금 기분 어때요?
Nǐ xiànzài xīnqíng zěnmeyàng?

STEP 1 발음성조 입에 붙이기
발음성조에 유의하여 한마디씩 추가하며 따라 읽어요.

Nǐ xiànzài / xīnqíng / zěnmeyàng?
Nǐ xiànzài / xīnqíng / zěnmeyàng?
Nǐ xiànzài / xīnqíng / zěnmeyàng?

STEP 2 한자만 보고 읽기
你现在 / 心情 / 怎么样?

STEP 3 중국어 자동발사
지금 기분 어때요?

 **실전회화 자동발사** 🎧 말문트기 워크북_Day08_실전회화_ST1~ST2.mp3

끊어 읽는 부분에 유의하며 천천히 따라 읽으세요.

STEP 1 발음성조 입에 붙이기

김 사장 Nǐ shì Lǐ Dōngxǐ, / duì ba? // Guò de zěnmeyàng?

동희 씨 Wǒ guò de / tǐng hǎo de!

김 사장 Tīng Zhāng kēzhǎng shuō, // nǐ zuìjìn / gàn de hěn hǎo.

동희 씨 Xièxie nín / zhème shuō.

김 사장 Wǒ zuótiān / kànle / nǐ xiě de bàogào, // wǒ tài gǎndòng le. //
Nǐ xiànzài / xīnqíng / zěnmeyàng?

동희 씨 Wǒ kāixīn jíle! // Zhāng kēzhǎng / bāngle wǒ de máng.

김 사장 Nǐ xiě yíxià / xiàcì de bàogào, / hǎo bu hǎo?

동희 씨 Hǎo de!

STEP 2 한자만 보고 읽기

김 사장 你是李东喜，对吧？过得怎么样？
동희 씨 我过得挺好的！
김 사장 听张科长说，你最近干得很好。
동희 씨 谢谢您这么说。
김 사장 我昨天看了你写的报告，我太感动了。你现在心情怎么样？
동희 씨 我开心极了！张科长帮了我的忙。
김 사장 你写一下下次的报告，好不好？
동희 씨 好的！

STEP 3 중국어 자동발사

김 사장 이동희 씨, 맞죠? 어떻게 지냈나요?
동희 씨 저는 매우 잘 지냅니다!
김 사장 장 과장에게 듣자 하니, 요즘 잘 하고 있다더군요.
동희 씨 그렇게 말씀해주셔서 감사합니다.
김 사장 어제 당신(동희 씨)이 쓴 보고서 봤는데, 정말 감동했어요. 지금 기분 어때요?
동희 씨 너무너무 기쁩니다! 장 과장님이 도와주셨어요.
김 사장 당신(동희 씨)이 다음 번 보고서도 좀 써보는 게 어때요?
동희 씨 좋습니다!

DAY 09 자료 준비 잘 됐나요?
资料准备好了吗?

📢 핵심 문장 자동발사

 말문트기 워크북_Day09_1~4.mp3

 바로 듣고 따라하기

---

1 **资料准备好了吗?** 자료 준비 잘 됐나요?
Zīliào zhǔnbèi hǎo le ma?

STEP 1 발음성조 입에 붙이기
발음성조에 유의하여 한마디씩 추가하며 따라 읽어요.
> Zīliào / zhǔnbèi hǎo le ma?
> Zīliào / zhǔnbèi hǎo le ma?

STEP 2 한자만 보고 읽기
> 资料 / 准备好了吗?

STEP 3 중국어 자동발사
> 자료 준비 잘 됐나요?

---

2 **什么时候能做完?** 언제쯤 끝낼 수 있나요?
Shénme shíhou néng zuò wán?

STEP 1 발음성조 입에 붙이기
발음성조에 유의하여 한마디씩 추가하며 따라 읽어요.
> Shénme shíhou / néng zuò wán?
> Shénme shíhou / néng zuò wán?

STEP 2 한자만 보고 읽기
> 什么时候 / 能做完?

STEP 3 중국어 자동발사
> 언제쯤 끝낼 수 있나요?

3 我明天再给您说，可以吗? 제가 내일 다시 말씀드려도 될까요?
Wǒ míngtiān zài gěi nín shuō, kěyǐ ma?

STEP 1 발음성조 입에 붙이기
발음성조에 유의하여 한마디씩 추가하며 따라 읽어요.
- Wǒ míngtiān / zài gěi nín shuō, / kěyǐ ma?
- Wǒ míngtiān / zài gěi nín shuō, / kěyǐ ma?
- Wǒ míngtiān / zài gěi nín shuō, / kěyǐ ma?

STEP 2 한자만 보고 읽기
我明天 / 再给您说， / 可以吗?

STEP 3 중국어 자동발사
제가 내일 다시 말씀드려도 될까요?

4 我从明天到后天不上班。 저 내일부터 모레까지 출근 안 하는데요.
Wǒ cóng míngtiān dào hòutiān bú shàngbān.

STEP 1 발음성조 입에 붙이기
발음성조에 유의하여 한마디씩 추가하며 따라 읽어요.
- Wǒ cóng míngtiān / dào hòutiān / bú shàngbān.
- Wǒ cóng míngtiān / dào hòutiān / bú shàngbān.
- Wǒ cóng míngtiān / dào hòutiān / bú shàngbān.

STEP 2 한자만 보고 읽기
我从明天 / 到后天 / 不上班。

STEP 3 중국어 자동발사
저 내일부터 모레까지 출근 안 하는데요.

실전회화 자동발사

🎧 말문트기 워크북_Day09_실전회화_ST1~ST2.mp3

 끊어 읽는 부분에 유의하며 천천히 따라 읽으세요.

STEP 1
발음성조 입에 붙이기

장 과장 Dōngxǐ, / zīliào / zhǔnbèi hǎo le ma?

동희 씨 Wǒ hái méi / zhǔnbèi wán.

장 과장 Shénme shíhou / néng zuò wán?

동희 씨 Bú tài qīngchu. // Wǒ míngtiān / zài gěi nín shuō, / kěyǐ ma?

장 과장 Wǒ cóng míngtiān / dào hòutiān / bú shàngbān.

동희 씨 À, / kěnéng jīntiān wǎnshang / néng zuò wán.

장 과장 Hǎo ba.

STEP 2 한자만 보고 읽기

장 과장 东喜，资料准备好了吗?
동희 씨 我还没准备完。
장 과장 什么时候能做完?
동희 씨 不太清楚。我明天再给您说，可以吗?
장 과장 我从明天到后天不上班。
동희 씨 啊，可能今天晚上能做完。
장 과장 好吧。

STEP 3 중국어 자동발사

장 과장 동희 씨, 자료 준비 잘 됐나요?
동희 씨 아직 준비가 다 안 끝났습니다.
장 과장 언제쯤 끝낼 수 있나요?
동희 씨 잘 모르겠습니다. 제가 내일 다시 말씀드려도 될까요?
장 과장 저 내일부터 모레까지 출근 안 하는데요.
동희 씨 아, 아마도 오늘 저녁에는 끝낼 수 있을 것 같습니다.
장 과장 좋아요.

DAY 10 저는 신촌에서 살아요.
我住在新村。

📢 핵심 문장 자동발사   🎧 말문트기 워크북_Day10_1~8.mp3

🎧 바로 듣고 따라하기

1 你住在哪儿? 어디 사세요?
Nǐ zhù zài nǎr?

STEP 1 발음성조 입에 붙이기
↳ 발음성조에 유의하여 한마디씩 추가하며 따라 읽어요.

> Nǐ zhù zài / nǎr?
> Nǐ zhù zài / nǎr?

STEP 2 한자만 보고 읽기
> 你住在 / 哪儿?

STEP 3 중국어 자동발사
> 어디 사세요?

2 你家离公司非常近啊! 집이 회사에서 진짜 가깝네요!
Nǐ jiā lí gōngsī fēicháng jìn a!

STEP 1 발음성조 입에 붙이기
↳ 발음성조에 유의하여 한마디씩 추가하며 따라 읽어요.

> Nǐ jiā lí gōngsī / fēicháng jìn a!
> Nǐ jiā lí gōngsī / fēicháng jìn a!

STEP 2 한자만 보고 읽기
> 你家离公司 / 非常近啊!

STEP 3 중국어 자동발사
> 집이 회사에서 진짜 가깝네요!

3 我今天也是走到公司的。 전 오늘도 회사까지 걸어왔죠.
Wǒ jīntiān yě shì zǒu dào gōngsī de.

STEP 1 발음성조 입에 붙이기
발음성조에 유의하여 한마디씩 추가하며 따라 읽어요.

Wǒ jīntiān / yě shì / zǒu dào gōngsī de.
Wǒ jīntiān / yě shì / zǒu dào gōngsī de.
Wǒ jīntiān / yě shì / zǒu dào gōngsī de.

STEP 2 한자만 보고 읽기

我今天 / 也是 / 走到公司的。

STEP 3 중국어 자동발사

전 오늘도 회사까지 걸어왔죠.

4 你早上几点起床? 아침에 몇 시에 일어나세요?
Nǐ zǎoshang jǐ diǎn qǐchuáng?

STEP 1 발음성조 입에 붙이기
발음성조에 유의하여 한마디씩 추가하며 따라 읽어요.

Nǐ zǎoshang / jǐ diǎn qǐchuáng?
Nǐ zǎoshang / jǐ diǎn qǐchuáng?

STEP 2 한자만 보고 읽기

你早上 / 几点起床?

STEP 3 중국어 자동발사

아침에 몇 시에 일어나세요?

5 我经常六点起床。 전 항상 6시에 일어나는데.
Wǒ jīngcháng liù diǎn qǐchuáng.

STEP 1 발음성조 입에 붙이기
발음성조에 유의하여 한마디씩 추가하며 따라 읽어요.

Wǒ jīngcháng / liù diǎn qǐchuáng.
Wǒ jīngcháng / liù diǎn qǐchuáng.

STEP 2 한자만 보고 읽기

我经常 / 六点起床。

STEP 3 중국어 자동발사

전 항상 6시에 일어나는데.

6 我那时候还躺在床上呢。 전 그때엔 아직 침대에 누워있어요.
Wǒ nà shíhou hái tǎng zài chuáng shang ne.

STEP 1 발음성조 입에 붙이기
발음성조에 유의하여 한마디씩 추가하며 따라 읽어요.

Wǒ nà shíhou / hái tǎng zài / chuáng shang ne.
Wǒ nà shíhou / hái tǎng zài / chuáng shang ne.
Wǒ nà shíhou / hái tǎng zài / chuáng shang ne.

STEP 2 한자만 보고 읽기

我那时候 / 还躺在 / 床上呢。

STEP 3 중국어 자동발사

전 그때엔 아직 침대에 누워있어요.

7 我经常睡到七点半。 항상 7시 반까지 자거든요.
Wǒ jīngcháng shuì dào qī diǎn bàn.

STEP 1 발음성조 입에 붙이기
발음성조에 유의하여
한마디씩 추가하며
따라 읽어요.

Wǒ jīngcháng / shuì dào qī diǎn bàn.
Wǒ jīngcháng / shuì dào qī diǎn bàn.

STEP 2 한자만 보고 읽기
我经常 / 睡到七点半。

STEP 3 중국어 자동발사
항상 7시 반까지 자거든요.

8 我家离公司太远了。 우리 집은 회사에서 너무 멀어요.
Wǒ jiā lí gōngsī tài yuǎn le.

STEP 1 발음성조 입에 붙이기
발음성조에 유의하여
한마디씩 추가하며
따라 읽어요.

Wǒ jiā / lí gōngsī / tài yuǎn le.
Wǒ jiā / lí gōngsī / tài yuǎn le.
Wǒ jiā / lí gōngsī / tài yuǎn le.

STEP 2 한자만 보고 읽기
我家 / 离公司 / 太远了。

STEP 3 중국어 자동발사
우리 집은 회사에서 너무 멀어요.

🔊 실전회화 자동발사

> 끊어 읽는 부분에 유의하며 천천히 따라 읽으세요.

STEP 1 발음성조 입에 붙이기

미래 씨 Dōngxǐ, / nǐ zhù zài / nǎr?

동희 씨 Wǒ zhù zài / Xīncūn.

미래 씨 Nǐ jiā lí gōngsī / fēicháng jìn a!

동희 씨 Suǒyǐ wǒ jīntiān / yě shì / zǒu dào gōngsī de.

미래 씨 Nàme, / nǐ zǎoshang / jǐ diǎn qǐchuáng? //
Wǒ jīngcháng / liù diǎn qǐchuáng.

동희 씨 Nǐ qǐ de zhēn zǎo! // Wǒ nà shíhou / hái tǎng zài / chuáng shang ne. //
Wǒ jīngcháng / shuì dào qī diǎn bàn.

미래 씨 Zhēn xiànmù nǐ a! // Wǒ jiā / lí gōngsī / tài yuǎn le.

STEP 2 한자만 보고 읽기

미래 씨 　东喜，你住在哪儿？

동희 씨 　我住在新村。

미래 씨 　你家离公司非常近啊！

동희 씨 　所以我今天也是走到公司的。

미래 씨 　那么，你早上几点起床？我经常六点起床。

동희 씨 　你起得真早！我那时候还躺在床上呢。我经常睡到七点半。

미래 씨 　真羡慕你啊！我家离公司太远了。

STEP 3 중국어 자동발사

미래 씨 　동희 씨는 어디 사세요?

동희 씨 　저는 신촌에서 살아요.

미래 씨 　집이 회사에서 진짜 가깝네요!

동희 씨 　그래서 전 오늘도 회사까지 걸어왔죠.

미래 씨 　그러면 아침에 몇 시에 일어나세요? 전 항상 6시에 일어나는데.

동희 씨 　정말 일찍 일어나시네요! 전 그때엔 아직 침대에 누워있어요. 항상 7시 반까지 자거든요.

미래 씨 　정말 부럽네요! 우리 집은 회사에서 너무 멀어요.

DAY 11 오늘 왜 이렇게 예쁘게 차려입었나요?
今天怎么打扮得漂漂亮亮的?

🔊 핵심 문장 자동발사
🎧 말문트기 워크북_Day11_1~4.mp3

🎧 바로 듣고 따라하기

---

1 今天怎么打扮得漂漂亮亮的? 오늘 왜 이렇게 예쁘게 차려입었나요?
Jīntiān zěnme dǎban de piàopiaoliàngliàng de?

STEP 1 발음성조 입에 붙이기
발음성조에 유의하여 한마디씩 추가하며 따라 읽어요.

Jīntiān / zěnme dǎban de / piàopiaoliàngliàng de?
Jīntiān / zěnme dǎban de / piàopiaoliàngliàng de?
Jīntiān / zěnme dǎban de / piàopiaoliàngliàng de?

STEP 2 한자만 보고 읽기
今天 / 怎么打扮得 / 漂漂亮亮的?

STEP 3 중국어 자동발사
오늘 왜 이렇게 예쁘게 차려입었나요?

---

2 你的眼睛红红的。 눈이 매우 빨갛네요.
Nǐ de yǎnjing hónghóng de.

STEP 1 발음성조 입에 붙이기
발음성조에 유의하여 한마디씩 추가하며 따라 읽어요.

Nǐ de yǎnjing / hónghóng de.
Nǐ de yǎnjing / hónghóng de.

STEP 2 한자만 보고 읽기
你的眼睛 / 红红的。

STEP 3 중국어 자동발사
눈이 매우 빨갛네요.

3 因为不知道我会见什么样的人，所以没睡好。
Yīnwèi bù zhīdào wǒ huì jiàn shénmeyàng de rén, suǒyǐ méi shuì hǎo.
어떤 사람을 만나게 될지 몰라서, 잘 못 잤어요.

STEP 1 발음성조 입에 붙이기
발음성조에 유의하여 한마디씩 추가하며 따라 읽어요.

Yīnwèi bù zhīdào / wǒ huì jiàn shénmeyàng de rén, / suǒyǐ méi shuì hǎo.
Yīnwèi bù zhīdào / wǒ huì jiàn shénmeyàng de rén, / suǒyǐ méi shuì hǎo.
Yīnwèi bù zhīdào / wǒ huì jiàn shénmeyàng de rén, / suǒyǐ méi shuì hǎo.

STEP 2 한자만 보고 읽기
因为不知道 / 我会见什么样的人， / 所以没睡好。

STEP 3 중국어 자동발사
어떤 사람을 만나게 될지 몰라서, 잘 못 잤어요.

4 祝你心想事成！ 마음먹은 대로 이루어지길 바라요!
Zhù nǐ xīn xiǎng shì chéng!

STEP 1 발음성조 입에 붙이기
발음성조에 유의하여 한마디씩 추가하며 따라 읽어요.

Zhù nǐ / xīn xiǎng shì chéng!
Zhù nǐ / xīn xiǎng shì chéng!

STEP 2 한자만 보고 읽기
祝你 / 心想事成！

STEP 3 중국어 자동발사
마음먹은 대로 이루어지길 바라요!

🔊 실전회화 자동발사 🎧 말문트기 워크북_Day11_실전회화_ST1~ST2.mp3

> 끊어 읽는 부분에 유의하며 천천히 따라 읽으세요.

STEP 1 발음성조 입에 붙이기

장 과장 Měilái, / jīntiān / zěnme dǎban de / piàopiaoliàngliàng de?

미래 씨 Wǒ jīntiān xiāngqīn! // Xīn tiào de / tèbié kuài!

장 과장 Hāha, / nǐ de yǎnjing / hónghóng de. //
Nǐ zuótiān wǎnshang / méi shuì hǎo ma?

미래 씨 Shì a, / yīnwèi bù zhīdào / wǒ huì jiàn shénmeyàng de rén, //
suǒyǐ méi shuì hǎo.

장 과장 Nǐ xǐhuan / shénmeyàng de nánrén? // Nǐ shuōshuo ba.

미래 씨 Hěn jiǎndān, // xiàng / Lǐ Mǐnhào de nánrén!

장 과장 Zhù nǐ / xīn xiǎng shì chéng!

STEP 2 한자만 보고 읽기

장 과장   美来，今天怎么打扮得漂漂亮亮的？
미래 씨   我今天相亲！心跳得特别快！
장 과장   哈哈，你的眼睛红红的。你昨天晚上没睡好吗？
미래 씨   是啊，因为不知道我会见什么样的人，所以没睡好。
장 과장   你喜欢什么样的男人？你说说吧。
미래 씨   很简单，像李敏镐的男人！
장 과장   祝你心想事成！

STEP 3 중국어 자동발사

장 과장   미래 씨, 오늘 왜 이렇게 예쁘게 차려입었나요?
미래 씨   저 오늘 소개팅하거든요! 심장이 두근두근거려요!
장 과장   하하, 눈이 매우 빨갛네요. 어젯밤에 잘 못 잤어요?
미래 씨   네, 어떤 사람을 만나게 될지 몰라서, 잘 못 잤어요.
장 과장   어떤 남자를 좋아해요? 한번 말해보세요.
미래 씨   매우 간단해요, 이민호 닮은 남자예요!
장 과장   마음먹은 대로 이루어지길 바라요!

DAY 12 두 시간 동안 진행될 예정이에요.
打算进行两个小时。

📢 핵심 문장 자동발사

🎧 말문트기 워크북_Day12_1~4.mp3

🎧 바로 듣고 따라하기

1 从两点开始，打算进行两个小时。
Cóng liǎng diǎn kāishǐ, dǎsuan jìnxíng liǎng ge xiǎoshí.
두 시부터 시작해서, 두 시간 동안 진행될 예정이에요.

STEP 1 발음성조 입에 붙이기
발음성조에 유의하여 한마디씩 추가하며 따라 읽어요.

Cóng liǎng diǎn kāishǐ, / dǎsuan jìnxíng / liǎng ge xiǎoshí.
Cóng liǎng diǎn kāishǐ, / dǎsuan jìnxíng / liǎng ge xiǎoshí.
Cóng liǎng diǎn kāishǐ, / dǎsuan jìnxíng / liǎng ge xiǎoshí.

STEP 2 한자만 보고 읽기
从两点开始， / 打算进行 / 两个小时。

STEP 3 중국어 자동발사
두 시부터 시작해서, 두 시간 동안 진행될 예정이에요.

2 你学英语学了多长时间? 영어는 얼마 동안 공부했어요?
Nǐ xué Yīngyǔ xuéle duō cháng shíjiān?

STEP 1 발음성조 입에 붙이기
발음성조에 유의하여 한마디씩 추가하며 따라 읽어요.

Nǐ xué Yīngyǔ / xuéle / duō cháng shíjiān?
Nǐ xué Yīngyǔ / xuéle / duō cháng shíjiān?
Nǐ xué Yīngyǔ / xuéle / duō cháng shíjiān?

STEP 2 한자만 보고 읽기
你学英语 / 学了 / 多长时间?

STEP 3 중국어 자동발사
영어는 얼마 동안 공부했어요?

3 我学英语学了三年了。 저 영어 공부한 지 3년째예요.
Wǒ xué Yīngyǔ xuéle sān nián le.

STEP 1 발음성조 입에 붙이기
발음성조에 유의하여 한마디씩 추가하며 따라 읽어요.

Wǒ xué Yīngyǔ / xuéle / sān nián le.
Wǒ xué Yīngyǔ / xuéle / sān nián le.
Wǒ xué Yīngyǔ / xuéle / sān nián le.

STEP 2 한자만 보고 읽기
我学英语 / 学了 / 三年了。

STEP 3 중국어 자동발사
저 영어 공부한 지 3년째예요.

4 我相信你肯定没问题。 난 당신이 분명히 괜찮을 거라고 믿어요.
Wǒ xiāngxìn nǐ kěndìng méi wèntí.

STEP 1 발음성조 입에 붙이기
발음성조에 유의하여 한마디씩 추가하며 따라 읽어요.

Wǒ xiāngxìn / nǐ kěndìng méi wèntí.
Wǒ xiāngxìn / nǐ kěndìng méi wèntí.

STEP 2 한자만 보고 읽기
我相信 / 你肯定没问题。

STEP 3 중국어 자동발사
난 당신이 분명히 괜찮을 거라고 믿어요.

DAY 12 두 시간 동안 진행될 예정이에요. **打算进行两个小时。**

실전회화 자동발사

🎧 말문트기 워크북_Day12_실전회화_ST1~ST2.mp3

끊어 읽는 부분에 유의하며 천천히 따라 읽으세요.

STEP 1 발음성조 입에 붙이기

장 과장 Huìyì / cóng shénme shíhou kāishǐ?

동희 씨 Cóng liǎng diǎn kāishǐ, // dǎsuan jìnxíng / liǎng ge xiǎoshí.

장 과장 Nǐ dǎsuan / yòng Yīngyǔ fāyán, / duì ma?

동희 씨 Duì, / wǒ zhǔnbèile / yí ge xīngqī. // Tài jǐnzhāng le!

장 과장 Nǐ xué Yīngyǔ / xuéle / duō cháng shíjiān?

동희 씨 Wǒ xué Yīngyǔ / xuéle / sān nián le, // dàn háishi / méiyǒu xìnxīn.

장 과장 Bié dānxīn, // wǒ xiāngxìn / nǐ kěndìng méi wèntí. // Jiāyóu!

동희 씨 Xièxie!

> **STEP 2**
> 한자만 보고 읽기

장 과장   会议从什么时候开始?
동희 씨   从两点开始，打算进行两个小时。
장 과장   你打算用英语发言，对吗?
동희 씨   对，我准备了一个星期。太紧张了!
장 과장   你学英语学了多长时间?
동희 씨   我学英语学了三年了，但还是没有信心。
장 과장   别担心，我相信你肯定没问题。加油!
동희 씨   谢谢!

> **STEP 3**
> 중국어 자동발사

장 과장   회의 언제부터 시작이에요?
동희 씨   두 시부터 시작해서, 두 시간 동안 진행될 예정이에요.
장 과장   당신(동희 씨)이 영어로 발표하기로 한 거, 맞아요?
동희 씨   네, 저 일주일 동안 준비했어요. 너무 긴장돼요!
장 과장   영어는 얼마 동안 공부했어요?
동희 씨   저 영어 공부한 지 3년째예요, 그런데 아직 자신 없어요.
장 과장   걱정 마세요, 난 당신(동희 씨)이 분명히 괜찮을 거라고 믿어요. 파이팅!
동희 씨   감사합니다!

DAY 13 지금 책은 이미 두 번 봤거든.
我已经看过两遍现在的书。

📢 핵심 문장 자동발사
🎧 말문트기 워크북_Day13_1~4.mp3

🎧 바로 듣고 따라하기

1 我学HSK学了差不多两个月。 HSK 공부한지 거의 두 달이 되었어.
Wǒ xué HSK xuéle chàbuduō liǎng ge yuè.

STEP 1 발음성조 입에 붙이기
발음성조에 유의하여 한마디씩 추가하며 따라 읽어요.

Wǒ xué HSK / xuéle / chàbuduō liǎng ge yuè.
Wǒ xué HSK / xuéle / chàbuduō liǎng ge yuè.
Wǒ xué HSK / xuéle / chàbuduō liǎng ge yuè.

STEP 2 한자만 보고 읽기
我学HSK / 学了 / 差不多两个月。

STEP 3 중국어 자동발사
HSK 공부한 지 거의 두 달이 되었어.

2 我已经看过两遍现在的书。 지금 책은 이미 두 번 봤거든.
Wǒ yǐjing kànguo liǎng biàn xiànzài de shū.

STEP 1 발음성조 입에 붙이기
발음성조에 유의하여 한마디씩 추가하며 따라 읽어요.

Wǒ yǐjing kànguo / liǎng biàn xiànzài de shū.
Wǒ yǐjing kànguo / liǎng biàn xiànzài de shū.

STEP 2 한자만 보고 읽기
我已经看过 / 两遍现在的书。

STEP 3 중국어 자동발사
지금 책은 이미 두 번 봤거든.

3 吃完以后我们就去一趟书店吧。 다 먹고 나서 바로 서점 한 번 다녀오자.
Chī wán yǐhòu wǒmen jiù qù yí tàng shūdiàn ba.

STEP 1 발음성조 입에 붙이기
발음성조에 유의하여 한마디씩 추가하며 따라 읽어요.

Chī wán yǐhòu / wǒmen jiù qù / yí tàng shūdiàn ba.
Chī wán yǐhòu / wǒmen jiù qù / yí tàng shūdiàn ba.
Chī wán yǐhòu / wǒmen jiù qù / yí tàng shūdiàn ba.

STEP 2 한자만 보고 읽기
吃完以后 / 我们就去 / 一趟书店吧。

STEP 3 중국어 자동발사
다 먹고 나서 바로 서점 한 번 다녀오자.

4 辛奇汤味道怎么样? 김치찌개는 맛이 어때?
Xīnqítāng wèidao zěnmeyàng?

STEP 1 발음성조 입에 붙이기
발음성조에 유의하여 한마디씩 추가하며 따라 읽어요.

Xīnqítāng / wèidao zěnmeyàng?
Xīnqítāng / wèidao zěnmeyàng?

STEP 2 한자만 보고 읽기
辛奇汤 / 味道怎么样?

STEP 3 중국어 자동발사
김치찌개는 맛이 어때?

실전회화 자동발사 🎧 말문트기 워크북_Day13_실전회화_ST1~ST2.mp3

끊어 읽는 부분에 유의하며 천천히 따라 읽으세요.

STEP 1 발음성조 입에 붙이기

민준 Nǐ xiǎng chī shénme? // Wǒ yào chī lāmiàn.

루루 È sǐle, // wǒ yào chī xīnqítāng.

민준 À, / tóu téng sǐle. // Wǒ xué HSK / xuéle / chàbuduō liǎng ge yuè, // fēnshù méiyǒu tígāo.

루루 Shì ma? // Nà huàn yì běn shū xuéxí / zěnmeyàng?

민준 Hǎo zhǔyi. // Wǒ yǐjing kànguo / liǎng biàn xiànzài de shū.

루루 Nàme chī wán yǐhòu / wǒmen jiù qù / yí tàng shūdiàn ba.

민준 Hǎo de. // Jīntiān lāmiàn / tài xián le. // Xīnqítāng / wèidao zěnmeyàng?

루루 Jīntiān xīnqítāng / tài là le.

> **STEP 2**
> **한자만 보고 읽기**

민준　你想吃什么？我要吃拉面。

루루　饿死了，我要吃辛奇汤。

민준　啊，头疼死了。我学HSK学了差不多两个月，分数没有提高。

루루　是吗？那换一本书学习怎么样？

민준　好主意。我已经看过两遍现在的书。

루루　那么吃完以后我们就去一趟书店吧。

민준　好的。今天拉面太咸了。辛奇汤味道怎么样？

루루　今天辛奇汤太辣了。

> **STEP 3**
> **중국어 자동발사**

민준　너 뭐 먹을래? 나 라면 먹을 거야.

루루　배고파 죽겠어. 난 김치찌개 먹을게.

민준　아, 머리 아파 죽겠어.
　　　HSK 공부한 지 거의 두 달이 되었는데, 점수가 안 오르네.

루루　그래? 그러면 책을 바꿔서 공부하면 어때?

민준　좋은 생각이야. 지금 책은 이미 두 번 봤거든.

루루　그럼 다 먹고 나서 바로 서점 한 번 다녀오자.

민준　그러자. 오늘은 라면이 너무 짜다. 김치찌개는 맛이 어때?

루루　오늘은 김치찌개가 너무 맵네.

DAY 13 지금 책은 이미 두 번 봤거든. 我已经看过两遍现在的书.

DAY 14 그러면 저도 걸어 올라갈래요.
那我也要爬上去。

📢 핵심 문장 자동발사   🎧 말문트기 워크북_Day14_1~4.mp3

🎧 바로 듣고 따라하기

1 刚才跑上去的那位是谁? 방금 뛰어 올라가신 저분 누구세요?
Gāngcái pǎo shàngqu de nà wèi shì shéi?

STEP 1 발음성조 입에 붙이기
발음성조에 유의하여 한마디씩 추가하며 따라 읽어요.

Gāngcái / pǎo shàngqu de nà wèi / shì shéi?
Gāngcái / pǎo shàngqu de nà wèi / shì shéi?
Gāngcái / pǎo shàngqu de nà wèi / shì shéi?

STEP 2 한자만 보고 읽기
刚才 / 跑上去的那位 / 是谁?

STEP 3 중국어 자동발사
방금 뛰어 올라가신 저분 누구세요?

2 我最近越来越胖了，所以我要运动。
Wǒ zuìjìn yuèláiyuè pàng le, suǒyǐ wǒ yào yùndòng.
제가 최근에 갈수록 살이 쪄서, 운동해야 해요.

STEP 1 발음성조 입에 붙이기
발음성조에 유의하여 한마디씩 추가하며 따라 읽어요.

Wǒ zuìjìn / yuèláiyuè pàng le, / suǒyǐ / wǒ yào yùndòng.
Wǒ zuìjìn / yuèláiyuè pàng le, / suǒyǐ / wǒ yào yùndòng.
Wǒ zuìjìn / yuèláiyuè pàng le, / suǒyǐ / wǒ yào yùndòng.
Wǒ zuìjìn / yuèláiyuè pàng le, / suǒyǐ / wǒ yào yùndòng.

STEP 2 한자만 보고 읽기
我最近 / 越来越胖了, / 所以 / 我要运动。

STEP 3 중국어 자동발사
제가 최근에 갈수록 살이 쪄서, 운동해야 해요.

56 본 교재 무료 동영상 강의 · 중국어 말문트기 워크북 MP3 제공 | china.Hackers.com

3 我要坐电梯上去。 전 엘리베이터 타고 올라갈래요.
Wǒ yào zuò diàntī shàngqu.

STEP 1 발음성조 입에 붙이기
발음성조에 유의하여 한마디씩 추가하며 따라 읽어요.
> Wǒ yào / zuò diàntī shàngqu.
> Wǒ yào / zuò diàntī shàngqu.

STEP 2 한자만 보고 읽기
> 我要 / 坐电梯上去。

STEP 3 중국어 자동발사
> 전 엘리베이터 타고 올라갈래요.

4 我下班的时候也要走下去! 퇴근할 때도 걸어 내려가야겠어요!
Wǒ xiàbān de shíhou yě yào zǒu xiàqu!

STEP 1 발음성조 입에 붙이기
발음성조에 유의하여 한마디씩 추가하며 따라 읽어요.
> Wǒ xiàbān de shíhou / yě yào zǒu xiàqu!
> Wǒ xiàbān de shíhou / yě yào zǒu xiàqu!

STEP 2 한자만 보고 읽기
> 我下班的时候 / 也要走下去!

STEP 3 중국어 자동발사
> 퇴근할 때도 걸어 내려가야겠어요!

DAY 14 그러면 저도 걸어 올라갈래요. **那我也要爬上去。**

🔊 실전회화 자동발사 🎧 말문트기 워크북_Day14_실전회화_ST1~ST2.mp3

끊어 읽는 부분에 유의하며 천천히 따라 읽으세요.

STEP 1 발음성조 입에 붙이기

동희 씨 Gāngcái / pǎo shàngqu de nà wèi / shì shéi?

미래 씨 Shì zǒngjīnglǐ. // Tā zuìjìn / bú zuò diàntī, / pá lóutī.

동희 씨 Shì ma? // Nà wǒ yě yào / pá shàngqu.

미래 씨 Wǒmen bàngōngshì / zài bā lóu, // bú huì lèi ma?

동희 씨 Wǒ zuìjìn / yuèláiyuè pàng le, // suǒyǐ / wǒ yào yùndòng.

미래 씨 Wǒ yào / zuò diàntī shàngqu. // Gěi wǒ / nǐ de bāo.

동희 씨 Xièxie! // Wǒ xiàbān de shíhou / yě yào zǒu xiàqu!

STEP 2 한자만 보고 읽기

동희 씨 刚才跑上去的那位是谁？
미래 씨 是总经理。他最近不坐电梯，爬楼梯。
동희 씨 是吗？那我也要爬上去。
미래 씨 我们办公室在八楼，不会累吗？
동희 씨 我最近越来越胖了，所以我要运动。
미래 씨 我要坐电梯上去。给我你的包。
동희 씨 谢谢！我下班的时候也要走下去！

STEP 3 중국어 자동발사

동희 씨 방금 뛰어 올라가신 저분 누구세요?
미래 씨 사장님이세요. 최근에 엘리베이터 안 타고, 계단으로 올라가세요.
동희 씨 그래요? 그러면 저도 걸어 올라갈래요.
미래 씨 우리 사무실이 8층에 있는데, 안 피곤하겠어요?
동희 씨 제가 최근에 갈수록 살이 쪄서, 운동해야 해요.
미래 씨 전 엘리베이터 타고 올라갈래요. 가방 주세요.
동희 씨 고마워요! 퇴근할 때도 걸어 내려가야겠어요!

DAY 15 · 그가 뭐라고 말하는지 못 알아듣겠어요.
我听不懂他说什么。

📢 핵심 문장 자동발사   🎧 말문트기 워크북_Day15_1~4.mp3

🎧 바로 듣고 따라하기

1 这儿太吵了，我听不清楚。 여기 너무 시끄러워서 잘 안 들려요.
Zhèr tài chǎo le, wǒ tīng bu qīngchu.

STEP 1 발음성조 입에 붙이기
발음성조에 유의하여 한마디씩 추가하며 따라 읽어요.

Zhèr / tài chǎo le, / wǒ tīng bu qīngchu.
Zhèr / tài chǎo le, / wǒ tīng bu qīngchu.
Zhèr / tài chǎo le, / wǒ tīng bu qīngchu.

STEP 2 한자만 보고 읽기
这儿 / 太吵了, / 我听不清楚。

STEP 3 중국어 자동발사
여기 너무 시끄러워서 잘 안 들려요.

2 我想买那个行李箱，但是我听不懂他说什么。
Wǒ xiǎng mǎi nà ge xínglǐxiāng, dànshì wǒ tīng bu dǒng tā shuō shénme.
저는 저 트렁크 사고 싶어요, 그런데 그가 뭐라고 말하는지 못 알아듣겠어요.

STEP 1 발음성조 입에 붙이기
발음성조에 유의하여 한마디씩 추가하며 따라 읽어요.

Wǒ xiǎng mǎi / nà ge xínglǐxiāng, / dànshì wǒ tīng bu dǒng / tā shuō shénme.
Wǒ xiǎng mǎi / nà ge xínglǐxiāng, / dànshì wǒ tīng bu dǒng / tā shuō shénme.
Wǒ xiǎng mǎi / nà ge xínglǐxiāng, / dànshì wǒ tīng bu dǒng / tā shuō shénme.
Wǒ xiǎng mǎi / nà ge xínglǐxiāng, / dànshì wǒ tīng bu dǒng / tā shuō shénme.

STEP 2 한자만 보고 읽기
我想买 / 那个行李箱, / 但是我听不懂 / 他说什么。

STEP 3 중국어 자동발사
저는 저 트렁크 사고 싶어요, 그런데 그가 뭐라고 말하는지 못 알아듣겠어요.

3 你仔细地看一下别的行李箱的价格。
　　Nǐ zǐxì de kàn yíxià biéde xínglǐxiāng de jiàgé.
다른 트렁크 가격 좀 자세히 봐주세요.

STEP 1 발음성조 입에 붙이기
발음성조에 유의하여
한마디씩 추가하며
따라 읽어요.

- Nǐ zǐxì de / kàn yíxià / biéde xínglǐxiāng de jiàgé.
- Nǐ zǐxì de / kàn yíxià / biéde xínglǐxiāng de jiàgé.
- Nǐ zǐxì de / kàn yíxià / biéde xínglǐxiāng de jiàgé.

STEP 2 한자만 보고 읽기
你仔细地 / 看一下 / 别的行李箱的价格。

STEP 3 중국어 자동발사
다른 트렁크 가격 좀 자세히 봐주세요.

4 这里太吵了，我受不了。　여기 너무 시끄러워서, 참을 수가 없어요.
　　Zhèli tài chǎo le, wǒ shòu bu liǎo.

STEP 1 발음성조 입에 붙이기
발음성조에 유의하여
한마디씩 추가하며
따라 읽어요.

- Zhèli / tài chǎo le, / wǒ shòu bu liǎo.
- Zhèli / tài chǎo le, / wǒ shòu bu liǎo.
- Zhèli / tài chǎo le, / wǒ shòu bu liǎo.

STEP 2 한자만 보고 읽기
这里 / 太吵了, / 我受不了。

STEP 3 중국어 자동발사
여기 너무 시끄러워서, 참을 수가 없어요.

실전회화 자동발사

🎧 말문트기 워크북_Day15_실전회화_ST1~ST2.mp3

끊어 읽는 부분에 유의하며 천천히 따라 읽으세요.

STEP 1 발음성조 입에 붙이기

동희 씨 Wǒ tīng bu dǒng / tā shuō shénme, //
nǐ kěyǐ wèn tā / zhè ge zěnme mài ma?

현지 직원 Nǐ shuō shénme? // Zhèr / tài chǎo le, // wǒ tīng bu qīngchu.

동희 씨 Wǒ xiǎng mǎi / nà ge xínglǐxiāng, //
dànshì wǒ tīng bu dǒng / tā shuō shénme.

현지 직원 À, / wǒ tīng de dǒng. // Tā shuō / bābǎi kuài qián.

동희 씨 Tài guì le. // Nǐ zǐxì de / kàn yíxià / biéde xínglǐxiāng de jiàgé, / hǎo ma?

현지 직원 Zhèli / tài chǎo le, // wǒ shòu bu liǎo.

동희 씨 Nǐ shuō shénme? // Wǒ tīng bu dǒng.

현지 직원 Wǒ xiǎng huíjiā!

STEP 2 한자만 보고 읽기

동희 씨 我听不懂他说什么，你可以问他这个怎么卖吗？
현지 직원 你说什么？这儿太吵了，我听不清楚。
동희 씨 我想买那个行李箱，但是我听不懂他说什么。
현지 직원 啊，我听得懂。他说八百块钱。
동희 씨 太贵了。你仔细地看一下别的行李箱的价格，好吗？
현지 직원 这里太吵了，我受不了。
동희 씨 你说什么？我听不懂。
현지 직원 我想回家！

STEP 3 중국어 자동발사

동희 씨 그가 뭐라고 말하는지 못 알아듣겠는데, 당신이 그에게 이거 어떻게 파는지 물어봐 주실 수 있나요?
현지 직원 뭐라고요? 여기 너무 시끄러워서 잘 안 들려요.
동희 씨 저는 저 트렁크 사고 싶어요, 그런데 그가 뭐라고 말하는지 못 알아듣겠어요.
현지 직원 아, 저는 알아들을 수 있어요. 그가 800위안이라 말하네요.
동희 씨 너무 비싸요. 다른 트렁크 가격 좀 자세히 봐 주시는 것, 어때요?
현지 직원 여기 너무 시끄러워서, 참을 수가 없어요.
동희 씨 뭐라고요? 저 못 알아들었어요.
현지 직원 저 집에 가고 싶어요!

DAY 16

사장님이 저에게 이 서류를 복사하라고 시키셨어요.
总经理让我复印这个文件。

 핵심 문장 자동발사 🎧 말문트기 워크북_Day16_1~4.mp3

🎧 바로 듣고 따라하기

1 总经理让我复印这个文件。 사장님이 저에게 이 서류를 복사하라고 시키셨어요.
Zǒngjīnglǐ ràng wǒ fùyìn zhè ge wénjiàn.

STEP 1 발음성조 입에 붙이기
발음성조에 유의하여 한마디씩 추가하며 따라 읽어요.

Zǒngjīnglǐ / ràng wǒ fùyìn / zhè ge wénjiàn.
Zǒngjīnglǐ / ràng wǒ fùyìn / zhè ge wénjiàn.
Zǒngjīnglǐ / ràng wǒ fùyìn / zhè ge wénjiàn.

STEP 2 한자만 보고 읽기
总经理 / 让我复印 / 这个文件。

STEP 3 중국어 자동발사
사장님이 저에게 이 서류를 복사하라고 시키셨어요.

2 我恐怕今天做不完。 내가 오늘 이거 못 끝낼 것 같아요.
Wǒ kǒngpà jīntiān zuò bu wán.

STEP 1 발음성조 입에 붙이기
발음성조에 유의하여 한마디씩 추가하며 따라 읽어요.

Wǒ kǒngpà / jīntiān zuò bu wán.
Wǒ kǒngpà / jīntiān zuò bu wán.

STEP 2 한자만 보고 읽기
我恐怕 / 今天做不完。

STEP 3 중국어 자동발사
내가 오늘 이거 못 끝낼 것 같아요.

3 这件事我今天得做完……。   이 일 오늘 꼭 끝내야 하는데….
Zhè jiàn shì wǒ jīntiān děi zuò wán…… .

STEP 1 발음성조 입에 붙이기

발음성조에 유의하여 한마디씩 추가하며 따라 읽어요.

Zhè jiàn shì / wǒ jīntiān / děi zuò wán…… .
Zhè jiàn shì / wǒ jīntiān / děi zuò wán…… .
Zhè jiàn shì / wǒ jīntiān / děi zuò wán…… .

STEP 2 한자만 보고 읽기

这件事 / 我今天 / 得做完……。

STEP 3 중국어 자동발사

이 일 오늘 꼭 끝내야 하는데….

4 总经理也许忘记了。   사장님도 아마 잊어버리셨을 거예요.
Zǒngjīnglǐ yěxǔ wàngjìle.

STEP 1 발음성조 입에 붙이기

발음성조에 유의하여 한마디씩 추가하며 따라 읽어요.

Zǒngjīnglǐ / yěxǔ / wàngjìle.
Zǒngjīnglǐ / yěxǔ / wàngjìle.
Zǒngjīnglǐ / yěxǔ / wàngjìle.

STEP 2 한자만 보고 읽기

总经理 / 也许 / 忘记了。

STEP 3 중국어 자동발사

사장님도 아마 잊어버리셨을 거예요.

DAY 16 사장님이 저에게 이 서류를 복사하라고 시키셨어요. 总经理让我复印这个文件。

실전회화 자동발사

🎧 말문트기 워크북_Day16_실전회화_ST1~ST2.mp3

끊어 읽는 부분에 유의하며 천천히 따라 읽으세요.

STEP 1 발음성조 입에 붙이기

장 과장 Dōngxǐ, / gēn wǒ yìqǐ / zuò yíxià zīliào ba.

동희 씨 Bù hǎo yìsi, // zǒngjīnglǐ / ràng wǒ fùyìn / zhè ge wénjiàn, // wǒ hěn máng.

장 과장 Wǒ kǒngpà / jīntiān zuò bu wán. // Nǐ děi bāng wǒ.

동희 씨 Nà bú shì / Měilái de gōngzuò ma?

장 과장 Shì, / búguò zǒngjīnglǐ / gāngcái jiào tā / cānjiā yántǎohuì.

동희 씨 Zěnme bàn? // Zhè jiàn shì / wǒ jīntiān / děi zuò wán……

장 과장 Xiànzài nǐ / hái méi chī wǔfàn ba? // Wǒ qǐng nǐ chī / yìdàlìmiàn.

동희 씨 Nàme…… / méi bànfǎ le. // Zǒngjīnglǐ / yěxǔ / wàngjìle.

> **STEP 2** 한자만 보고 읽기

장 과장　东喜，跟我一起做一下资料吧。
동희 씨　不好意思，总经理让我复印这个文件，我很忙。
장 과장　我恐怕今天做不完。你得帮我。
동희 씨　那不是美来的工作吗？
장 과장　是，不过总经理刚才叫她参加研讨会。
동희 씨　怎么办？这件事我今天得做完……。
장 과장　现在你还没吃午饭吧？我请你吃意大利面。
동희 씨　那么……没办法了。总经理也许忘记了。

> **STEP 3** 중국어 자동발사

장 과장　동희 씨, 나랑 같이 자료 좀 만들어요.
동희 씨　죄송합니다, 사장님이 저에게 이 서류를 복사하라고 시키셔서요, 저는 바쁩니다.
장 과장　내가 오늘 이거 못 끝낼 것 같아요. 당신(동희 씨)이 도와줘야 돼요.
동희 씨　그거 미래 씨 일 아닌가요?
장 과장　맞아요, 그런데 사장님이 방금 그녀에게 세미나 참석하라고 하셨어요.
동희 씨　어떡하지? 이 일 오늘 꼭 끝내야 하는데….
장 과장　지금 점심식사 아직 안 먹었죠? 내가 스파게티 살게요.
동희 씨　그럼…… 어쩔 수 없네요. 사장님도 아마 잊어버리셨을 거예요.

DAY 16 사장님이 저에게 이 서류를 복사하라고 시키셨어요. **总经理让我复印这个文件。**

DAY 17 내 HSK 점수가 지난번보다 50점 높아!
我的汉语水平考试成绩比上次的高五十分！

핵심 문장 자동발사
🎧 말문트기 워크북_Day17_1~4.mp3

🎧 바로 듣고 따라하기

1 我的汉语水平考试成绩比上次的高五十分！
Wǒ de Hànyǔ Shuǐpíng Kǎoshì chéngjì bǐ shàngcì de gāo wǔshí fēn!
내 HSK 점수가 지난번보다 50점 높아!

STEP 1 발음성조 입에 붙이기
발음성조에 유의하여 한마디씩 추가하며 따라 읽어요.

Wǒ de Hànyǔ Shuǐpíng Kǎoshì chéngjì / bǐ shàngcì de / gāo wǔshí fēn!
Wǒ de Hànyǔ Shuǐpíng Kǎoshì chéngjì / bǐ shàngcì de / gāo wǔshí fēn!
Wǒ de Hànyǔ Shuǐpíng Kǎoshì chéngjì / bǐ shàngcì de / gāo wǔshí fēn!

STEP 2 한자만 보고 읽기
我的汉语水平考试成绩 / 比上次的 / 高五十分！

STEP 3 중국어 자동발사
내 HSK 점수가 지난번보다 50점 높아!

2 我用了比以前更好的书。 예전보다 더 좋은 책을 썼어.
Wǒ yòngle bǐ yǐqián gèng hǎo de shū.

STEP 1 발음성조 입에 붙이기
발음성조에 유의하여 한마디씩 추가하며 따라 읽어요.

Wǒ yòngle / bǐ yǐqián / gèng hǎo de shū.
Wǒ yòngle / bǐ yǐqián / gèng hǎo de shū.
Wǒ yòngle / bǐ yǐqián / gèng hǎo de shū.

STEP 2 한자만 보고 읽기
我用了 / 比以前 / 更好的书。

STEP 3 중국어 자동발사
예전보다 더 좋은 책을 썼어.

3 在一个月期间每天多学习了一个小时。
Zài yí ge yuè qījiān měitiān duō xuéxíle yí ge xiǎoshí.
한 달 동안 매일 한 시간 더 공부했어.

STEP 1 발음성조 입에 붙이기

발음성조에 유의하여
한마디씩 추가하며
따라 읽어요.

Zài yí ge yuè qījiān / měitiān duō xuéxíle / yí ge xiǎoshí.
Zài yí ge yuè qījiān / měitiān duō xuéxíle / yí ge xiǎoshí.
Zài yí ge yuè qījiān / měitiān duō xuéxíle / yí ge xiǎoshí.

STEP 2 한자만 보고 읽기

在一个月期间 / 每天多学习了 / 一个小时。

STEP 3 중국어 자동발사

한 달 동안 매일 한 시간 더 공부했어.

4 你的成绩对韩国人来说是挺高的。 너의 성적은 한국인치고 꽤 높지.
Nǐ de chéngjì duì Hánguó rén lái shuō shì tǐng gāo de.

STEP 1 발음성조 입에 붙이기

발음성조에 유의하여
한마디씩 추가하며
따라 읽어요.

Nǐ de chéngjì / duì Hánguó rén lái shuō / shì tǐng gāo de.
Nǐ de chéngjì / duì Hánguó rén lái shuō / shì tǐng gāo de.
Nǐ de chéngjì / duì Hánguó rén lái shuō / shì tǐng gāo de.

STEP 2 한자만 보고 읽기

你的成绩 / 对韩国人来说 / 是挺高的。

STEP 3 중국어 자동발사

너의 성적은 한국인치고 꽤 높지.

🔊 실전회화 자동발사 🎧 말문트기 워크북_Day17_실전회화_ST1~ST2.mp3

끊어 읽는 부분에 유의하며 천천히 따라 읽으세요.

STEP 1 발음성조 입에 붙이기

민준 Lùlu, / wǒ de Hànyǔ Shuǐpíng Kǎoshì chéngjì / bǐ shàngcì de / gāo wǔshí fēn!

루루 Zhēn de ma? // Gōngxǐ gōngxǐ! // Nǐ shì / zěnme zuò dào de?

민준 Wǒ yòngle / bǐ yǐqián / gèng hǎo de shū, // zài yí ge yuè qījiān / měitiān duō xuéxíle / yí ge xiǎoshí.

루루 Nǐ tài jījí le!

민준 Wǒ de Hànyǔ shuǐpíng / háishi méiyǒu nǐ gāo.

루루 Kěshì nǐ de chéngjì / duì Hánguó rén lái shuō / shì tǐng gāo de.

민준 Qíshí wǒ zhèngzài dǎsuan / xià ge yuè jiùyào / qù liúxué le.

루루 Kuàiyào zǒu le!

> **STEP 2** 한자만 보고 읽기

민준 露露，我的汉语水平考试成绩比上次的高五十分！

루루 真的吗？恭喜恭喜！你是怎么做到的？

민준 我用了比以前更好的书，在一个月期间每天多学习了一个小时。

루루 你太积极了！

민준 我的汉语水平还是没有你高。

루루 可是你的成绩对韩国人来说是挺高的。

민준 其实我正在打算下个月就要去留学了。

루루 快要走了！

> **STEP 3** 중국어 자동발사

민준 루루야, 내 HSK 점수가 지난번보다 50점 높아!

루루 정말? 축하해! 너 어떻게 해낸 거니?

민준 예전보다 더 좋은 책을 써서 한 달 동안 매일 한 시간 더 공부했어.

루루 너 진짜 열정적이다!

민준 내 중국어 실력은 그래도 너만큼 높지는 않아.

루루 그렇지만 너의 성적은 한국인치고 꽤 높지.

민준 사실 다음 달에 바로 유학 가려고 계획 중이야.

루루 곧 떠나는구나!

DAY 18 오늘의 기온이 어제의 기온과 똑같이 높아요.
今天的气温跟昨天的气温一样高。

📢 핵심 문장 자동발사

🎧 말문트기 워크북_Day18_1~8.mp3

🎧 바로 듣고 따라하기

1 今天办公室有点冷吧? 오늘 사무실이 조금 춥지 않아요?
Jīntiān bàngōngshì yǒudiǎn lěng ba?

STEP 1 발음성조 입에 붙이기
발음성조에 유의하여 한마디씩 추가하며 따라 읽어요.

Jīntiān bàngōngshì / yǒudiǎn lěng ba?
Jīntiān bàngōngshì / yǒudiǎn lěng ba?

STEP 2 한자만 보고 읽기
今天办公室 / 有点冷吧?

STEP 3 중국어 자동발사
오늘 사무실이 조금 춥지 않아요?

2 听天气预报说，今天的气温跟昨天的气温一样高。
Tīng tiānqìyùbào shuō, jīntiān de qìwēn gēn zuótiān de qìwēn yíyàng gāo.
일기예보에 따르면 오늘의 기온이 어제의 기온과 똑같이 높아요.

STEP 1 발음성조 입에 붙이기
발음성조에 유의하여 한마디씩 추가하며 따라 읽어요.

Tīng tiānqìyùbào shuō, / jīntiān de qìwēn / gēn zuótiān de qìwēn / yíyàng gāo.
Tīng tiānqìyùbào shuō, / jīntiān de qìwēn / gēn zuótiān de qìwēn / yíyàng gāo.
Tīng tiānqìyùbào shuō, / jīntiān de qìwēn / gēn zuótiān de qìwēn / yíyàng gāo.
Tīng tiānqìyùbào shuō, / jīntiān de qìwēn / gēn zuótiān de qìwēn / yíyàng gāo.

STEP 2 한자만 보고 읽기
听天气预报说，/ 今天的气温 / 跟昨天的气温 / 一样高。

STEP 3 중국어 자동발사
일기예보에 따르면 오늘의 기온이 어제의 기온과 똑같이 높아요.

3 我为什么觉得更冷? 난 왜 더 추운 것 같지?
Wǒ wèishénme juéde gèng lěng?

STEP 1 발음성조 입에 붙이기
발음성조에 유의하여 한마디씩 추가하며 따라 읽어요.

Wǒ wèishénme juéde / gèng lěng?
Wǒ wèishénme juéde / gèng lěng?

STEP 2 한자만 보고 읽기
我为什么觉得 / 更冷?

STEP 3 중국어 자동발사
난 왜 더 추운 것 같지?

4 现在是夏天, 您身体不舒服吗? 지금은 여름인데, 몸이 안 좋으세요?
Xiànzài shì xiàtiān, nín shēntǐ bù shūfu ma?

STEP 1 발음성조 입에 붙이기
발음성조에 유의하여 한마디씩 추가하며 따라 읽어요.

Xiànzài shì / xiàtiān, / nín shēntǐ / bù shūfu ma?
Xiànzài shì / xiàtiān, / nín shēntǐ / bù shūfu ma?
Xiànzài shì / xiàtiān, / nín shēntǐ / bù shūfu ma?
Xiànzài shì / xiàtiān, / nín shēntǐ / bù shūfu ma?

STEP 2 한자만 보고 읽기
现在是 / 夏天, / 您身体 / 不舒服吗?

STEP 3 중국어 자동발사
지금은 여름인데, 몸이 안 좋으세요?

DAY 18 오늘의 기온이 어제의 기온과 똑같이 높아요. 今天的气温跟昨天的气温一样高。

5 我身体很好，也没有发烧。 나 몸은 괜찮고, 열도 없는데.
Wǒ shēntǐ hěn hǎo, yě méiyǒu fāshāo.

STEP 1 발음성조 입에 붙이기
발음성조에 유의하여 한마디씩 추가하며 따라 읽어요.

Wǒ shēntǐ hěn hǎo, / yě méiyǒu fāshāo.
Wǒ shēntǐ hěn hǎo, / yě méiyǒu fāshāo.

STEP 2 한자만 보고 읽기
我身体很好， / 也没有发烧。

STEP 3 중국어 자동발사
나 몸은 괜찮고, 열도 없는데.

6 除了您以外，没有会教我的人。
Chúle nín yǐwài, méiyǒu huì jiāo wǒ de rén.
당신 외에는 저를 가르쳐 줄 사람이 없습니다.

STEP 1 발음성조 입에 붙이기
발음성조에 유의하여 한마디씩 추가하며 따라 읽어요.

Chúle nín yǐwài, / méiyǒu / huì jiāo wǒ de rén.
Chúle nín yǐwài, / méiyǒu / huì jiāo wǒ de rén.
Chúle nín yǐwài, / méiyǒu / huì jiāo wǒ de rén.

STEP 2 한자만 보고 읽기
除了您以外， / 没有 / 会教我的人。

STEP 3 중국어 자동발사
당신 외에는 저를 가르쳐 줄 사람이 없습니다.

7 空调温度是十八度呀! 에어컨 온도가 18도야!
Kōngtiáo wēndù shì shíbā dù ya!

STEP 1 발음성조 입에 붙이기
발음성조에 유의하여 한마디씩 추가하며 따라 읽어요.

Kōngtiáo wēndù shì / shíbā dù ya!

Kōngtiáo wēndù shì / shíbā dù ya!

STEP 2 한자만 보고 읽기

空调温度是 / 十八度呀!

STEP 3 중국어 자동발사

에어컨 온도가 18도야!

8 怪不得我也觉得很冷。 어쩐지 저도 춥다 했어요.
Guàibude wǒ yě juéde hěn lěng.

STEP 1 발음성조 입에 붙이기
발음성조에 유의하여 한마디씩 추가하며 따라 읽어요.

Guàibude / wǒ yě juéde / hěn lěng.

Guàibude / wǒ yě juéde / hěn lěng.

Guàibude / wǒ yě juéde / hěn lěng.

STEP 2 한자만 보고 읽기

怪不得 / 我也觉得 / 很冷。

STEP 3 중국어 자동발사

어쩐지 저도 춥다 했어요.

DAY 18 오늘의 기온이 어제의 기온과 똑같이 높아요. 今天的气温跟昨天的气温一样高。

📢 실전회화 자동발사   🎧 말문트기 워크북_Day18_실전회화_ST1~ST2.mp3

끊어 읽는 부분에 유의하며 천천히 따라 읽으세요.

STEP 1 발음성조 입에 붙이기

장 과장　Jīntiān bàngōngshì / yǒudiǎn lěng ba?

동희 씨　Wǒ juéde / gēn zuótiān yíyàng!

장 과장　Shì ma? // Tīng tiānqìyùbào shuō, // jīntiān de qìwēn / gēn zuótiān de qìwēn / yíyàng gāo, // wǒ wèishénme juéde / gèng lěng?

동희 씨　Xiànzài shì / xiàtiān, // nín shēntǐ / bù shūfu ma?

장 과장　Wǒ shēntǐ hěn hǎo, // yě méiyǒu fāshāo.

동희 씨　Nín bù néng shēngbìng, // chúle nín yǐwài, / méiyǒu / huì jiāo wǒ de rén.

장 과장　Kōngtiáo wēndù shì / shíbā dù ya!

동희 씨　Guàibude / wǒ yě juéde / hěn lěng.

STEP 2 한자만 보고 읽기

장 과장 今天办公室有点冷吧?

동희 씨 我觉得跟昨天一样!

장 과장 是吗? 听天气预报说, 今天的气温跟昨天的气温一样高, 我为什么觉得更冷?

동희 씨 现在是夏天, 您身体不舒服吗?

장 과장 我身体很好, 也没有发烧。

동희 씨 您不能生病, 除了您以外, 没有会教我的人。

장 과장 空调温度是十八度呀!

동희 씨 怪不得我也觉得很冷。

STEP 3 중국어 자동발사

장 과장 오늘 사무실이 조금 춥지 않아요?

동희 씨 저는 어제랑 똑같은 것 같습니다!

장 과장 그래요? 일기예보에 따르면 오늘의 기온이 어제의 기온과 똑같이 높은데 난 왜 더 추운 것 같지?

동희 씨 지금은 여름인데, 몸이 안 좋으세요?

장 과장 나 몸은 괜찮고, 열도 없는데.

동희 씨 아프시면 안됩니다. 당신(과장님) 외에는 저를 가르쳐 줄 사람이 없습니다.

장 과장 에어컨 온도가 18도야!

동희 씨 어쩐지 저도 춥다 했어요.

DAY 18 오늘의 기온이 어제의 기온과 똑같이 높아요. 今天的气温跟昨天的气温一样高。

DAY 19 지난주에 내가 너에게 이메일 보냈었는데.
上周我把电子邮件发给你了。

핵심 문장 자동발사   🎧 말문트기 워크북_Day19_1~8.mp3

🎧 바로 듣고 따라하기

---

1 上周我把电子邮件发给你了。   지난주에 내가 너에게 이메일 보냈었는데.
Shàng zhōu wǒ bǎ diànzǐyóujiàn fā gěi nǐ le.

STEP 1 발음성조 입에 붙이기
발음성조에 유의하여 한마디씩 추가하며 따라 읽어요.

Shàng zhōu / wǒ bǎ diànzǐyóujiàn / fā gěi nǐ le.
Shàng zhōu / wǒ bǎ diànzǐyóujiàn / fā gěi nǐ le.
Shàng zhōu / wǒ bǎ diànzǐyóujiàn / fā gěi nǐ le.

STEP 2 한자만 보고 읽기
上周 / 我把电子邮件 / 发给你了。

STEP 3 중국어 자동발사
지난주에 내가 너에게 이메일 보냈었는데.

---

2 上周我太忙了，没能把电子邮件打开看。
Shàng zhōu wǒ tài máng le, méi néng bǎ diànzǐyóujiàn dǎkāi kàn.
지난주에는 내가 너무 바빠서, 이메일을 열어볼 수 없었어.

STEP 1 발음성조 입에 붙이기
발음성조에 유의하여 한마디씩 추가하며 따라 읽어요.

Shàng zhōu / wǒ tài máng le, / méi néng bǎ diànzǐyóujiàn / dǎkāi kàn.
Shàng zhōu / wǒ tài máng le, / méi néng bǎ diànzǐyóujiàn / dǎkāi kàn.
Shàng zhōu / wǒ tài máng le, / méi néng bǎ diànzǐyóujiàn / dǎkāi kàn.
Shàng zhōu / wǒ tài máng le, / méi néng bǎ diànzǐyóujiàn / dǎkāi kàn.

STEP 2 한자만 보고 읽기
上周 / 我太忙了， / 没能把电子邮件 / 打开看。

STEP 3 중국어 자동발사
지난주에는 내가 너무 바빠서, 이메일을 열어볼 수 없었어.

3 在北京生活得怎么样? 북경 생활은 어때?
Zài Běijīng shēnghuó de zěnmeyàng?

STEP 1 발음성조 입에 붙이기
발음성조에 유의하여 한마디씩 추가하며 따라 읽어요.

Zài Běijīng shēnghuó de / zěnmeyàng?

Zài Běijīng shēnghuó de / zěnmeyàng?

STEP 2 한자만 보고 읽기

在北京生活得 / 怎么样?

STEP 3 중국어 자동발사

북경 생활은 어때?

4 最近太冷了，连门都不敢出去。 요즘은 너무 추워서 문조차도 나갈 수 없어.
Zuìjìn tài lěng le, lián mén dōu bù gǎn chūqu.

STEP 1 발음성조 입에 붙이기
발음성조에 유의하여 한마디씩 추가하며 따라 읽어요.

Zuìjìn tài lěng le, / lián mén dōu / bù gǎn chūqu.

Zuìjìn tài lěng le, / lián mén dōu / bù gǎn chūqu.

Zuìjìn tài lěng le, / lián mén dōu / bù gǎn chūqu.

STEP 2 한자만 보고 읽기

最近太冷了， / 连门都 / 不敢出去。

STEP 3 중국어 자동발사

요즘은 너무 추워서 문조차도 나갈 수 없어.

DAY 19 지난주에 내가 너에게 이메일 보냈었는데. 上周我把电子邮件发给你了。

5 北京的冬天冷是冷，可是没有风的话还好。
Běijīng de dōngtiān lěng shì lěng, kěshì méiyǒu fēng de huà hái hǎo.
북경의 겨울이 춥긴 춥지, 그런데 바람이 안 불면 괜찮아.

STEP 1 발음성조 입에 붙이기
발음성조에 유의하여 한마디씩 추가하며 따라 읽어요.

Běijīng de dōngtiān / lěng shì lěng, / kěshì méiyǒu fēng de huà / hái hǎo.
Běijīng de dōngtiān / lěng shì lěng, / kěshì méiyǒu fēng de huà / hái hǎo.
Běijīng de dōngtiān / lěng shì lěng, / kěshì méiyǒu fēng de huà / hái hǎo.
Běijīng de dōngtiān / lěng shì lěng, / kěshì méiyǒu fēng de huà / hái hǎo.

STEP 2 한자만 보고 읽기
北京的冬天 / 冷是冷， / 可是没有风的话 / 还好。

STEP 3 중국어 자동발사
북경의 겨울이 춥긴 춥지, 그런데 바람이 안 불면 괜찮아.

6 听说你决定去那家公司了? 듣자 하니 너 그 회사에 가기로 결정되었다며?
Tīngshuō nǐ juédìng qù nà jiā gōngsī le?

STEP 1 발음성조 입에 붙이기
발음성조에 유의하여 한마디씩 추가하며 따라 읽어요.

Tīngshuō / nǐ juédìng / qù nà jiā gōngsī le?
Tīngshuō / nǐ juédìng / qù nà jiā gōngsī le?
Tīngshuō / nǐ juédìng / qù nà jiā gōngsī le?

STEP 2 한자만 보고 읽기
听说 / 你决定 / 去那家公司了?

STEP 3 중국어 자동발사
듣자 하니 너 그 회사에 가기로 결정되었다며?

7 我只是认真地学习罢了。 나는 단지 열심히 공부했을 뿐인데 말야.
Wǒ zhǐshì rènzhēn de xuéxí bàle.

STEP 1 발음성조 입에 붙이기

발음성조에 유의하여
한마디씩 추가하며
따라 읽어요.

Wǒ zhǐshì / rènzhēn de / xuéxí bàle.

Wǒ zhǐshì / rènzhēn de / xuéxí bàle.

Wǒ zhǐshì / rènzhēn de / xuéxí bàle.

STEP 2 한자만 보고 읽기

我只是 / 认真地 / 学习罢了。

STEP 3 중국어 자동발사

나는 단지 열심히 공부했을 뿐인데 말야.

8 真的很厉害! 정말로 대단하다!
Zhēn de hěn lìhai!

STEP 1 발음성조 입에 붙이기

발음성조에 유의하여
한마디씩 추가하며
따라 읽어요.

Zhēn de / hěn lìhai!

Zhēn de / hěn lìhai!

STEP 2 한자만 보고 읽기

真的 / 很厉害!

STEP 3 중국어 자동발사

정말로 대단하다!

🔊 실전회화 자동발사

말문트기 워크북_Day19_실전회화_ST1~ST2.mp3

끊어 읽는 부분에 유의하며 천천히 따라 읽으세요.

STEP 1 발음성조 입에 붙이기

민준　Lùlu, / hǎojiǔ bú jiàn!

루루　Shì a! // Shàng zhōu / wǒ bǎ diànzǐyóujiàn / fā gěi nǐ le.

민준　Shàng zhōu / wǒ tài máng le, // méi néng bǎ diànzǐyóujiàn / dǎkāi kàn.

루루　Zhèyàng a, // zài Běijīng shēnghuó de / zěnmeyàng?

민준　Fēicháng yǒu yìsi, // búguò zuìjìn tài lěng le, //
lián mén dōu / bù gǎn chūqu.

루루　Běijīng de dōngtiān / lěng shì lěng, // kěshì méiyǒu fēng de huà / hái
hǎo. // Tīngshuō / nǐ juédìng / qù nà jiā gōngsī le?

민준　Èng, / wǒ zhǐshì / rènzhēn de / xuéxí bàle.

루루　Zhēn de / hěn lìhai!

STEP 2 한자만 보고 읽기

민준　露露，好久不见！
루루　是啊！上周我把电子邮件发给你了。
민준　上周我太忙了，没能把电子邮件打开看。
루루　这样啊，在北京生活得怎么样？
민준　非常有意思，不过最近太冷了，连门都不敢出去。
루루　北京的冬天冷是冷，可是没有风的话还好。
　　　听说你决定去那家公司了？
민준　嗯，我只是认真地学习罢了。
루루　真的很厉害！

STEP 3 중국어 자동발사

민준　루루야, 오랜만이야!
루루　그러게! 지난주에 내가 너에게 이메일 보냈었는데.
민준　지난주에는 내가 너무 바빠서, 이메일을 열어볼 수 없었어.
루루　그랬구나. 북경 생활은 어때?
민준　정말 재밌어. 그런데 요즘은 너무 추워서 문조차도 나갈 수 없어.
루루　북경의 겨울이 춥긴 춥지, 그런데 바람이 안 불면 괜찮아.
　　　듣자 하니 너 그 회사에 가기로 결정되었다며?
민준　응, 나는 단지 열심히 공부했을 뿐인데 말야.
루루　정말로 대단하다!

DAY 20 다음 달에 회사에 의해 중국 본사로 가게 되었어요.
下个月我被公司调到中国总公司。

핵심 문장 자동발사

🎧 말문트기 워크북_Day20_1~4.mp3

🎧 바로 듣고 따라하기

1 下个月我被公司调到中国总公司。
Xià ge yuè wǒ bèi gōngsī diào dào Zhōngguó zǒnggōngsī.
다음 달에 회사에 의해 중국 본사로 가게 되었어요.

STEP 1 발음성조 입에 붙이기
발음성조에 유의하여 한마디씩 추가하며 따라 읽어요.

Xià ge yuè / wǒ bèi gōngsī / diào dào Zhōngguó zǒnggōngsī.
Xià ge yuè / wǒ bèi gōngsī / diào dào Zhōngguó zǒnggōngsī.
Xià ge yuè / wǒ bèi gōngsī / diào dào Zhōngguó zǒnggōngsī.

STEP 2 한자만 보고 읽기
下个月 / 我被公司 / 调到中国总公司。

STEP 3 중국어 자동발사
다음 달에 회사에 의해 중국 본사로 가게 되었어요.

2 听说我是被您推荐的。 제가 당신의 추천을 받았다고 들었습니다.
Tīngshuō wǒ shì bèi nín tuījiàn de.

STEP 1 발음성조 입에 붙이기
발음성조에 유의하여 한마디씩 추가하며 따라 읽어요.

Tīngshuō / wǒ shì bèi nín tuījiàn de.
Tīngshuō / wǒ shì bèi nín tuījiàn de.

STEP 2 한자만 보고 읽기
听说 / 我是被您推荐的。

STEP 3 중국어 자동발사
제가 당신의 추천을 받았다고 들었습니다.

3 我觉得你的努力得到了公司的肯定。
Wǒ juéde nǐ de nǔlì dédàole gōngsī de kěndìng.
당신의 노력이 회사의 인정을 받은 거라고 생각해요.

STEP 1 발음성조 입에 붙이기
발음성조에 유의하여 한마디씩 추가하며 따라 읽어요.

Wǒ juéde / nǐ de nǔlì / dédàole gōngsī de kěndìng.
Wǒ juéde / nǐ de nǔlì / dédàole gōngsī de kěndìng.
Wǒ juéde / nǐ de nǔlì / dédàole gōngsī de kěndìng.

STEP 2 한자만 보고 읽기
我觉得 / 你的努力 / 得到了公司的肯定。

STEP 3 중국어 자동발사
당신의 노력이 회사의 인정을 받은 거라고 생각해요.

4 我会永远记住到现在您教我的一切。
Wǒ huì yǒngyuǎn jìzhu dào xiànzài nín jiāo wǒ de yíqiè.
저에게 지금까지 가르쳐 주신 모든 것을 영원히 기억하겠습니다.

STEP 1 발음성조 입에 붙이기
발음성조에 유의하여 한마디씩 추가하며 따라 읽어요.

Wǒ huì yǒngyuǎn jìzhu / dào xiànzài / nín jiāo wǒ de yíqiè.
Wǒ huì yǒngyuǎn jìzhu / dào xiànzài / nín jiāo wǒ de yíqiè.
Wǒ huì yǒngyuǎn jìzhu / dào xiànzài / nín jiāo wǒ de yíqiè.

STEP 2 한자만 보고 읽기
我会永远记住 / 到现在 / 您教我的一切。

STEP 3 중국어 자동발사
저에게 지금까지 가르쳐 주신 모든 것을 영원히 기억하겠습니다.

DAY 20 다음 달에 회사에 의해 중국 본사로 가게 되었어요. 下个月我被公司调到中国总公司。

🔊 실전회화 자동발사 🎧 말문트기 워크북_Day20_실전회화_ST1~ST2.mp3

끊어 읽는 부분에 유의하며 천천히 따라 읽으세요.

STEP 1 발음성조 입에 붙이기

장 과장 Dōngxǐ, / nǐ kàn shàngqu / tǐng kāixīn de. //
　　　　Nǐ yǒu shénme / hǎo shì ma?

동희 씨 Xià ge yuè / wǒ bèi gōngsī / diào dào Zhōngguó zǒnggōngsī.

장 과장 À, / shì ma? // Tài hǎo le!

동희 씨 Wǒ xiǎng / gēn nín shuō xièxie. // Tīngshuō / wǒ shì bèi nín tuījiàn de. /

장 과장 Shì wǒ? // Wǒ bú jìde le. //
　　　　Wǒ juéde / nǐ de nǔlì / dédàole gōngsī de kěndìng.

동희 씨 Gǎnxiè nín / zhème shuō. // Wǒ bèi gǎndòngle.

장 과장 Zhù nǐ / yílùshùnfēng.

동희 씨 Wǒ huì yǒngyuǎn jìzhu / dào xiànzài / nín jiāo wǒ de yíqiè.

STEP 2 한자만 보고 읽기

장 과장 东喜，你看上去挺开心的。你有什么好事吗？
동희 씨 下个月我被公司调到中国总公司。
장 과장 啊，是吗？太好了！
동희 씨 我想跟您说谢谢。听说我是被您推荐的。
장 과장 是我？我不记得了。我觉得你的努力得到了公司的肯定。
동희 씨 感谢您这么说。我被感动了。
장 과장 祝你一路顺风。
동희 씨 我会永远记住到现在您教我的一切。

STEP 3 중국어 자동발사

장 과장 동희 씨, 매우 즐거워 보이네요. 무슨 좋은 일 있어요?
동희 씨 다음 달에 회사에 의해 중국 본사로 가게 되었어요.
장 과장 아 그래요? 정말 잘 됐네요!
동희 씨 당신(과장님)께 감사하다고 말하고 싶어요. 제가 당신(과장님)의 추천을 받았다고 들었습니다.
장 과장 내가? 난 기억 안 나는데. 당신(동희 씨)의 노력이 회사의 인정을 받은 거라고 생각해요.
동희 씨 그렇게 얘기해 주셔서 감사합니다. 저 감동 받았어요.
장 과장 하는 일이 모두 잘 되길 바랄게요.
동희 씨 저에게 지금까지 가르쳐 주신 모든 것을 영원히 기억하겠습니다.

해커스 기초 중국어 회화 시리즈

중국어 기초 20일 독학 완성!

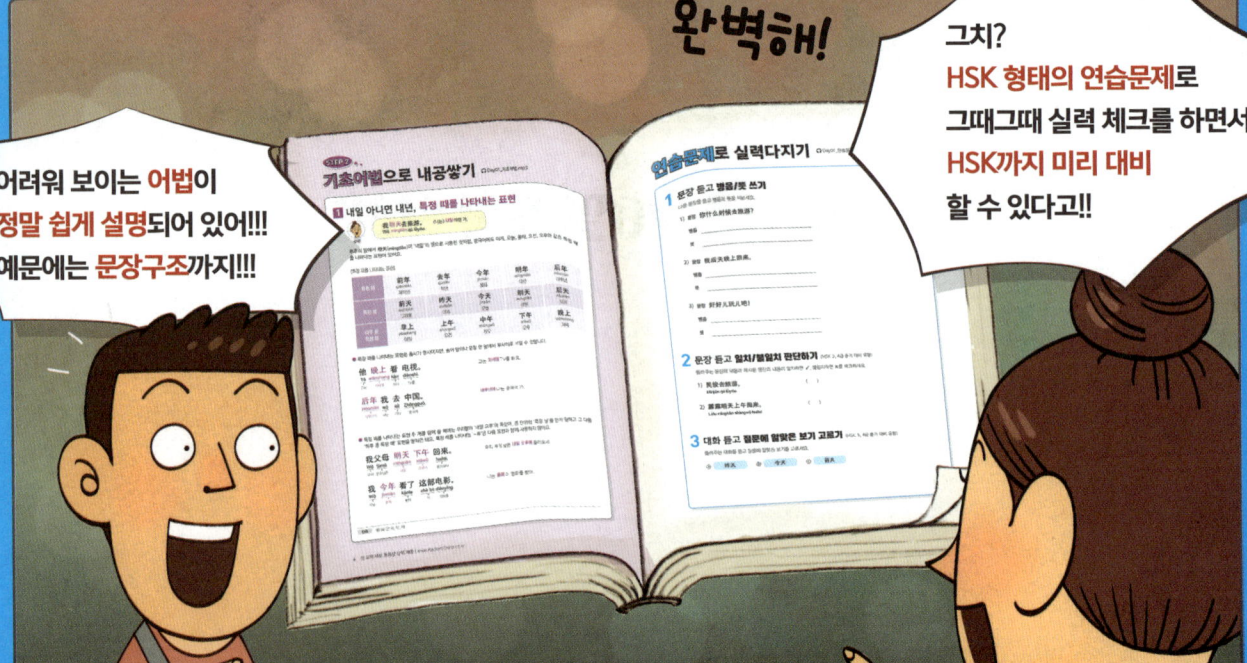

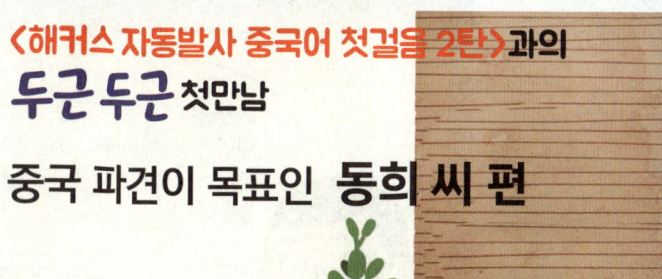

목차 학습 내용 들여다보기

중국어 공부 어떻게 해야 실력이 늘까요? 8p
루루의 중국어 공부 고민 상담실 10p

실력이 쑥쑥 느는 재미, 중국어 발음 ······ 12p
성모/운모/성조, 헷갈리는 발음, 중국어 문장 술술 읽기

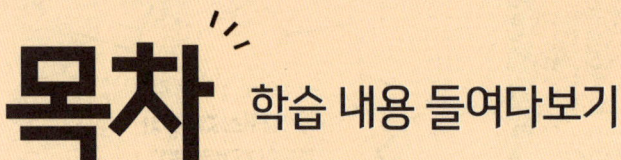

DAY 01 너 언제 여행 가니? 28
你什么时候去旅游?
- 회화 "멀게만 느껴지는 모레 저녁"
- 어법 특정 때를 나타내는 표현, 의문대명사 什么时候
- 표현 특정 때를 나타내는 표현
- 문화 "중국에도 KTX가 있다?!"

DAY 02 오늘은 11월 8일 수요일이야. 40
今天十一月八号星期三。
- 회화 "11월 11일은 루루의 생일!"
- 어법 월/일 표현, 요일 표현, 이합동사
- 표현 날짜/요일 표현, 명절과 기념일
- 문화 "중국의 설날은, 춘절!!!"

DAY 03 지금 오후 6시 20분이에요. 54
现在下午六点二十分。
- 회화 "퇴근 시간에 저녁식사 확보하기"
- 어법 시/분 표현, 동태조사 过, 又+형용사+又+형용사, 동사的时候
- 표현 동사 + 过 표현, 시간 말하는 방법
- 문화 "시차가 있는데 시간이 똑같다니!"

DAY 04 바깥 날씨 어때요? 68
外面天气怎么样?
- 회화 "비 오는 날의 천사 동희 씨"
- 어법 어기조사 了, 是…的 강조구문, 怎么样?, 听说
- 표현 기상변화 표현, 날씨 표현
- 문화 "한겨울 얼음 파티로 유명한 중국 관광지는?"

DAY 05 너 지금 뭐하고 있니? 82
你在干什么呢?
- 회화 "루루는 뭐하고 있을까, 늘 궁금해!"
- 어법 正在…呢, 一边…一边…, 好吗?
- 표현 학습 관련 표현, 가사 관련 표현
- 문화 "요리를 먼저, 밥은 나중에!"

DAY 06 우리 PC방 가서 게임하자! 94
我们去网吧玩儿游戏吧!
- 회화 "민준이도 도서관 가서 공부하고 싶다!"
- 어법 연동문, 동태조사 着, 先A 然后B
- 표현 장소 표현, 동태조사 着와 동사
- 문화 "중국의 국보급 동물은?"

DAY 07 말씀 좀 물을게요. 명동에 어떻게 가요? 108
请问一下，明洞怎么走?
- 회화 "관광객 따라 명동 간다!"
- 어법 동사+一下, 조동사 应该, 坐, 往
- 표현 교통수단과 타는 장소 표현, 길 안내 표현
- 문화 "동방에서 가장 아름다운 진주가 상하이에 있다!"

DAY 08 저는 매우 잘 지냅니다! 120
我过得挺好的!
- 회화 "신입사원 이동희의 성장!"
- 어법 술어+得+정도보어, 형용사+极了, 주어+동사+的
- 표현 술어+得+정도보어 표현, 감정 표현
- 문화 "중국의 국민 간식은?"

DAY 09 자료 준비 잘 됐나요? 134
资料准备好了吗?
- 회화 "완벽한 준비를 위해 야근 불사!"
- 어법 결과보어 : 형용사/동사, 부사 可能, 从A到B
- 표현 형용사 결과보어와 동사, 동사 결과보어와 동사
- 문화 "숫자 '520'이 '사랑해'(我爱你)라고?"

DAY 10 저는 신촌에서 살아요. 148
我住在新村。
- 회화 "가깝고도 먼 신촌과 홍대"
- 어법 결과보어 : 전치사 在/到/给, 전치사 离
- 표현 전치사 在 결과보어와 동사 표현, 전치사 到 결과보어와 동사 표현
- 문화 "중국 사람들이 점심 먹고 하는 일은?"

	중국어 말문트기 워크북
	교재 학습 MP3
	자동발사 단어카드(스마트폰 학습용 PDF)
	쓰면서 외우는 자동발사 단어암기장 (HSK 3·4급 핵심 단어 300 PDF)

해커스 중국어 다운로드
china.Hackers.com

DAY 11 오늘 왜 이렇게 예쁘게 차려입었나요?
今天怎么打扮得漂漂亮亮的? 160

- 회화 "샤방샤방 미래 씨"
- 어법 형용사 중첩, 동사 중첩, 因为A 所以B
- 표현 형용사 중첩 표현, 동사 중첩 표현
- 문화 "시원시원한 중국 전통 옷, 치파오(旗袍)"

DAY 12 두 시간 동안 진행될 예정이에요.
打算进行两个小时。 174

- 회화 "이동희, 3년 영어 공부 결실 보나?"
- 어법 시량보어
- 표현 시량표현
- 문화 "방이 만 개나 되는 중국집? 궁궐!"

DAY 13 지금 책은 이미 두 번 봤거든.
我已经看过两遍现在的书。 186

- 회화 "한 번만 봐도 되는 책이 필요하다!"
- 어법 동량보어, 형용사+死了
- 표현 동사와 동량사 표현, 부정적인 상태 표현, 맛 표현
- 문화 "중국의 매운맛 좀 볼까요?"

DAY 14 그러면 저도 걸어 올라갈래요.
那我也要爬上去。 198

- 회화 "갈수록 살이 찌는 동희 씨!"
- 어법 방향보어, 越来越
- 표현 동사와 방향보어, 건강 관련 표현
- 문화 "'갈수록 태산'의 태산은 진짜 있는 산일까?!"

DAY 15 그가 뭐라고 말하는지 못 알아듣겠어요.
我听不懂他说什么。 210

- 회화 "이해할 수 없는 그 남자의 목소리"
- 어법 가능보어, 구조조사 地, 问+A+B
- 표현 가능보어와 동사 표현, 구조조사 地와 형용사/형용사 중첩 표현
- 문화 "중국에 가면 만만디(慢慢儿地)하게!"

DAY 16 사장님이 저에게 이 서류를 복사하라고 시키셨어요.
总经理让我复印这个文件。 224

- 회화 "동희 씨가 일을 하게 하는 전략"
- 어법 겸어문, 不是…吗?, 恐怕, 조동사 得
- 표현 회사 업무 표현, 회사 모임 표현
- 문화 "중국인들에게 10월 1일은?"

DAY 17 내 HSK 점수가 지난번보다 50점 높아!
我的汉语水平考试成绩比上次的高五十分! 238

- 회화 "더 좋은 책이 내일을 꿈꾸게 한다!"
- 어법 比비교문, 要…了, 对…来说
- 표현 성격 표현, 형용사와 对…来说
- 문화 "한국은 추석에 송편을, 중국은?"

DAY 18 오늘의 기온이 어제의 기온과 똑같이 높아요.
今天的气温跟昨天的气温一样高。 250

- 회화 "어제와 똑같은 동희 씨의 열정?"
- 어법 A跟B一样, 除了A以外, 주술술어문, 怪不得
- 표현 사계절 표현/날씨 표현, 아픈 증상 표현
- 문화 "짓는 데만 2,000년이 걸린 만리장성!"

DAY 19 지난주에 내가 너에게 이메일 보냈었는데.
上周我把电子邮件发给你了。 264

- 회화 "해야 할 일을 했을 뿐인 민준이!"
- 어법 把자문, 连…都/也…, A是A, 只是/只不过…罢了
- 표현 把자문과 동사+기타성분 표현
- 문화 "우산은 이별의 선물?"

DAY 20 다음 달에 회사에 의해 중국 본사로 가게 되었어요.
下个月我被公司调到中国总公司。 278

- 회화 "기쁨과 감동은 동희 씨의 몫"
- 어법 被자문(피동문), 看上去, 记得/记住
- 표현 被자문과 동사+기타성분 표현, 축하/축복 표현
- 문화 "福를 거꾸로 달면 복(福) 받으실 거예요!"

중국어 공부 어떻게 해야 실력이 늘까요?

중국어를 좀 더 길고 수준 높게 말하고 싶은데 어떡하면 좋을까요?

중국어 **발음** 실력을 좀 더 탄탄히 다진 후,
실전회화와 **확장표현**을 집중적으로 학습합니다.
하루 30분 20일이면 중국어가 입에서 자동발사돼요!!!

중국어 말문 완성하기 학습법 <하루 30분, 20일 완성!>

• **중국어 발음 탄탄히 다지기**
① 중국어 발음 코너를 통해 기본적인 성모, 운모, 성조를 여러 번 따라 하여 입에 익숙해지게 해요.
② 헷갈리는 발음을 여러 번 따라 하여 완전 정복하고, 문장으로 끊김 없이 읽을 수 있다면 본격적인 2탄 학습 준비 완료!

각 DAY 학습 순서 20개의 각 DAY를 아래 순서로 학습하면 중국어 말문이 완성돼요.

1 실전회화로 중국어 말하기 능력 향상시키기
① 재미있는 만화로 스토리를 먼저 읽고 <초보 단어 미리보기>로 단어를 확인한 후, 실전회화를 여러 번 따라 읽어요.
② 중국 드라마처럼 녹음된 <실전회화 드라마 MP3>를 들으며 중국인을 흉내 내듯이 따라 읽어요.

2 확장표현을 통문장으로 따라하여 중국어 말문 완성하기
① 다양한 실생활 표현들이 포함된 문장을 MP3를 들으며 여러 번 따라 말해요.
② 통문장을 계속 따라 읽다 보면 단어가 저절로 외워지고 문장이 입에서 저절로 튀어 나와요.

3 <중국어 말문트기 워크북>으로 중국어 자동발사하기
① <중국어 말문트기 워크북>으로 말하기를 집중 훈련합니다.
② '핵심 문장 자동발사'로 발음이 어려운 문장을 집중 훈련한 후 '실전회화 자동발사'로 회화 말하기를 반복하면 어느새 중국어가 자동발사돼요.

중국어 말하기 실력을 더 향상시키고 싶다면
☞ 스마트폰에 <자동발사 단어카드> PDF와 MP3를 담아서 언제 어디서든 중국어 단어를 익혀요.
☞ 해커스 중국어 사이트(china.Hackers.com)에서 제공하는 본 교재 무료 동영상 강의 및 다양한 무료 학습자료를 활용하세요.

해커스 자동발사 중국어 첫걸음 2탄

중국어 실력을 쌓은 후 HSK 4급 이상을 준비하고 싶은데 어떡하죠?

중국어 **발음** 실력을 좀 더 탄탄히 다진 후,
실전회화 → 기초어법 → 확장표현을 차근차근 학습합니다.
하루 1시간 20일이면 HSK 4급/5급 공부를 바로 시작할 수 있어요!!!

HSK 대비 실력 탄탄 학습법 <하루 1시간, 20일 완성!>

• **중국어 발음 탄탄히 다지기**
① 중국어 발음 코너를 통해 기본적인 성모, 운모, 성조를 여러 번 따라 하여 입에 익숙해지게 해요.
② 헷갈리는 발음을 여러 번 따라 하여 완전 정복하고, 문장으로 끊김 없이 읽을 수 있다면 본격적인 2탄 학습 준비 완료!

각 DAY 학습 순서 20개의 각 DAY를 아래 순서로 학습하면 HSK 공부를 바로 시작할 수 있어요.

1 실전회화로 중국어 말하기 능력 향상시키기
① 재미있는 만화로 스토리를 먼저 읽고 <초보 단어 미리보기>로 단어를 확인한 후, 실전회화를 여러 번 따라 읽어요.
② 중국 드라마처럼 녹음된 <실전회화 드라마 MP3>를 들으며 중국인을 흉내 내듯이 따라 읽어요.

2 기초어법으로 중국어 내공 쌓기
① 실전회화에서 익힌 문장으로 중국어 기초어법을 쉽고 재밌게 익혀요.
② 자세하고 쉬운 어법 설명과 예문을 읽다 보면 중국어의 원리를 이해하게 되어 더욱 쉽게 공부할 수 있어요.

3 확장표현을 통문장으로 따라하며 어휘력 늘리기
① 다양한 실생활 표현들이 포함된 문장을 MP3를 들으며 여러 번 따라 말해요.
② 통문장을 계속 따라 읽다 보면 단어가 저절로 외워지고 문장이 입에서 저절로 튀어 나와요.

4 연습문제와 간체자 쓰기로 HSK 유형 미리 대비하기
① HSK 3급, 4급과 비슷한 유형의 연습문제를 풀면 HSK 시험에 저절로 대비하게 돼요.
② 간체자 쓰기로 중요 한자를 써보면서 HSK 3급과 4급의 쓰기 영역을 미리 대비해요.

HSK 대비를 위한 중국어 기초 실력을 더 탄탄히 하고 싶다면
☞ 스마트폰에 <자동발사 단어카드> PDF와 MP3를 담아서 언제 어디서든 중국어 단어를 익혀요.
☞ <쓰면서 외우는 자동발사 단어암기장> PDF로 HSK 3급과 4급 단어를 차근차근 쓰면서 암기해요.
☞ 해커스 중국어 사이트(china.Hackers.com)에서 제공하는 무료 동영상 강의로 중국어 기초어법을 더욱 탄탄히 익혀요.

루루의 중국어 공부 고민 상담실

지현

你好! 중국 노래나 드라마로 공부하면 중국어가 늘까요?

你好 지현! 좋은 중국 노래나 재밌는 중국 드라마 정말 많아요. 하지만... **아직 중국어 초보이신 것 같은데, 중국 노래나 영화는 별로 도움이 안 된답니다.**

중국어 초보는 성조를 잘 배워야 하는데 **중국 노래는 성조를 지키지 않거든요.** 그리고 **중국 드라마는 말이 너무 빠르고 발음도 정확하지 않은 경우가** 있어 오히려 중국어가 어렵다는 생각만 들지도 몰라요.

발음 연습을 잘하게 해주는 좋은 기초책으로 조금만 참고 꾸준히 공부하시는 것만이 지름길이에요. 저, 루루가 나오는 <해커스 자동발사 중국어 첫걸음 2탄> 아시죠? ♥♥♥

루루

민호

早上好! 중국어 공부 두 달 했는데, 말이... 안 나와요.

중국어가 입에서 나오게 하려면 **큰 소리로 막 떠들면서** 연습해야 해요. MP3도 이어폰으로 듣기보다는 스피커로 듣는 것이 좋아요. **스피커보다 더 큰 목소리로 따라** 하다보면 자신의 입에서 나오는 중국어 소리에 피식피식 웃음이 나올 거예요. 그러면 중국어 공부가 더 재미있어질 거예요.

혹시 중국어 공부를 조용한 도서관에서만 하신 것 아니에요?
<중국어 말문트기 워크북>으로 저랑 같이 공부할까요? 중국인처럼 큰 목소리로!!!

加油, 민호! 진짜 이민호면.. ♥♥♥

루루

해커스 자동발사 중국어 첫걸음 2탄

재성: 루루 씨, 중국어 단어 외우는 게 너무 힘들어요.

루루: 중국어 엄청 잘하는 제 한국인 친구가 사용했던 방법 알려드릴까요? 그냥 **매일 30개씩 쓰면서 중얼중얼, 마음을 비우고 매일 꾸준히 외우는 거예요.** 대신 꼭 **단어 MP3를 틀어놓고 들으면서, 따라 말하면서, 쓰면서** 외우세요..

단어 하나에 한자, 병음, 성조, 품사, 뜻까지 5가지, 중국어 단어 외우기 정말 쉽지 않아요. 중국인인 저도 어릴 때 한자 쓰고 익히는 거 쉽지 않았는 걸요.

<자동발사 단어카드>와 <자동발사 단어암기장> 추천해요. 저 루루랑 함께 외울까요?!!! ♥♥♥

수현: 你好! 중국어 문장만 무조건 외우고 있는데, 도대체 순서가 왜 그런지 모르겠어요.

루루: 중국어 문장의 순서가 궁금하다면, 중국어 기초어법을 함께 공부하시는 것이 좋겠어요.

문장 순서를 궁금해하시는 것을 보니 어쩜 수현 씨는 **원리를 이해해야 더 재미있게 공부하는 스타일** 아니실지요? 사람마다 외국어를 익히는 스타일이 다르거든요.

저, 루루가 나오는 <해커스 자동발사 중국어 첫걸음 2탄>은 어법 설명이 무척 쉬운데다 모든 예문에 **문장 구조**까지 알 수 있도록 해 두었어요. 저 루루를 보러 오세요~♥♥♥

실력이 쑥쑥 느는 재미, 중국어 발음

바로 듣고 따라하기

입에 잘 붙지 않는 중국어 발음들은 반드시 반복적으로 연습해야 해요.
중국어 발음의 기본인 성모, 운모, 성조부터 헷갈리기 쉬운 발음까지 전체적으로 한 번 더 훈련하고,
가장 자주 쓰이는 중국어 문장을 끊김 없이 읽는 연습을 하면 중국어 실력을 쑥쑥 키워갈 수 있어요.

1 성모/운모/성조 한 번에 마스터

2 알쏭달쏭 헷갈리는 발음 완전 정복

3 중국어 문장 술술 읽기!

간단하죠?!

1 성모/운모/성조 한 번에 마스터

1 성모 한 번에 마스터
 성모 한 번에 마스터.mp3

🔊 중국어 발음의 첫소리인 성모 21개를 발음해보아요!

입술을 이용해 내는 소리 (쌍순음, 순치음)

b(o)	p(o)	m(o)	*f(o)
뽀어~	포어~	모어~	ⓕ어~

* 순치음 f의 한글 발음 표기 ⓕ는 영어의 f처럼 윗니로 아랫입술을 살짝 물었다 떼면서 발음해요.

혀끝을 이용해 내는 소리 (설첨음)

d(e)	t(e)	n(e)	l(e)
뜨어~	트어~	느어~	르어~

혀뿌리를 이용해 내는 소리 (설근음)

g(e)	k(e)	h(e)
끄어~	크어~	흐어~

혓바닥을 넓게 펴서 내는 소리 (설면음)

j(i)	q(i)	x(i)
찌이~	치이~	씨이~

혀끝과 윗니가 만나 내는 소리 (설치음)

z(i)	c(i)	s(i)
쯔으~	츠으~	쓰으~

*혀를 둘둘 말아 내는 소리 (권설음)

zh(i)	ch(i)	sh(i)	r(i)
쯔ⓕ~	츠ⓕ~	쓰ⓕ~	르ⓕ~

* 권설음 한글 발음 표기의 ⓕ은 이를 앙 물고 혀를 둥근 국자처럼 만 상태에서 공기를 내보내며 발음해요.

2 운모 한 번에 마스터 🎧 운모 한 번에 마스터.mp3

🔊 중국어 발음의 끝소리인 운모 36개를 첫소리인 성모와 함께 발음해보아요.

a로 시작하는 운모

a	ao	ai	an	ang
아아~	아오~	아이~	아안~	아앙~
ba [빠아~]	hao [하오~]	hai [하이~]	dan [따안~]	mang [마앙~]
ma [마아~]	zao [짜오~]	mai [마이~]	fan [f아안~]	pang [파앙~]

o로 시작하는 운모

o	ou	ong
오어~	어우~	오옹~
po [포어~]	gou [꺼우~]	cong [초옹~]
mo [모어~]	rou [r어우~]	zhong [쯔옹~]

e로 시작하는 운모

e	ei	en	eng	er
으어~	에이~	으언~	으엉~	으얼~
de [뜨어~]	bei [뻬이~]	hen [흐언~]	deng [뜨엉~]	* er은 결합하는 성모가 없어요.
he [흐어~]	mei [메이~]	ren [r언~]	peng [프엉~]	

***i로 시작하는 운모 (1)**

i(yi)	ia(ya)	ian(yan)	iang(yang)	iao(yao)
이이~	이아~	이엔~	이앙~	이아오~
ji [찌이~]	jia [찌아~]	bian [삐엔~]	liang [리앙~]	biao [삐아오~]
xi [씨이~]	lia [리아~]	qian [치엔~]	qiang [치앙~]	jiao [찌아오~]

* i로 시작하는 운모는 i가 앞에 성모 없이 단독으로 사용될 때 앞에 y를 붙여 표기해요.

i로 시작하는 운모 (2)

in(yin) 이인~	**ing**(ying) 이잉~	*****iou**(you) 이어우~	**iong**(yong) 이옹~	**ie**(ye) 이에~
jin [찌인~]	qing [치잉~]	liu [리어우~]	qiong [치옹~]	bie [삐에~]
nin [니인~]	xing [씨잉~]	niu [니어우~]	xiong [씨옹~]	tie [티에~]

* iou는 성모와 결합할 때 iu로 써요.

*u로 시작하는 운모 (1)

u(wu) 우우~	**ua**(wa) 우아~	**uan**(wan) 우안~	**uang**(wang) 우앙~	**uai**(wai) 우아이~
bu [뿌우~]	gua [꾸아~]	luan [루안~]	guang [꾸앙~]	huai [후아이~]
shu [쑤우~]	hua [후아~]	chuan [츄우안~]	kuang [쿠앙~]	kuai [쿠아이~]

* u로 시작하는 운모는 u가 성모 없이 단독으로 사용될 때 앞에 w를 붙여 표기해요.

u로 시작하는 운모 (2)

*****uen**(wen) 우언~	**ueng**(weng) 우엉~	******uei**(wei) 우에이~	**uo**(wo) 우어~
cun [추언~]	* weng은 결합하는 성모가 없어요.	dui [뚜에이~]	ruo [루우어~]
sun [쑤언~]		hui [후에이~]	zuo [쭈어~]

* uen은 성모와 결합할 때 un으로 써요.   ** uei는 성모와 결합할 때 ui로 써요.

*ü로 시작하는 운모

ü(yu) 위이~	**üe**(yue) 위에~	**üan**(yuan) 위엔~	**ün**(yun) 위인~
lü [뤼이~]	nüe [뉘에~]	quan [취엔~]	jun [쮜인~]
nü [뉘이~]	jue [쮜에~]	xuan [쒸엔~]	qun [취인~]

* yu, yue, yuan, yun은 ü가 성모 없이 단독으로 사용될 때 앞에 y를 붙여 표기하는 방법으로 점 두 개를 빼고 표기해요.
ü가 성모 j, q, x와 만날 때에도 점 두 개를 빼고 그냥 u로 표기해요.

3 성조 한 번에 마스터 🎧 성조 한 번에 마스터.mp3

🔊 1성부터 경성까지 조합된 성조를 성조변화에 유의하여 따라 읽어보아요.

1성 ā

1성 + 1성	1성 + 2성	1성 + 3성	1성 + 4성
쓰아㉠아 **shāfā** 소파	쫑우구어 **Zhōngguó** 중국	㉠앙㉠아 **fāngfǎ** 방법	쪼어우모어 **zhōumò** 주말
카아㉠에이 **kāfēi** 커피	후안이잉 **huānyíng** 환영하다	끄어숴우 **gēshǒu** 가수	찌잉쮜이 **Jīngjù** 경극

2성 á

2성 + 1성	2성 + 2성	2성 + 3성	2성 + 4성
미잉티엔 **míngtiān** 내일	하안구어 **Hánguó** 한국	츠으디엔 **cídiǎn** 사전	바이쓰어 **báisè** 흰색
지에후언 **jiéhūn** 결혼	추우㉠앙 **chúfáng** 주방	피이지우 **píjiǔ** 맥주	이어우피아오 **yóupiào** 우표

3성 ǎ

3성 + 1성 → 반3성 + 1성	3성 + 2성 → 반3성 + 2성	3성 + 3성 → 2성 + 3성	3성 + 4성 → 반3성 + 4성
베이찌잉 **Běijīng** 베이징	메이구어 **Měiguó** 미국	위이사안 **yǔsǎn** 우산	㉠언쓰어 **fěnsè** 분홍색
라오쓰 **lǎoshī** 선생님	㉠아구어 **Fǎguó** 프랑스	쇼우비아오 **shǒubiǎo** 손목시계	투우띠이 **tǔdì** 토지, 땅

4성 à

4성 + 1성	4성 + 2성	4성 + 3성	4성 + 4성
치이츠㉠어 **qìchē** 자동차	타이구어 **Tàiguó** 태국	하안바오 **hànbǎo** 햄버거	뤼이쓰어 **lǜsè** 초록색
미엔빠오 **miànbāo** 빵	쯔으이어우 **zìyóu** 자유	쌍앙하이 **Shànghǎi** 상하이	또옹우우 **dòngwù** 동물

경성 a

1성 + 경성	2성 + 경성	3성 + 경성	4성 + 경성
마아마 **māma** 엄마	이에예 **yéye** 할아버지	나이나이 **nǎinai** 할머니	빠아바 **bàba** 아빠
끄어거 **gēge** 오빠, 형	으얼즈 **érzi** 아들	지에지에 **jiějie** 누나, 언니	메이메이 **mèimei** 여동생

2 알쏭달쏭 헷갈리는 발음 완전 정복

1 운모 e 완전 정복 🎧 운모 e 완전 정복.mp3

🔊 **운모 e와 e가 포함된 문장을 따라 읽어요.**
운모 e는 '으어'로 발음하고, ei와 같이 i와 나란히 있으면 '으어'가 아닌 '에'로 읽어요.

으어	에이
e	**ei**

우어　흐어　카아ⓕ에이
Wǒ hē kāfēi.　나는 커피를 마셔.

타아　이어우　하안위이　크어
Tā yǒu Hànyǔ kè.　그는 중국어 수업이 있어.

우어　흐어　끄어거　짜이　드엉　메이메이　너
Wǒ hé gēge zài děng mèimei ne.
나와 형은 여동생을 기다리는 중이야.

타아먼　흐언　레이
Tāmen hěn lèi.　그들은 피곤해요.

2 운모 ian(yan)과 üan(yuan) 완전 정복 🎧 ian,üan 완전 정복.mp3

🔊 운모 ian/üan과 ian/üan이 포함된 문장을 따라 읽어요.
ian(yan)과 üan(yuan)은 '이엔'과 '위엔'으로 발음해요. '이안'과 '위안'으로 발음하면 안 돼요.

이엔	위엔
ian (yan)	üan (yuan)

짜이찌엔
Zàijiàn! 잘 가!

우어 부우 카안 띠엔쓸
Wǒ bú kàn diànshì. 나는 TV 안 봐.

또옹시이 짜이 꼬옹위엔
Dōngxǐ zài gōngyuán. 동희는 공원에 있어요.

우어먼 취엔떠우 취이
Wǒmen quándōu qù. 우리는 모두 가요.

3 zh/ch/sh/r 완전 정복 🎧 zh,ch,sh,r 완전 정복.mp3

🔊 zh/ch/sh/r 발음을 연습한 후, zh/ch/sh/r이 포함된 문장을 따라 읽어요.

zh/ch/sh/r은 혀를 둥근 국자처럼 말아 발음하는 권설음이고 운모 i는 '으~'로 발음해요. 발음이 비슷한 z/c/s나 j/q/x와 헷갈리지 않도록 주의하세요.

쯔~(으)	츠~(으)	쓰~(으)	르~(으)
zh(i)	ch(i)	sh(i)	r(i)

쯔어 쓰(으) 하안구어 르(으)언
Zhè shì Hánguó rén. 이 사람은 한국인이에요.

씨아츠으 이이치이 츠(으) 바
Xiàcì yìqǐ chī ba. 다음번에 같이 먹어요.

니이 찌아오 슝(으)언머 미잉즈
Nǐ jiào shénme míngzi? 당신은 이름이 어떻게 되시죠?

다아 치이 즈(으)어
Dǎ qī zhé. 30% 할인됩니다.

4 3성 + 3성 완전 정복 🎧 3성+3성 완전 정복.mp3

🔊 **3성이 연속하여 두 번 이상 나오는 문장을 따라 읽어요.**

맨 마지막 3성만 3성으로 발음하고 앞은 모두 2성으로 발음해요. 3성 다음에 1성, 2성, 4성, 경성이 오면 반3성으로 발음해요.

하오지어우 부우 찌엔
Hǎojiǔ bú jiàn. 오랜만이에요.
(2성 → 반3성)

우어 슈우 후우
Wǒ shǔ hǔ. 저는 호랑이띠예요.
(2성 → 2성 → 3성)

우어 이에 흐언 하오
Wǒ yě hěn hǎo. 나도 잘 지내.
(2성 → 2성 → 2성 → 3성)

치잉 게이 우어 츠어 이아오슈
Qǐng gěi wǒ chē yàoshi. 저에게 차 열쇠를 주세요.
(2성 → 2성 → 반3성)

니이 이에 크어이이 쓔우어
Nǐ yě kěyǐ shuō. 너도 말해도 돼.
(2성 → 2성 → 2성 → 반3성)

* 3성이 네 번 연속 반복될 때 두 개씩 끊어서 2성 → 반3성 → 2성 → 반3성으로 읽기도 해요.

3 중국어 문장 술술 읽기!

1 형용사술어문 술술 읽기 🎧 형용사술어문 술술 읽기.mp3

🔊 다음 형용사술어문의 긍정문과 부정문을 끊김 없이 한 번에 읽어보아요.

우어 흐언 바오
Wǒ hěn bǎo. 我很饱。 나는 배불러.

우어 뿌우 바오
Wǒ bù bǎo. 我不饱。 나는 안 배불러.

타아 흐언 까오
Tā hěn gāo. 她很高。 그녀는 (키가) 커.

타아 뿌우 까오
Tā bù gāo. 她不高。 그녀는 (키가) 안 커.

타아 흐언 쓔아이
Tā hěn shuài. 他很帅。 그는 멋져.

타아 부우 쓔아이
Tā bú shuài. 他不帅。 그는 안 멋져.

우어먼 흐언 까오씨잉
Wǒmen hěn gāoxìng. 我们很高兴。 우리는 기뻐.

우어먼 뿌우 까오씨잉
Wǒmen bù gāoxìng. 我们不高兴。 우리는 안 기뻐.

2 동사술어문 술술 읽기 🎧 동사술어문 술술 읽기.mp3

🔊 동사술어문의 긍정문과 부정문을 끊김 없이 한 번에 읽어보아요.

우어 취이
Wǒ qù. 我去。 나는 가.

우어 부우 취이
Wǒ bú qù. 我不去。 나는 안 가.

타아 라이
Tā lái. 他来。 그는 와.

타아 뿌우 라이
Tā bù lái. 他不来。 그는 안 와.

타아 두우쓩우
Tā dúshū. 她读书。 그녀는 책을 읽어.

타아 뿌우 두우쓩우
Tā bù dúshū. 她不读书。 그녀는 책을 안 읽어.

우어먼 티잉 이인위에
Wǒmen tīng yīnyuè. 我们听音乐。 우리는 음악을 들어.

우어먼 뿌우 티잉 이인위에
Wǒmen bù tīng yīnyuè. 我们不听音乐。 우리는 음악을 안 들어.

3 吗(ma)의문문과 정반의문문 술술 읽기 🎧 의문문 술술 읽기.mp3

🔊 吗(ma)의문문과 정반의문문을 사용한 질문과 이에 대한 답변 문장을 끊김 없이 한 번에 읽어보아요.

吗의문문

니이   마앙   마
Nǐ máng ma? 너는 바쁘니?
你忙吗?

우어   흐언   마앙
Wǒ hěn máng. 나는 바빠.
我很忙。

우어   뿌우   마앙
Wǒ bù máng. 나는 안 바빠.
我不忙。

정반의문문

니이   카안   부   카안   비이싸이
Nǐ kàn bu kàn bǐsài? 너는 경기 보니 안 보니?
你看不看比赛?

우어   카안   비이싸이
Wǒ kàn bǐsài. 나는 경기 봐.
我看比赛。

우어   부우   카안   비이싸이
Wǒ bú kàn bǐsài. 나는 경기 안 봐.
我不看比赛。

4 是(shì)자문 술술 읽기   🎧 是자문 술술 읽기.mp3

🔊 是(shì)자문을 사용한 질문과 답변 문장을 끊김 없이 한 번에 읽어보아요.

니이 쓰(f) 라오쓰(f) 마
Nǐ shì lǎoshī ma? 당신은 선생님인가요?
你是老师吗?

우어 쓰(f) 라오쓰(f)
Wǒ shì lǎoshī. 저는 선생님입니다.
我是老师。

우어 부우 쓰(f) 라오쓰(f)
Wǒ bú shì lǎoshī. 저는 선생님이 아닙니다.
我不是老师。

타아 쓰(f) 부 쓰(f) 토옹쉬에
Tā shì bu shì tóngxué? 그녀는 학교 친구니 아니니?
她是不是同学?

타아 쓰(f) 토옹쉬에
Tā shì tóngxué. 그녀는 학교 친구야.
她是同学。

타아 부우 쓰(f) 토옹쉬에
Tā bú shì tóngxué. 그녀는 학교 친구가 아니야.
她不是同学。

5 有(yǒu)자문 술술 읽기 🎧 有자문 술술 읽기.mp3

🔊 有(yǒu)자문을 사용한 질문과 답변 문장을 끊김 없이 한 번에 읽어보아요.

니이 이어우 ⓢ찌엔 마
Nǐ yǒu shíjiān ma? 당신은 시간이 있나요?
你有时间吗?

우어 이어우 ⓢ찌엔
Wǒ yǒu shíjiān. 저는 시간이 있어요.
我有时间。

우어 메이이어우 ⓢ찌엔
Wǒ méiyǒu shíjiān. 저는 시간이 없어요.
我没有时间。

니이 이어우 메이이어우 ⓢ어우찌이
Nǐ yǒu méiyǒu shǒujī? 너는 휴대폰이 있니 없니?
你有没有手机?

우어 이어우 ⓢ어우찌이
Wǒ yǒu shǒujī. 저는 휴대폰이 있어요.
我有手机。

우어 메이이어우 ⓢ어우찌이
Wǒ méiyǒu shǒujī. 저는 휴대폰이 없어요.
我没有手机。

6 동작의 완료를 나타낸 문장 술술 읽기 🎧 동작완료문장 술술 읽기.mp3

🔊 동사 뒤에 了(le)를 붙여 동작의 완료를 나타낸 질문과 답변 문장을 끊김 없이 한 번에 읽어보아요.

타아 쓩우어러 마
Tā shuōle ma? 그는 말했어요?
他说了吗?

타아 쓩우어러
Tā shuōle. 그는 말했어요.
他说了。

타아 메이이어우 쓩우어
Tā méiyǒu shuō. 그는 말 안했어요.
他没有说。

* 동태조사 **了**(le)를 사용한 문장의 부정형은 了를 빼고 동사 앞에 **没有**(méiyǒu)를 써요.

니이 마이러 이이 티아오 쿠우즈 메이이어우
Nǐ mǎile yì tiáo kùzi méiyǒu? 너는 바지 한 벌을 샀니, 안 샀니?
你买了一条裤子没有?

우어 마이러 이이 티아오 쿠우즈
Wǒ mǎile yì tiáo kùzi. 나는 바지 한 벌을 샀어.
我买了一条裤子。

우어 메이이어우 마이 이이 티아오 쿠우즈
Wǒ méiyǒu mǎi yì tiáo kùzi. 나는 바지 한 벌을 안 샀어.
我没有买一条裤子。

DAY 01

너 언제 여행 가니?

你什么时候去旅游?
Nǐ shénme shíhou qù lǚyóu?

바로 듣고 따라하기

특정 때를 나타내는 표현과 의문대명사 什么时候(언제)를 사용해서 언제 무엇을 하는지 묻고 답할 수 있어요!

🎧 초보 단어 미리보기

什么时候 shénme shíhou 때 언제	昨天 zuótiān 명 어제	后天 hòutiān 명 모레
旅游 lǚyóu 통 여행	张 zhāng 장(종이, 가죽 등을 세는 단위)	晚上 wǎnshang 명 저녁
明天 míngtiān 명 내일	火车票 huǒchē piào 명 기차표	好好儿 hǎohāor 잘, 제대로
跟⋯⋯一起 gēn⋯yìqǐ ~와 함께	那 nà 접 그러면, 그렇다면	玩儿 wánr 통 놀다, 즐기다
所以 suǒyǐ 접 그래서	回来 huílai 통 되돌아오다	

STEP 1
실전회화로 말문트기

🎧 Day01_실전회화_듣기/따라읽기.mp3   🎧 Day01_실전회화_드라마.mp3

듣기 mp3로 먼저 들어본 후 따라읽기 mp3로 따라서 말해보세요.

 민준:
你什么时候去旅游? 너 언제 여행 가니?
Nǐ shénme shíhou qù lǚyóu?

什么时候(언제)로 여행가는 시점을 물었어요. 去旅游(qù lǚyóu)는 '여행을 가다'라는 말이에요.

 루루:
我明天去旅游。 내일 여행 가.
Wǒ míngtiān qù lǚyóu.

특정 때를 나타내는 표현인 明天(내일)으로 여행가는 시점을 말했어요.

 민준:
你跟谁一起去? 누구와 함께 가니?
Nǐ gēn shéi yìqǐ qù?

谁(shéi)는 '누구'라는 뜻의 의문사예요.

 루루:
我跟朋友一起去, 친구와 함께 가.
Wǒ gēn péngyou yìqǐ qù,

所以我昨天买了两张火车票。
suǒyǐ wǒ zuótiān mǎile liǎng zhāng huǒchē piào.
그래서 어제 기차표 두 장을 샀어.

所以(그래서)의 뒷문장은 앞문장에 대한 결과예요.

 민준:
那你什么时候回来? 그러면 너는 언제 돌아오니?
Nà nǐ shénme shíhou huílai?

那(그러면)는 那么의 줄임 표현임을 알아두세요.

 루루:
我后天晚上回来。 나 모레 저녁에 돌아와.
Wǒ hòutiān wǎnshang huílai.

 민준:
是吗? 好好儿玩儿吧! 그래? 재미있게 놀아!
Shì ma? Hǎohāor wánr ba!

* <중국어 말문트기 워크북>으로 말하기를 집중 훈련하면 실전회화가 저절로 자동발사돼요.

STEP 2
기초어법으로 내공쌓기 🎧 Day01_기초어법.mp3

1 내일 아니면 내년, 특정 때를 나타내는 표현

루루

我**明天**去旅游。 (나는) **내일** 여행 가.
Wǒ míngtiān qù lǚyóu.

루루의 말에서 **明天**(míngtiān)이 '내일'의 뜻으로 사용된 것처럼, 중국어에도 어제, 오늘, 올해, 오전, 오후와 같은 특정 때를 나타내는 표현이 있어요.

[특정 때를 나타내는 표현]

특정 해	前年 qiánnián 재작년	去年 qùnián 작년	今年 jīnnián 올해	明年 míngnián 내년	后年 hòunián 내후년
특정 날	前天 qiántiān 그저께	昨天 zuótiān 어제	今天 jīntiān 오늘	明天 míngtiān 내일	后天 hòutiān 모레
하루 중 특정 때	早上 zǎoshang 아침	上午 shàngwǔ 오전	中午 zhōngwǔ 정오	下午 xiàwǔ 오후	晚上 wǎnshang 저녁

● 특정 때를 나타내는 표현은 품사가 명사이지만, 술어 앞이나 문장 맨 앞에서 부사어로 쓰일 수 있답니다.

他 **晚上** 看 电视。   그는 **저녁**에 TV를 봐요.
Tā wǎnshang kàn diànshì.
그는 저녁에 보다 TV를

后年 我 去 中国。   **내후년**에 나는 중국에 가.
Hòunián wǒ qù Zhōngguó.
내후년에 나는 가다 중국에

● 특정 때를 니타내는 표현 두 개를 함께 쓸 때에는 우리말의 '내일 오후'와 똑같이, 큰 단위인 '특정 날'을 먼저 말하고 그다음 '하루 중 특정 때' 표현을 말하면 돼요. 특정 해를 나타내는 '~年'은 다른 표현과 함께 사용하지 않아요.

我父母 **明天** **下午** 回来。   우리 부모님은 **내일 오후에** 돌아오셔.
Wǒ fùmǔ míngtiān xiàwǔ huílai.
우리 부모님은 내일 오후에 돌아오다

我 **今年** 看了 这部电影。   나는 **올해** 이 영화를 봤어.
Wǒ jīnnián kànle zhè bù diànyǐng.
나는 올해 봤다 이 영화를

단어 部 bù ⑱ 편, 부, 대

➕ **플러스 포인트**

'하루 중 특정 때'를 나타내는 표현에 **好**(hǎo, 안녕하다)를 붙이면 인사말이 돼요.

早上 好。 [아침 인사] 안녕. 안녕하세요.
Zǎoshang hǎo.
아침　안녕하다

晚上 好。 [저녁 인사] 안녕. 안녕하세요.
Wǎnshang hǎo.
저녁　안녕하다

2 '언제' 돼? 의문대명사 什么时候(언제)
shénme shíhou

민준

你什么时候去旅游?　너 언제 여행 가니?
Nǐ shénme shíhou qù lǚyóu?

什么时候(shénme shíhou)는 '언제'라는 뜻으로 특정 때나 시점을 물을 때 사용하는 의문대명사이고, 주어 뒤에서 부사어로 쓰여요. 민준이의 말에서도 什么时候(언제)가 주어 你(너) 다음에 부사어로 쓰였어요. 什么时候(언제)를 사용한 질문에 답할 때에는 什么时候를 빼고 주어 앞이나 뒤에 특정 때를 나타내는 표현을 쓰면 돼요.

A: **我们　什么时候　一起　吃　晚饭?**　　우리는 **언제** 함께 저녁을 먹을까요?
　　Wǒmen　shénme shíhou　yìqǐ　chī　wǎnfàn?
　　우리는　　언제　　　함께　먹다　저녁을

B: **今天　晚上　我们　一起　吃　吧**。　　**오늘 저녁에** 우리 함께 먹죠.
　　Jīntiān　wǎnshang　wǒmen　yìqǐ　chī　ba.
　　오늘　　저녁에　　　우리　　함께　먹다　~하죠

A: **你　什么时候　买了　露露的　生日礼物?**　너는 **언제** 루루의 생일 선물을 샀니?
　　Nǐ　shénme shíhou　mǎile　Lùlu de　shēngrì lǐwù?
　　너는　　언제　　　샀다　루루의　　생일 선물을

B: **我　昨天　买了　她的　生日礼物**。　나는 **어제** 그녀의 생일 선물을 샀어.
　　Wǒ　zuótiān　mǎile　tā de　shēngrì lǐwù.
　　나는　어제　　샀다　그녀의　생일 선물을

단어　晚饭 wǎnfàn 圐 저녁 식사　生日 shēngrì 圐 생일　礼物 lǐwù 圐 선물

STEP 3
확장표현으로 중국어 자동발사
🎧 Day01_확장표현.mp3

什么时候(언제)로 특정 시점을 묻는 질문에 답하면서 **특정 때를 나타내는 표현**을 익혀보아요. (빈칸에 아래 단어를 하나씩 넣어서 읽어보세요.)

오늘/내일/모레

A: 你什么时候去旅游? 너 언제 여행 가니?
 Nǐ shénme shíhou qù lǚyóu?

B: 我_____去旅游。 나 ___ 여행 가.
 Wǒ _____ qù lǚyóu.

| 今天 jīntiān 오늘 | 明天 míngtiān 내일 | 后天 hòutiān 모레 |

올해/내년/내후년

A: 你什么时候去留学? 너 언제 유학 가니?
 Nǐ shénme shíhou qù liúxué?

B: 我_____去留学。 나 ___(에) 유학 가.
 Wǒ _____ qù liúxué.

| 今年 jīnnián 올해 | 明年 míngnián 내년 | 后年 hòunián 내후년 |

아침 ~ 저녁

A: 你什么时候做运动? 당신은 언제 운동을 하나요?
 Nǐ shénme shíhou zuò yùndòng?

B: 我_____做运动。 저는 ___에 운동을 해요.
 Wǒ _____ zuò yùndòng.

| 早上 zǎoshang 아침 | 上午 shàngwǔ 오전 | 中午 zhōngwǔ 정오 | 下午 xiàwǔ 오후 | 晚上 wǎnshang 저녁 |

A: 你什么时候买了火车票? 너는 언제 기차표를 샀니?
Nǐ shénme shíhou mǎile huǒchē piào?

B: 我____买了火车票。 나는 ____ 기차표를 샀어.
Wǒ ____ mǎile huǒchē piào.

今天	昨天	前天
jīntiān	zuótiān	qiántiān
오늘	어제	그저께

A: 你什么时候看了这部电影? 당신은 언제 이 영화를 봤나요?
Nǐ shénme shíhou kànle zhè bù diànyǐng?

B: 我____看了这部电影。 저는 ____(에) 이 영화를 봤어요.
Wǒ ____ kànle zhè bù diànyǐng.

今年	去年	前年
jīnnián	qùnián	qiánnián
올해	작년	재작년

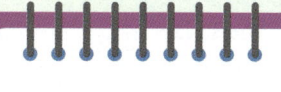

A: 你什么时候吃了拉面? 너는 언제 라면을 먹었니?
Nǐ shénme shíhou chīle lāmiàn?

B: 我____吃了拉面。 나는 ____에 라면을 먹었어.
Wǒ ____ chīle lāmiàn.

今天早上	昨天晚上	前天中午
jīntiān zǎoshang	zuótiān wǎnshang	qiántiān zhōngwǔ
오늘 아침	어제 저녁	그저께 정오

DAY 01 너 언제 여행 가니? 你什么时候去旅游? 33

연습문제로 실력다지기 🎧 Day01_연습문제.mp3

🎧 연습문제 바로 듣기

1 문장 듣고 병음/뜻 쓰기

다음 문장을 듣고 병음과 뜻을 써보세요.

1) **문장** 你什么时候去旅游?

   병음 _____

   뜻 _____

2) **문장** 我后天晚上回来。

   병음 _____

   뜻 _____

3) **문장** 好好儿玩儿吧!

   병음 _____

   뜻 _____

2 문장 듣고 일치/불일치 판단하기 (HSK 3, 4급 듣기 대비 유형)

들려주는 문장의 내용과 제시된 문장의 내용이 일치하면 ✓, 불일치하면 ✗를 체크하세요.

1) 民俊去旅游。   (   )
   Mínjùn qù lǚyóu.

2) 露露明天上午回来。   (   )
   Lùlu míngtiān shàngwǔ huílai.

3 대화 듣고 질문에 알맞은 보기 고르기 (HSK 3, 4급 듣기 대비 유형)

들려주는 대화를 듣고 질문에 알맞은 보기를 고르세요.

ⓐ 昨天   ⓑ 今天   ⓒ 前天

정답 p.292

4 단어 채우기 (HSK 3급 쓰기 대비 유형)

제시된 병음에 알맞은 단어를 괄호 안에 채워 문장을 완성해보세요.

1) 我(míng)年去留学。 나 내년에 유학 가.
   Wǒ   nián qù liúxué.

2) 你(gēn)谁一起去? 누구와 함께 가니?
   Nǐ   shéi yìqǐ qù?

5 대화 완성하기 (HSK 3급 독해 대비 유형)

빈칸에 알맞은 문장을 채워 대화를 완성해보세요.

> 我去年看了这部电影。
> Wǒ qùnián kànle zhè bù diànyǐng.

> 我下午做运动。
> Wǒ xiàwǔ zuò yùndòng.

> 今天晚上我们一起吃吧。
> Jīntiān wǎnshang wǒmen yìqǐ chī ba.

1) A: 你什么时候做运动? 당신은 언제 운동을 하나요?
   Nǐ shénme shíhou zuò yùndòng?
   B: _____ 저는 오후에 운동을 해요.

2) A: 我们什么时候一起吃晚饭? 우리는 언제 함께 저녁을 먹을까요?
   Wǒmen shénme shíhou yìqǐ chī wǎnfàn?
   B: _____ 오늘 저녁에 우리 함께 먹죠.

6 문장 완성하기 (HSK 3, 4급 쓰기 대비 유형)

제시된 단어를 중국어 어순에 맞게 배열하여 문장을 완성해보세요.

1) 这部   你什么时候   看了   电影
   zhè bù nǐ shénme shíhou kànle diànyǐng

   _____? 당신은 언제 이 영화를 봤나요?

2) 中午   吃了   我前天   拉面
   zhōngwǔ chīle   wǒ qiántiān lāmiàn

   _____。 나는 그저께 정오에 라면을 먹었어.

정답 p.292

간체자 쓰기

제시된 HSK 단어 및 주요 핵심 단어의 간체자와 병음을 또박또박 써보세요.

HSK 1급

明天 míng tiān
明明明明明明明明
天天天天
명 내일

HSK 1급

昨天 zuó tiān
昨昨昨昨昨昨昨昨昨
天天天天
명 어제

后天 hòu tiān
后后后后后后
天天天天
명 모레

HSK 2급

早上 zǎo shang
早早早早早早
上上上
명 아침

HSK 2급

晚上 wǎn shang
晚晚晚晚晚晚晚晚晚晚晚
上上上
명 저녁

今年
jīn nián
今今今今
年年年年年年
명 올해

前年
qián nián
前前前前前前前前
年年年年年年
명 재작년

HSK 2급
所以
suǒ yǐ
所所所所所所所
以以以以
접 그래서

玩儿
wán r
玩玩玩玩玩玩玩
儿儿
동 놀다, 즐기다

什么时候
shén me shí hou
什什什什
么么么
时时时时时时
候候候候候候候候
대 언제

루루와 떠나는 중국 문화 여행

중국에도 KTX가 있다?!

안녕하세요~ 저 루루가 다시 돌아왔어요! 이번에도 함께 신나는 중국 문화 여행을 떠나봐요~!
여러분은 한국에서 국내 여행을 할 때 기차를 타시나요? 중국인들은 중국 내에서 여행이나 장거리 이동을 할 때 주로 기차(火车, huǒchē)를 타요. 중국은 땅이 엄청 넓지만 철길이 잘 마련되어 있어서 기차만 타면 어디든 다닐 수 있거든요. 하지만 땅이 넓은 만큼 기차를 타야 하는 시간도 무척 길어요. 가장 느린 기차로 장거리 이동을 하려면 10시간 이상은 족히 타야 할 정도예요.

> 가장 빨리 장거리 이동을 해야 하면
> 한국의 KTX와 비슷한 고속열차(高铁, gāotiě)를,
> 단거리는 탄환열차(动车, dòngchē)나
> 도시간열차(城际, chéngjì)를 타면 돼요.

중국 기차는 일반열차와 고속열차로 나뉘어요. 일반열차는 네 종류인데, 주요 도시에만 정차하는 가장 빠른 직통특급열차(直达特快, zhídá tèkuài), 조금 빠른 특급열차(特快, tèkuài, 위 사진 파란기차), 일반 속도의 쾌속열차(快速, kuàisù, 위 사진 빨간기차), 가장 느리고 오래된 완행열차(普快, pǔkuài)가 있어요. 네 가지 열차

모두 좌석은 의자칸과 침대칸으로 나뉜답니다.
고속열차는 세 종류인데, 가장 빨리 장거리 이동을 해야 하면 한국의 KTX와 비슷한 고속열차(高铁, gāotiě)를, 단거리는 탄환열차(动车, dòngchē, 사진)나 도시간열차(城际, chéngjì)를 타면 돼요. 고속열차의 좌석은 비즈니스석, 일등석, 이등석으로 나뉘어요.
베이징에서 상하이까지의 거리는 1300KM인데 고속열차(高铁)를 타면 5시간 정도 걸려요. 베이징에서 상하이를 가야 한다면 이 고속열차를 꼭 이용해보세요!

🎧 바로 쓰는 초보 여행 중국어

기차역에서

1 내일, 오전, 상하이! (내일 오전에 상하이로 가는 기차표 주세요!)
  明天, 上午, 上海!
  Míngtiān, shàngwǔ, Shànghǎi!

2 저는 두 장 살 거예요.
  我要买两张。
  Wǒ yào mǎi liǎng zhāng.

3 이거 몇 시 기차예요?
  这是几点的火车?
  Zhè shì jǐ diǎn de huǒchē?

4 이거 상하이 가는 기차예요?
  这是去上海的火车吗?
  Zhè shì qù Shànghǎi de huǒchē ma?

🎧 바로 듣고 따라하기

DAY 02

오늘은 11월 8일 수요일이야.

今天十一月八号星期三。

Jīntiān shíyī yuè bā hào xīngqī sān.

날짜 표현과 요일 표현을 사용해서 몇 월 며칠인지, 무슨 요일인지 묻고 답할 수 있어요!

초보 단어 미리보기

月 yuè 명 월	对 duì 형 맞다, 정확하다	祝 zhù 동 축하하다
号 hào 명 일	光棍节 Guānggùnjié 고유 광군절	快乐 kuàilè 형 즐겁다, 행복하다
星期 xīngqī 명 요일	知道 zhīdào 동 알다	如果 rúguǒ 접 만약
就 jiù 부 바로	但 dàn 접 그러나, 그렇지만	见面 jiànmiàn 동 만나다
生日 shēngrì 명 생일	提前 tíqián 동 앞당기다, 미리 ~하다	请客 qǐngkè 동 한턱 내다, 초대하다

실전회화로 말문트기

🎧 Day02_실전회화_듣기/따라읽기.mp3 🎧 Day02_실전회화_드라마.mp3

듣기 mp3로 먼저 들어본 후 따라읽기 mp3로 따라서 말해보세요.

민준

今天几月几号星期几?
Jīntiān jǐ yuè jǐ hào xīngqī jǐ?
오늘이 몇 월 며칠 무슨 요일이지?

의문사 几(몇)를 사용한 几月几号는 '몇 월 며칠'인지, 星期几는 '무슨 요일'인지를 묻는 말이에요.

今天十一月八号星期三。
Jīntiān shíyī yuè bā hào xīngqī sān.
오늘은 11월 8일 수요일이야.

星期三은 월요일에서부터 세 번째 요일, 즉 수요일이에요.

루루

민준

那这个星期六就是你的生日，对吗?
Nà zhè ge xīngqī liù jiù shì nǐ de shēngrì, duì ma?
그러면 이번 주 토요일이 바로 네 생일이네, 맞아?

星期六는 월요일에서부터 여섯 번째 요일, 즉 토요일이에요.

对吗?(맞아?)를 문장 끝에 쓰면 사실을 확인해보는 말이 돼요.

光棍节(광군절)는 11월 11일로 중국에서는 '솔로데이'라고도 해요.

对，光棍节是我的生日。你怎么知道?
Duì, Guānggùnjié shì wǒ de shēngrì. Nǐ zěnme zhīdào?
맞아, 광군절이 내 생일이야. 너 어떻게 알았어?

루루

민준

我不知道，但我手机知道。
Wǒ bù zhīdào, dàn wǒ shǒujī zhīdào.
나는 모르지만, 내 휴대폰은 알지.

我手机(내 휴대폰)는 我와 手机 사이에 的(~의)가 생략된 형태예요.

哈哈，是吗?
Hāha, shì ma?
하하, 그래?

루루

민준

提前祝你生日快乐!
Tíqián zhù nǐ shēngrì kuàilè!
미리 생일 축하해!

祝你生日快乐는 '생일 축하해'라는 표현이에요. 일상에서 자주 쓸 수 있으니 꼭 알아두세요.

那天(그날)이 술어 有(있다) 앞에서 부사어로 쓰였어요.

如果你那天有时间，我们见面吧。我请客!
Rúguǒ nǐ nàtiān yǒu shíjiān, wǒmen jiànmiàn ba. Wǒ qǐngkè!
그날 시간 있으면, 우리 만나자. 내가 살게!

루루

* <중국어 말문트기 워크북>으로 말하기를 집중 훈련하면 실전회화가 저절로 자동발사돼요.

STEP 2
기초어법으로 내공쌓기 🎧 Day02_기초어법.mp3

1 생일을 말해보자! 월/일 표현

루루

> 今天十一月八号星期三。 오늘은 11월 8일 수요일이야.
> Jīntiān shíyī yuè bā hào xīngqī sān.

중국어로 월/일을 표현할 때에는 '월'을 뜻하는 명사 月(yuè)와 '일'을 뜻하는 명사 号(hào) 앞에 각각 숫자를 넣어서 우리말과 똑같이 '숫자 + 月 + 숫자 + 号' 형태로 말하면 돼요. 루루도 '十一(11) + 月(월) + 八(8) + 号(일)'의 형태로 11월 8일을 말했어요. 특히 루루의 말은 숫자로 된 날짜를 술어로 사용한 명사술어문이고, 따라서 동사 是(~이다)을 쓰지 않았어요.

[월/일 표현]

월	一月 yī yuè 1월	二月 èr yuè 2월	三月 sān yuè 3월	四月 sì yuè 4월	五月 wǔ yuè 5월	六月 liù yuè 6월
	七月 qī yuè 7월	八月 bā yuè 8월	九月 jiǔ yuè 9월	十月 shí yuè 10월	十一月 shíyī yuè 11월	十二月 shí'èr yuè 12월
일	一号 yī hào 1일	二号 èr hào 2일	三号 sān hào 3일	四号 sì hào 4일	五号 wǔ hào 5일	六号 liù hào 6일
	七号 qī hào 7일	八号 bā hào 8일	九号 jiǔ hào 9일	十号 shí hào 10일	十一号 shíyī hào 11일	十二号 shí'èr hào 12일
	十五号 shíwǔ hào 15일	二十号 èrshí hào 20일	二十一号 èrshíyī hào 21일	二十二号 èrshí'èr hào 22일	三十号 sānshí hào 30일	三十一号 sānshíyī hào 31일

* '일'을 말로 표현할 때에는 号를 쓰지만, 글로 쓸 때에는 号 대신 日(rì, 일)을 쓸 수 있다는 것도 알아두어요.

● 월/일 표현은 시간이나 날짜 등 숫자를 언급하는 명사구이므로 위 루루의 말처럼 명사술어문에서 술어로 쓰이거나, 문장에서 목적어나 주어로 쓰이며, 술어 앞에서 부사어로 쓰일 수도 있어요.

一月二号 是 我的 生日。
Yī yuè èr hào shì wǒ de shēngrì.
1월 2일이 ~이다 나 의 생일

1월 2일이 제 생일이에요.
(→ 一月二号(1월 2일)가 주어로 쓰였어요.)

我们 五月七号 去 旅游。
Wǒmen wǔ yuè qī hào qù lǚyóu.
우리는 5월 7일에 가다 여행을

우리는 5월 7일에 여행 가요.
(→ 五月七号(5월 7일)가 동사 술어 去 앞에서 부사어로 쓰였어요.)

● 날짜를 물을 때에는 우리말의 '몇 월 며칠'과 똑같이 月와 号 앞에 의문사 几(jǐ, 몇)를 넣어 几月几号(몇 월 며칠)라고 하면 돼요.

A: 你的 生日 是 几月几号?
   Nǐ de shēngrì shì jǐ yuè jǐ hào?
   너 의 생일은 ~이다 몇 월 며칠

너의 생일은 **몇 월 며칠**이니?

B: 我的 生日 是 十一月一号。
   Wǒ de shēngrì shì shíyī yuè yī hào.
   나 의 생일은 ~이다 11월 1일

나의 생일은 **11월 1일**이야.
(→ **十一月一号**가 목적어로 쓰인 **是**자문이에요. 생일을 묻거나 말할 때에는 항상 명사술어문이 아닌 **是**자문을 써요.)

● 월/일을 포함한 날짜 표현은 什么时候(shénme shíhou, 언제)를 사용한 질문의 답변으로도 사용할 수 있어요.

A: 他 什么时候 回国?
   Tā shénme shíhou huíguó?
   그는 언제 귀국하다

그는 **언제** 귀국하나요?

B: 他 九月十二号 回国。
   Tā jiǔ yuè shí'èr hào huíguó.
   그는 9월 12일에 귀국하다

그는 **9월 12일**에 귀국해요.
(→ **九月十二号**(9월 12일)가 부사어로 쓰였어요.)

✚ 플러스 포인트

1. 연도를 말할 때에는 우리말과 다르게 숫자를 하나씩 각각 읽어주어야 해요.

A: 下次 奥运会 什么时候 举行?
   Xiàcì Àoyùnhuì shénme shíhou jǔxíng?
   다음 번 올림픽은 언제 열리다

다음 번 올림픽은 언제 열리니?

B: 下次 奥运会 二零二零年 举行。
   Xiàcì Àoyùnhuì èr líng èr líng nián jǔxíng.
   다음 번 올림픽은 2020년에 열리다

다음 번 올림픽은 **2020년**에 열려.
(→ **二零二零年**(2020년)이 술어 **举行** 앞에서 부사어로 쓰였어요. 여기서 2020년은 '이천이십년'이 아니라 '이공이공년'으로 읽어주어야 해요.)

2. 月 앞에 上个(shàng ge)를 붙이면 '지난달', 这个(zhè ge)를 붙이면 '이번 달', 下个(xià ge)를 붙이면 '다음 달'이라는 의미가 된다는 것도 알아두어요.

上个月	这个月	下个月
shàng ge yuè	zhè ge yuè	xià ge yuè
지난달	이번 달	다음 달

我 上个月 买了 一条 裤子。
Wǒ shàng ge yuè mǎile yì tiáo kùzi.
나는 지난달에 샀다 한 벌의 바지를

저는 **지난달**에 바지 한 벌을 샀어요.

단어 什么时候 shénme shíhou 데 언제, 어느 때 回国 huíguó 통 귀국하다 下次 xiàcì 명 다음 번 奥运会 Àoyùnhuì 고유 올림픽
举行 jǔxíng 통 열리다, 거행하다 裤子 kùzi 명 바지

기초어법으로 내공쌓기

2 오늘은 금요일! 요일 표현

민준

那这个星期六就是你的生日!
Nà zhè ge xīngqī liù jiù shì nǐ de shēngrì!

그러면 이번 주 **토요일이** 바로 네 생일이네!

요일 표현은 '요일'을 뜻하는 명사 星期(xīngqī) 뒤에 숫자 一(yī, 1)부터 六(liù, 6)를 차례로 붙여서 월요일~토요일을 표현해요. 따라서 위 민준이의 말에서 星期六(xīngqī liù)는 여섯 번째 날인 '토요일'이 된답니다. 하지만 일요일은 星期七가 아니라 星期天(xīngqī tiān) 또는 星期日(xīngqī rì)로 표현해요. 요일을 표현할 때 星期 대신 周(zhōu, 주)를 쓸 수도 있어요. 위 민준이의 말에서 星期六는 문장의 주어로 사용되었어요.

[요일 표현]

월요일	화요일	수요일	목요일	금요일	토요일	일요일
星期一 xīngqī yī	星期二 xīngqī èr	星期三 xīngqī sān	星期四 xīngqī sì	星期五 xīngqī wǔ	星期六 xīngqī liù	星期天(日) xīngqī tiān(rì)
周一 zhōu yī	周二 zhōu èr	周三 zhōu sān	周四 zhōu sì	周五 zhōu wǔ	周六 zhōu liù	周日 zhōu rì

● 요일 표현은 문장의 주어나 목적어로 쓰일뿐만 아니라, 명사술어문에서는 술어로, 또는 술어 앞에서 부사어로 쓰일 수 있어요.

明天 星期二。
Míngtiān xīngqī èr.
내일은 화요일이다

내일은 **화요일이야**.
(→ 星期二(화요일)이 술어로 쓰인 명사술어문이에요.)

我 周四 有 考试。
Wǒ zhōu sì yǒu kǎoshì.
나는 목요일에 있다 시험이

나는 **목요일에** 시험이 있어.
(→ 周四(목요일)가 술어 有(있다) 앞에서 부사어로 쓰였어요.)

● 무슨 요일인지 물어볼 때에는 星期 뒤에 의문사 几(jǐ, 몇)를 붙여서 말하면 돼요.

A: 今天 星期几?
Jīntiān xīngqī jǐ?
오늘이 무슨 요일?

오늘이 **무슨 요일이지**?

B: 今天 星期三。
Jīntiān xīngqī sān.
오늘은 수요일이다

오늘은 **수요일이야**.
(→ 星期三(수요일)이 술어로 쓰인 명사술어문이에요.)

● 요일 표현도 什么时候(shénme shíhou, 언제)를 사용한 질문의 답변에 쓸 수 있어요.

A: 我们 什么时候 见面?
Wǒmen shénme shíhou jiànmiàn?
우리는 언제 만나다

우리는 **언제** 만나?

B: 我们 周五 见 吧。
Wǒmen zhōu wǔ jiàn ba.
우리는 금요일에 만나다 ~하자

우리 **금요일에** 만나자.
(→ 周五(금요일)가 술어 见(만나다) 앞에서 부사어로 쓰였어요.)

➕ **플러스 포인트**
요일 표현 앞에 上(个)를 붙이면 '지난주 ~요일', 这(个)를 붙이면 '이번 주 ~요일', 下(个)를 붙이면 '다음 주 ~요일'이라는 말이 돼요. 이때, 个는 생략할 수 있어요.

她 上(个)星期五 去了 北京。
Tā shàng (ge) xīngqī wǔ qùle Běijīng.
그녀는 지난주 금요일 갔다 베이징에

그녀는 **지난주 금요일**에 베이징에 갔어요.

下(个)星期三 是 春节。
Xià (ge) xīngqī sān shì Chūnjié.
다음 주 수요일이 ~이다 춘절

다음 주 수요일이 춘절이에요.

3 동사 안에 목적어 있다, **이합동사**

루루

我们见面吧。
Wǒmen jiànmiàn ba.
우리 **만**나자.

중국어에는 동사 자체가 '동사 + 목적어' 구조인 동사가 있어요. 이를 '이합동사'라고 해요. 루루의 말에서 동사 见面(jiànmiàn)은 '见(보다) + 面(얼굴)'으로 이루어진 단어로, '얼굴을 보다', 즉 '만나다'라는 뜻의 이합동사예요. 이와 같은 이합동사는 동사 자체가 이미 목적어를 포함하고 있기 때문에, 또 다른 목적어를 가질 수 없어요.

[자주 사용되는 이합동사]

回 + 家 = 回家	结 + 婚 = 结婚	毕 + 业 = 毕业
huí jiā huíjiā	jié hūn jiéhūn	bì yè bìyè
돌아가다 집에 집에 돌아가다	맺다 혼사를 결혼하다	마치다 학업을 졸업하다
生 + 气 = 生气	帮 + 忙 = 帮忙	请 + 客 = 请客
shēng qì shēngqì	bāng máng bāngmáng	qǐng kè qǐngkè
생기다 화가 화가 나다	돕다 바쁨/긴급함을 돕다	대접하다 손님을 한턱 내다

● 이합동사는 목적어를 가지지 못하므로 앞에 전치사구가 오거나, 두 글자 사이에 관형어를 쓸 수 있어요.

我 见面 他。 저는 그를 만나요. (X)
Wǒ jiànmiàn tā.
나는 만나다 그

我 跟他 见面。 저는 그와 만나요. (O)
Wǒ gēn tā jiànmiàn.
나는 그와 만나다
(→ 전치사구 跟他(그와)를 써서 见面(만나다)의 대상을 표현했어요.)

我 帮忙 他。 저는 그를 도와요. (X)
Wǒ bāngmáng tā.
나는 돕다 그

我 帮 他的 忙。 저는 그를 도와요. (O)
Wǒ bāng tā de máng.
나는 돕다 그의 바쁨/긴급함을
(→ 목적어 역할의 忙(바쁨/긴급함) 앞에 관형어 他的(그의)를 써서 그를 돕는다는 의미를 나타냈어요.)

단어 春节 Chūnjié [고유] 춘절(설날)

STEP 3
확장표현으로 중국어 자동발사

🎧 Day02_확장표현.mp3

几月几号星期几(몇 월 며칠 무슨 요일)를 사용한 질문에 답하면서 **날짜, 요일** 표현을 익혀보아요. (빈칸에 아래 단어를 하나씩 넣어서 읽어보세요.)

날짜, 요일 표현

A: 今天几月几号星期几? 오늘이 몇 월 며칠 무슨 요일이에요?
　　Jīntiān jǐ yuè jǐ hào xīngqī jǐ?

B: 今天_____。 오늘은 _____이에요.
　　Jīntiān _____.

一月十九号星期一
yī yuè shíjiǔ hào xīngqī yī
1월 19일 월요일

四月十八号星期五
sì yuè shíbā hào xīngqī wǔ
4월 18일 금요일

六月十七号星期三
liù yuè shíqī hào xīngqī sān
6월 17일 수요일

八月三十一号星期四
bā yuè sānshíyī hào xīngqī sì
8월 31일 목요일

十一月二十五号星期六
shíyī yuè èrshíwǔ hào xīngqī liù
11월 25일 토요일

十二月二十一号星期日
shí'èr yuè èrshíyī hào xīngqī rì
12월 21일 일요일

几月几号(몇 월 며칠)를 사용한 질문과 응답으로 중국의 다양한 **명절과 기념일**을 익혀보아요. (빈칸에 아래 단어를 하나씩 넣어서 읽어보세요.)

중국의 명절과 기념일

A: _____ 几月几号? _____은(는) 몇 월 며칠입니까?
　　_____ jǐ yuè jǐ hào?

B: _____。_____이에요.

春节 Chūnjié
춘절(설날)
阴历一月一号
yīnlì yī yuè yī hào
음력 1월 1일

情人节 Qíngrénjié
발렌타인데이
二月十四号
èr yuè shísì hào
2월 14일

愚人节 Yúrénjié
만우절
四月一号
sì yuè yī hào
4월 1일

劳动节 Láodòngjié
노동절
五月一号
wǔ yuè yī hào
5월 1일

端午节 Duānwǔjié
단오절
阴历五月五号
yīnlì wǔ yuè wǔ hào
음력 5월 5일

中秋节 Zhōngqiūjié
중추절(추석)
阴历八月十五号
yīnlì bā yuè shíwǔ hào
음력 8월 15일

国庆节 Guóqìngjié
국경절(건국일)
十月一号
shí yuè yī hào
10월 1일

光棍节 Guānggùnjié
광군절(솔로데이)
十一月十一号
shíyī yuè shíyī hào
11월 11일

圣诞节 Shèngdànjié
크리스마스
十二月二十五号
shí'èr yuè èrshíwǔ hào
12월 25일

* 춘절, 단오절, 중추절은 양력이 아닌 음력 날짜예요. 날짜 앞에 **阴历**(yīnlì, 음력)를 붙여주면 돼요.

DAY 02 오늘은 11월 8일 수요일이야. 今天十一月八号星期三。

연습문제로 실력다지기 🎧 Day02_연습문제.mp3

🎧 연습문제 바로 듣기

1 문장 듣고 병음/뜻 쓰기

다음 문장을 듣고 병음과 뜻을 써보세요.

1) **문장** 今天几月几号星期几?

   병음 _____

   뜻 _____

2) **문장** 那这个星期六就是你的生日，对吗?

   병음 _____

   뜻 _____

3) **문장** 我们见面吧。

   병음 _____

   뜻 _____

2 문장 듣고 일치/불일치 판단하기 (HSK 3, 4급 듣기 대비 유형)

들려주는 문장의 내용과 제시된 문장의 내용이 일치하면 ✓, 불일치하면 ✗를 체크하세요.

1) 我打算买裤子。　　　　　　(　　)
   Wǒ dǎsuan mǎi kùzi.

2) 露露的生日是星期三。　　　(　　)
   Lùlu de shēngri shì xīngqī sān.

3 대화 듣고 질문에 알맞은 보기 고르기 (HSK 3, 4급 듣기 대비 유형)

들려주는 대화를 듣고 질문에 알맞은 보기를 고르세요.

ⓐ 九月七号　　ⓑ 九月八号　　ⓒ 九月九号

정답 p.293

4 단어 채우기 (HSK 3급 쓰기 대비 유형)

제시된 병음에 알맞은 단어를 괄호 안에 채워 문장을 완성해보세요.

1) 下(xīng)期三是春节。 다음 주 수요일이 춘절이에요.
   Xià   qī sān shì Chūnjié.

2) 中秋节几(yuè)几号? 중추절은 몇 월 며칠입니까?
   Zhōngqiūjié jǐ   jǐ hào?

5 대화 완성하기 (HSK 3급 독해 대비 유형)

빈칸에 알맞은 문장을 채워 대화를 완성해보세요.

我们周五见吧。 Wǒmen zhōu wǔ jiàn ba.
我帮他的忙。 Wǒ bāng tā de máng.
今天星期三。 Jīntiān xīngqī sān.

1) A: 今天星期几? 오늘이 무슨 요일이지?
   Jīntiān xīngqī jǐ?
   B: _____ 오늘은 수요일이야.

2) A: 我们什么时候见面? 우리는 언제 만나?
   Wǒmen shénme shíhou jiànmiàn?
   B: _____ 우리 금요일에 만나자.

6 문장 완성하기 (HSK 3, 4급 쓰기 대비 유형)

제시된 단어를 중국어 어순에 맞게 배열하여 문장을 완성해보세요.

1) 二零二零年 / 奥运会 / 下次 / 举行
   èr líng èr líng nián / Àoyùnhuì / xiàcì / jǔxíng

   _____。 다음 번 올림픽은 2020년에 열려.

2) 星期五 / 她上个 / 北京 / 去了
   xīngqī wǔ / tā shàng ge / Běijīng / qùle

   _____。 그녀는 지난주 금요일에 베이징에 갔어요.

정답 p.293

간체자 쓰기

제시된 HSK 단어 및 주요 핵심 단어의 간체자와 병음을 또박또박 써보세요.

HSK 2급

对 duì
ㄱ ㄨ ㄨㅓ 对对

형 맞다, 정확하다

HSK 1급

月 yuè
月 几 月 月

명 월

HSK 1급

号 hào
号 号 号 号 号

명 일

HSK 1급

星期 xīng qī
星 口 戸 戸 早 星 星 星
ㅡ ㅓ ㅓㅓ 甘 其 其 期 期 期

명 요일

HSK 2급

生日 shēng rì
生 ㅑ 生 生 生
日 冂 日 日

명 생일

HSK 2급

快乐
kuài lè

快快快忄忄快快
乐乐乐乐乐

형 즐겁다, 행복하다

快	乐						
kuài	lè						

HSK 3급

结婚
jié hūn

结结结结结结结结
婚婚婚婚婚婚婚婚婚

동 결혼하다

结	婚						
jié	hūn						

HSK 3급

帮忙
bāng máng

帮帮帮帮帮帮帮帮
忙忙忙忙忙忙

동 돕다

帮	忙						
bāng	máng						

春节
Chūn jié

春春春春春春春春
节节节节节

고유 춘절(설날)

春	节						
Chūn	jié						

中秋节
Zhōng qiū jié

中中中中
秋秋秋秋秋秋秋秋秋
节节节节节

고유 중추절(추석)

中	秋	节					
Zhōng	qiū	jié					

DAY 02 오늘은 11월 8일 수요일이야. 今天十一月八号星期三。

루루와 떠나는 중국 문화 여행

중국의 설날은, 춘절!!!

한국은 음력 1월 1일을 '설날'이라고 하는데 중국에서는 뭐라고 할까요? 바로 '춘절'(春节, Chūnjié)이라고 해요. 중국 사람들은 춘절을 어떻게 보내는지, 어떤 음식을 먹는지 한번 알아볼까요?

> 중국 사람들에게 춘절은 모든 명절 가운데 가장 중요한 날이자 1년 중 가장 기쁜 날이에요.

중국 사람들에게 춘절은 모든 명절 가운데 가장 중요한 날이자 1년 중 가장 기쁜 날이에요. 춘절 아침에는 일어나서 제일 먼저 폭죽을 터뜨려요. 잡귀를 쫓고, 낡은 것을 보낸다는 의미의 행사인데요, 한 달 내내 폭죽을 터뜨리는 사람들도 있을 정도예요.

춘절은 중국의 가장 큰 명절답게 볼거리도 많은데, 특히 두 명씩 짝지어 추는 사자춤이나 10명 이상이 함께 추는 용춤 공연을 많이 해요. 만약 춘절 기간에 중국에 가게 되면 중국인들과 함께 이런 공연들을 즐겨보세요!

폭죽 행사가 끝나면 아침식사로 북방 지역에서는 만두(饺子, jiǎozi)를, 남방 지역에서는 새알 모양의 떡이 들어간 국(汤圆, tāngyuán, 사진)을 먹어요. 물고기 모양 떡도 먹는데, '물고기'라는 뜻의 한자 鱼(yú)와 '여유가 있다'라는 뜻의 한자 余(yú) 발음이 같아서 이 떡을 먹으며 한 해가 여유롭고 풍족하기를 기원하는 거예요.

🎧 바로 쓰는 초보 여행 중국어

춘절에 관광할 때

1 새해 복 많이 받으세요! / (새해) 축하해요!
新年快乐! / 恭喜恭喜!
Xīnnián kuàilè! / Gōngxǐ gōngxǐ!

2 춘절 음식 있어요?
有春节饮食吗?
Yǒu Chūnjié yǐnshí ma?

3 이거 춘절 음식이에요?
这是春节饮食吗?
Zhè shì Chūnjié yǐnshí ma?

4 춘절 행사는 어디에서 열리나요?
春节活动在哪儿开?
Chūnjié huódòng zài nǎr kāi?

🎧 바로 듣고 따라하기

DAY 03

지금 오후 6시 20분이에요.

现在下午六点二十分。

Xiànzài xiàwǔ liù diǎn èrshí fēn.

바로 듣고 따라하기

시간을 묻고 답하는 다양한 표현을 익혀보아요. 동태조사 过(~한 적이 있다)를 사용하여 과거의 경험을 말할 수 있어요.

퇴근 시간에 저녁식사 확보하기

초보 단어 미리보기

公司 gōngsī 몡 회사	饭馆儿 fànguǎnr 몡 식당	点 diǎn 양 시
前面 qiánmian 몡 앞	过 guo 조 ~한 적 있다	关门 guānmén 통 문을 닫다
新 xīn 부 새로	菜 cài 몡 요리, 음식	晚上 wǎnshang 몡 저녁, 밤
开 kāi 통 열다	便宜 piányi 형 싸다	下午 xiàwǔ 몡 오후
家 jiā 양 집, 채(점포·집을 세는 단위)	好吃 hǎochī 형 맛있다	时候 shíhou 몡 때

STEP 1

실전회화로 말문트기

🎧 Day03_실전회화_듣기/따라읽기.mp3   🎧 Day03_실전회화_드라마.mp3

듣기 mp3로 먼저 들어본 후 따라읽기 mp3로 따라서 말해보세요.

동희 씨

公司前面新开了一家中国饭馆儿,
Gōngsī qiánmian xīn kāile yì jiā Zhōngguó fànguǎnr,
회사 앞에 중국 식당 하나가 새로 오픈했는데,

你去过吗?
nǐ qùguo ma?
가본 적 있으세요?

公司前面新开了一家中国饭馆儿은 公司前面(주어) + 新(부사어) + 开了(술어) + 一家(관형어) + 中国饭馆儿(목적어) 형태의 문장이에요. 여기서 家는 점포 또는 집을 세는 양사예요.
去过吗?(가본 적 있어요?)는 회화에서 정말 자주 쓰이므로 꼭 알아두세요.

没去过(가본 적 없다)도 회화에서 굉장히 자주 쓰이는 표현이에요.

我没去过。 가본 적 없어요.
Wǒ méi qùguo.

장 과장

동희 씨

那家的菜又便宜又好吃…
Nà jiā de cài yòu piányi yòu hǎochī...
그 집 요리가 싸기도 하고 맛도 있는데...

'지시대명사 + 양사' 형태인 那家(그 집) 다음에 명사 饭馆儿(식당)이 생략되었어요.
又…又…와 같이 두 형용사 앞에서 又를 두 번 쓰면 '~하고 또한 ~하다'라는 뜻이 돼요.

是吗? 那家饭馆儿几点关门?
Shì ma? Nà jiā fànguǎnr jǐ diǎn guānmén?
그래요? 그 식당 몇 시에 문 닫나요?

几点(몇 시)은 시간을 묻는 표현이에요.

장 과장

동희 씨

晚上十点。 저녁 10시요.
Wǎnshang shí diǎn.

现在几点?(지금 몇 시죠?)은 현재 시간을 물을 때 굉장히 자주 쓰는 표현이니 꼭 알아두세요.

现在几点? 지금 몇 시죠?
Xiànzài jǐ diǎn?

장 과장

동희 씨

现在下午六点二十分。 지금 오후 6시 20분이에요.
Xiànzài xiàwǔ liù diǎn èrshí fēn.

下午六点二十分은 '오후 6시 20분'이라는 뜻으로 시간을 말하는 방법이 우리말과 똑같아요.

'동사的时候'는 '~할 때'라는 의미예요.
下班的时候는 앞에 下班(퇴근하다)이 쓰여, '퇴근할 때'라는 의미가 되었어요.

那我们下班的时候一起去吧!
Nà wǒmen xiàbān de shíhou yìqǐ qù ba!
그러면 우리 퇴근할 때 같이 갑시다!

장 과장

* <중국어 말문트기 워크북>으로 말하기를 집중 훈련하면 실전회화가 저절로 자동발사돼요.

STEP 2
기초어법으로 내공쌓기 🎧 Day03_기초어법.mp3

1 시간을 말해보자! 시/분 표현

동희 씨

现在下午六点二十分。 지금 오후 6시 20분이에요.
Xiànzài xiàwǔ liù diǎn èrshí fēn.

중국어로 시간을 나타낼 때에는 우리말의 '몇 시 몇 분'과 똑같이 点(diǎn, 시)과 分(fēn, 분) 앞에 숫자를 넣어서 '숫자 + 点 + 숫자 + 分' 형태로 말하면 돼요. 위 동희 씨의 말에서도 '六(6) + 点(시) + 二十(20) + 分(분)'의 형태로 사용되었어요. 정각을 말하고 싶으면 그냥 '숫자 + 点'만 쓰면 돼요.

[시/분 표현]

시	一点 yī diǎn 1시	两点 liǎng diǎn 2시 * 二点이라고 하면 안 돼요!	三点 sān diǎn 3시	四点 sì diǎn 4시	五点 wǔ diǎn 5시	六点 liù diǎn 6시
	七点 qī diǎn 7시	八点 bā diǎn 8시	九点 jiǔ diǎn 9시	十点 shí diǎn 10시	十一点 shíyī diǎn 11시	十二点 shí'èr diǎn 12시
분	(零)二分 (líng) èr fēn 2분 * 10 이하의 수는 앞에 零(0)을 붙여 말하기도 해요.	(零)五分 (líng) wǔ fēn 5분	十分 shí fēn 10분	十五分 shíwǔ fēn 15분	二十分 èrshí fēn 20분	二十二分 èrshí'èr fēn 22분
	三十分 sānshí fēn 30분	三十六分 sānshíliù fēn 36분	四十分 sìshí fēn 40분	四十八分 sìshíbā fēn 48분	五十分 wǔshí fēn 50분	五十七分 wǔshíqī fēn 57분

● 시/분 표현은 주로 명사술어문에서 술어로 쓰이거나 술어 앞에서 부사어로 쓰여요.

现在 八点。 지금은 8시예요.
Xiànzài bā diǎn. (→ 八点(8시)이 술어로 쓰인 명사술어문이에요.)
지금은 8시이다

我们 一点 二十分 吃饭 吧。 우리 1시 20분에 밥 먹자.
Wǒmen yī diǎn èrshí fēn chī fàn ba. (→ 술어 吃饭(밥을 먹다) 앞에서 一点二十分(1시 20분)이 부사어
우리는 1시 20분에 밥을 먹다 ~하자 로 쓰였어요.)

● '몇 시'인지를 물어보고 싶을 때에는 几(몇)와 点(시)을 합쳐서 '几点(몇 시)'이라고 하면 돼요.

A: 现在 几点? 지금은 몇 시예요?
   Xiànzài jǐ diǎn?
   지금은 몇 시

B: 现在 五点 四十分。 지금은 5시 40분이에요.
   Xiànzài wǔ diǎn sìshí fēn. (→ 五点四十分(5시 40분)이 술어로 쓰인 명사술어문이에요.)
   지금은 5시 40분이다

- 시/분 표현을 사용하여 **什么时候**(언제)를 사용한 질문에 답변할 수 있어요.

A: 你 什么时候 下班?
　　Nǐ　shénme shíhou　xiàbān?
　　당신은　언제　퇴근하다

당신은 **언제** 퇴근하시나요?

B: 我 六点 三十分 下班。
　　Wǒ　liù diǎn　sānshí fēn　xiàbān.
　　나는　6시　30분에　퇴근하다

저는 **6시 30분에** 퇴근해요.

- 우리말에서 2시 30분을 '2시 반'으로도 표현하는 것처럼, 30분을 **半**(bàn, 반)으로 표현할 수 있어요.

会议 两点 半 开始。
Huìyì　liǎng diǎn　bàn　kāishǐ.
회의는　2시　반에　시작하다

회의는 **2시 반에** 시작해요.

- '15분'이라는 시간 단위를 나타내는 양사 **刻**(kè)를 사용하여, 15분은 **一刻**(yí kè), 45분은 **三刻**(sān kè)로 표현할 수 있어요.

会议 四点 一刻 结束。
Huìyì　sì diǎn　yí kè　jiéshù.
회의는　4시　15분에　끝나다

회의는 **4시 15분에** 끝납니다.

现在 十点 三刻。
Xiànzài　shí diǎn　sān kè.
지금은　10시　45분이다

지금은 **10시 45분**이야.

- 우리말에서 1시 50분을 '2시 10분 전'으로 표현하는 것처럼, 동사 **差**(chà, 모자라다)를 사용하여 '**差 + 숫자 + 分 + 숫자 + 点**' 형태로 '~분 모자란 ~시', 즉 '~시 ~분 전'으로 표현할 수 있어요.

现在 差十分五点。
Xiànzài　chà shí fēn wǔ diǎn.
지금은　5시 10분 전이다

지금은 **5시 10분 전**(10분 모자란 5시)이에요.

我 差一刻七点 起床。
Wǒ　chà yí kè qī diǎn　qǐchuáng.
나는　7시 15분 전에　일어나다

나는 **7시 15분 전**(15분 모자란 7시)에 일어나.

단어　半 bàn 명 절반, 2분의 1　开始 kāishǐ 동 시작하다　刻 kè 양 15분　结束 jiéshù 동 끝나다　差 chà 동 모자라다, 부족하다
起床 qǐchuáng 동 일어나다

기초어법으로 내공쌓기

2 과거의 경험을 나타내는 동태조사 过(guo) (~한 적 있다)

동희 씨: 你去过吗? Nǐ qùguo ma?   (당신은) 가본 적 있으세요?

동사 뒤에 过(guo)를 사용하면 '~한 적 있다, ~해본 적 있다'라는 과거의 경험을 나타내는 말이 돼요. 따라서 동사 뒤에 过를 쓰면 了가 없어도 동작이 이미 과거에 발생했음을 나타내요. 过도 동태조사 了처럼 동사 바로 다음에 사용되므로 동태조사 라고 부른답니다.

我 见 过 他。
Wǒ jiàn guo tā.
나는 / 만나다 / ~한 적 있다 / 그를

저는 그를 만나본 적 있어요.

我 看 过 那本 小说。
Wǒ kàn guo nà běn xiǎoshuō.
나는 / 보다 / ~한 적 있다 / 그 / 소설을

나는 그 소설을 본 적 있어.

● 동태조사 过를 포함한 문장을 부정문으로 만들 때에는 과거 사실을 부정하는 부정부사 没(有)를 동사 앞에 쓰면 돼요.

부정문　我 没 去 过 北京。
Wǒ méi qù guo Běijīng.
나는 / 없다 / 가다 / ~한 적 있다 / 베이징에

나는 베이징에 가본 적 없어.

● 동태조사 过를 포함한 문장의 吗의문문은 문장 끝에 吗를, 정반의문문은 문장 끝에 没有를 사용하면 돼요.

吗의문문　你 听 过 中国歌 吗?
Nǐ tīng guo Zhōngguó gē ma?
너는 / 듣다 / ~한 적 있다 / 중국 노래를 / ~니?

너는 중국 노래를 들어본 적 있니?

정반의문문　你 来 过 首尔 没有?
Nǐ lái guo Shǒu'ěr méiyǒu?
너는 / 오다 / ~한 적 있다 / 서울에 / 있니 없니?

너는 서울에 와본 적 있니 없니?

단어　本 běn 양 권　小说 xiǎoshuō 명 소설　歌 gē 명 노래

3 두 가지 상태를 한 번에! 又+형용사+又+형용사 (~하고 또한 ~하다)

동희 씨

那家的菜又便宜又好吃…
Nà jiā de cài yòu piányi yòu hǎochī...
그 집 요리가 싸기도 하고 맛도 있는데…

'又+형용사+又+형용사'는 '~하고 또한 ~하다'라는 뜻으로, 동시에 존재하는 두 가지의 성질 혹은 상태를 한 번에 묘사할 수 있어요. 동희 씨의 말 중 '又便宜又好吃(싸기도 하고 맛도 있다)'은 便宜(piányi, 싸다)와 好吃(hǎochī, 맛있다)이라는 두 가지 성질을 '又+형용사+又+형용사' 구문을 사용하여 한 번에 묘사하고 있어요.

地铁 又 快 又 方便。
Dìtiě yòu kuài yòu fāngbiàn.
지하철은 ~하고 빠르다 또한 ~하다 편리하다

지하철은 빠르고 또한 편리하다.

我 又 累 又 困。
Wǒ yòu lèi yòu kùn.
나는 ~하고 피곤하다 또한 ~하다 졸리다

나는 피곤하고 또한 졸리다.

4 특별한 시간, 동사的时候 (~할 때)

장 과장

那我们下班的时候一起去吧!
Nà wǒmen xiàbān de shíhou yìqǐ qù ba!
그러면 우리 퇴근할 때 같이 갑시다!

'동사的时候'는 '~할 때'라는 뜻으로, 동사 다음에 목적어를 취하여 '동사+목적어+的时候' 형태로도 쓰여요. 여기서 时候는 '때'라는 의미의 명사예요. 따라서 '동사的时候(~할 때)'는 특정 시간을 나타내는 명사구가 되어 술어 앞에서 부사어로 주로 쓰인답니다. 장 과장의 말에서는 주어 我们(우리)과 술어 去(가다) 사이에서 下班的时候(퇴근할 때)가 부사어로 쓰였어요.

我 吃 饭 的时候 不 喝 水。
Wǒ chī fàn de shíhou bù hē shuǐ.
나는 먹는다 밥을 ~할 때 아니 마시다 물을

나는 밥을 먹을 때 물을 마시지 않는다.

我朋友 看 电影 的时候 喜欢 吃 热狗。
Wǒ péngyou kàn diànyǐng de shíhou xǐhuan chī règǒu.
내 친구는 보다 영화를 ~할 때 좋아하다 먹다 핫도그

내 친구는 영화를 볼 때 핫도그 먹는 것을 좋아한다.

단어 地铁 dìtiě 圕 지하철 又 yòu 凰 또 方便 fāngbiàn 凾 편리하다 困 kùn 凾 졸리다 热狗 règǒu 圕 핫도그

STEP 3
확장표현으로 중국어 자동발사

🎧 Day03_확장표현.mp3

자주 쓰이는 **동사 + 过**(~한 적 있다) 표현을 吗의문문, 정반의문문, 긍정문, 부정문으로 익혀보아요.

동사 + 过
(~한 적 있다)

去过
qùguo
가본 적 있다

1 你**去过**中国吗? 너는 중국에 가본 적 있니?
　Nǐ qùguo Zhōngguó ma?

2 你**去过**中国没有? 너는 중국에 가본 적 있니 없니?
　Nǐ qùguo Zhōngguó méiyǒu?

3 我**去过**中国。 나는 중국에 가본 적 있어.
　Wǒ qùguo Zhōngguó.

4 我没**去过**中国。 나는 중국에 가본 적 없어.
　Wǒ méi qùguo Zhōngguó.

喝过
hēguo
마셔본 적 있다

1 你**喝过**奶茶吗? 너는 밀크티를 마셔본 적 있니?
　Nǐ hēguo nǎichá ma?

2 你**喝过**奶茶没有? 너는 밀크티를 마셔본 적 있니 없니?
　Nǐ hēguo nǎichá méiyǒu?

3 我**喝过**奶茶。 나는 밀크티를 마셔본 적 있어.
　Wǒ hēguo nǎichá.

4 我没**喝过**奶茶。 나는 밀크티를 마셔본 적 없어.
　Wǒ méi hēguo nǎichá.

吃过
chīguo
먹어본 적 있다

1 你**吃过**羊肉串吗? 너는 양꼬치를 먹어본 적 있니?
　Nǐ chīguo yángròuchuàn ma?

2 你**吃过**羊肉串没有? 너는 양꼬치를 먹어본 적 있니 없니?
　Nǐ chīguo yángròuchuàn méiyǒu?

3 我**吃过**羊肉串。 나는 양꼬치를 먹어본 적 있어.
　Wǒ chīguo yángròuchuàn.

4 我没**吃过**羊肉串。 나는 양꼬치를 먹어본 적 없어.
　Wǒ méi chīguo yángròuchuàn.

看过
kànguo
본 적 있다

1 你**看过**那本书吗? 너는 그 책을 본 적 있니?
　Nǐ kànguo nà běn shū ma?

2 你**看过**那本书没有? 너는 그 책을 본 적 있니 없니?
　Nǐ kànguo nà běn shū méiyǒu?

3 我**看过**那本书。 나는 그 책을 본 적 있어.
　Wǒ kànguo nà běn shū.

4 我没**看过**那本书。 나는 그 책을 본 적 없어.
　Wǒ méi kànguo nà běn shū.

见过
jiànguo
만나본 적 있다

1 你**见过**总经理吗? 너는 사장님을 만나뵌 적 있니?
　Nǐ jiànguo zǒngjīnglǐ ma?

2 你**见过**总经理没有? 너는 사장님을 만나뵌 적 있니 없니?
　Nǐ jiànguo zǒngjīnglǐ méiyǒu?

3 我**见过**总经理。 나는 사장님을 만나뵌 적 있어.
　Wǒ jiànguo zǒngjīnglǐ.

4 我没**见过**总经理。 나는 사장님을 만나뵌 적 없어.
　Wǒ méi jiànguo zǒngjīnglǐ.

시계를 보며 **시간 말하는 방법**을 익혀보아요. (빈칸에 아래 단어를 하나씩 넣어서 읽어보세요.)

시간 말하기

A: **现在几点?** 지금 몇 시예요?
　Xiànzài jǐ diǎn?

B: **现在_____。** 지금 _____예요/이에요.
　Xiànzài _____.

三点
sān diǎn
3시

八点三十分/八点半
bā diǎn sānshí fēn / bā diǎn bàn
8시 30분 / 8시 반

**早上六点四十五分/
差一刻早上七点**
zǎoshang liù diǎn sìshíwǔ fēn / chà yí kè zǎoshang qī diǎn
아침 6시 45분 / 아침 7시 15분 전

上午八点十分
shàngwǔ bā diǎn shí fēn
오전 8시 10분

**晚上九点五十五分/
差五分晚上十点**
wǎnshang jiǔ diǎn wǔshíwǔ fēn / chà wǔ fēn wǎnshang shí diǎn
저녁 9시 55분 / 저녁 10시 5분 전

**下午三点十五分/
下午三点一刻**
xiàwǔ sān diǎn shíwǔ fēn / xiàwǔ sān diǎn yí kè
오후 3시 15분

연습문제로 실력다지기 🎧 Day03_연습문제.mp3

🎧 연습문제 바로 듣기

1 문장 듣고 병음/뜻 쓰기

다음 문장을 듣고 병음과 뜻을 써보세요.

1) **문장** 现在几点?

   병음 _____

   뜻 _____

2) **문장** 我见过他。

   병음 _____

   뜻 _____

3) **문장** 那家的菜又便宜又好吃…

   병음 _____

   뜻 _____

2 문장 듣고 일치/불일치 판단하기 (HSK 3, 4급 듣기 대비 유형)

들려주는 문장의 내용과 제시된 문장의 내용이 일치하면 ✓, 불일치하면 ✗를 체크하세요.

1) 民俊看过那本小说。　　　　(　)
   Mínjùn kànguo nà běn xiǎoshuō.

2) 会议九点半开始。　　　　(　)
   Huìyì jiǔ diǎn bàn kāishǐ.

3 대화 듣고 질문에 알맞은 보기 고르기 (HSK 3, 4급 듣기 대비 유형)

들려주는 대화를 듣고 질문에 알맞은 보기를 고르세요.

ⓐ 13:00　　ⓑ 22:00　　ⓒ 21:00

정답 p.294

4 단어 채우기 (HSK 3급 쓰기 대비 유형)

제시된 병음에 알맞은 단어를 괄호 안에 채워 문장을 완성해보세요.

1) 现在(chà)十分五点。
   Xiànzài   shí fēn wǔ diǎn.

   지금은 5시 10분 전(10분 모자란 5시)이에요.

2) 会议四点一(kè)结束。
   Huìyì sì diǎn yí   jiéshù.

   회의는 4시 15분에 끝납니다.

5 대화 완성하기 (HSK 3급 독해 대비 유형)

빈칸에 알맞은 문장을 채워 대화를 완성해보세요.

| 你吃过羊肉串没有? | 你什么时候下班? | 现在几点? |
| Nǐ chīguo yángròuchuàn méiyǒu? | Nǐ shénme shíhou xiàbān? | Xiànzài jǐ diǎn? |

1) A: _____

   B: 我吃过羊肉串。
   Wǒ chīguo yángròuchuàn.

   너는 양꼬치를 먹어본 적 있니 없니?

   나는 양꼬치를 먹어본 적 있어.

2) A: _____

   B: 我六点三十分下班。
   Wǒ liù diǎn sānshí fēn xiàbān.

   당신은 언제 퇴근하시나요?

   저는 6시 30분에 퇴근해요.

6 문장 완성하기 (HSK 3, 4급 쓰기 대비 유형)

제시된 단어를 중국어 어순에 맞게 배열하여 문장을 완성해보세요.

1) 喜欢吃   我朋友   的时候   热狗   看电影
   xǐhuan chī wǒ péngyou de shíhou règǒu kàn diànyǐng

   _____。

   내 친구는 영화를 볼 때 핫도그 먹는 것을 좋아한다.

2) 又   地铁   又   方便   快
   yòu dìtiě yòu fāngbiàn kuài

   _____。

   지하철은 빠르고 또한 편리하다.

정답 p.294

간체자 쓰기

제시된 HSK 단어 및 주요 핵심 단어의 간체자와 병음을 또박또박 써보세요.

HSK 2급

过
guo
过过过过过
㈜ ~한 적 있다

HSK 2급

新
xīn
新新新新新新新新新新新新
㈛ 새로

HSK 3급

又
yòu
又又
㈛ 또

HSK 3급

半
bàn
半半半半半
㈜ 절반, 2분의 1

HSK 3급

刻
kè
刻刻刻刻刻刻刻刻
㈏ 15분

HSK 3급

差
chà 差差差差差差差差差

差差差差差差差差差

동 모자라다, 부족하다

差									
chà									

HSK 1급

下午
xià wǔ

下下下
午午午午

명 오후

下	午								
xià	wǔ								

HSK 1급

时候
shí hou

时时时时时时
候候候候候候候候候

명 때

时	候								
shí	hou								

HSK 3급

结束
jié shù

结结结结结结结结结
束束束束束束束

동 끝나다

结	束								
jié	shù								

饭馆儿
fàn guǎn r

饭饭饭饭饭饭饭
馆馆馆馆馆馆馆馆馆馆
儿儿

명 식당

饭	馆	儿							
fàn	guǎn	r							

DAY 03 지금 오후 6시 20분이에요. 现在下午六点二十分。

루루와 떠나는 중국 문화 여행

시차가 있는데 시간이 똑같다니!

미국의 동부 지역과 서부 지역 간에는 3시간의 시차가 있다는 것을 아는 분들이 있을 텐데, 혹시 중국 내에도 시차가 있다는 사실을 아시나요? 재미있는 것은, 미국은 시차에 따라 각 지역의 시간이 다르지만 중국은 시차가 있어도 전국적으로 시간이 모두 똑같아요. 베이징 시간을 따라야 해요.

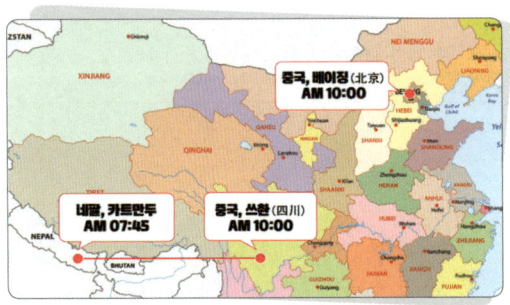

> 중국 내에 시차를 설정하게 되면 교통이나 방송이 복잡해지고, 정부가 관리하는 데 있어서도 불편하기 때문이에요.

시차에 상관없이 왜 베이징 시간에 맞추어야 하는 것일까요? 그 이유는 바로 중국 내에 시차를 설정하게 되면 교통이나 방송이 복잡해지고, 정부가 관리하는 데 있어서도 불편하기 때문이에요. 그래서 서쪽 지역 사람들은 출퇴근도 동쪽 지역인 베이징 시간에 맞춰서 해야 해요. 베이징과 가장 먼 지역의 시간 차는 약 3시간 정도나 되니 시간은 같은데 아침과 낮인 경우도 있을 수 있어요. 사실 과거에는 중국 내에서도 시차를 적용한 시간을 사용했었어요. 그런데 1949년에 중화인민공화국(中华人民共和国)이 수립되고 난 후부터 베이징 시간으로 통일하게 된 것이랍니다.

예외적으로 중국의 서쪽 신강(新疆, Xīnjiāng) 지역에서는 비공식적으로 그 지역만의 시차를 사용하고 있기는 해요. 하지만 공무와 관련된 정부 관련 기관들은 반드시 베이징 시간을 따라야 합니다. 여러분도 중국의 서북부 지역에 가게 되면 중국 내 시차를 몸소 체험하게 될 거예요.

🎧 바로 쓰는 초보 여행 중국어

시간을 물어볼 때

1 몇 시예요?
几点?
Jǐ diǎn?

2 지금 몇시예요?
现在几点?
Xiànzài jǐ diǎn?

3 지금 9시 넘었나요?
现在过九点了吗?
Xiànzài guò jiǔ diǎn le ma?

4 우체국은 언제 문을 여나요?
邮局几点开门?
Yóujú jǐ diǎn kāimén?

🎧 바로 듣고 따라하기

DAY 04

바깥 날씨 어때요?

外面天气怎么样?
Wàimian tiānqì zěnmeyàng?

바로 듣고 따라하기

상황의 변화를 나타내는 어기조사 了(le)를 익혀보아요. 怎么样(어때?)과 다양한 날씨 표현을 사용해서 날씨에 대해 묻고 답할 수 있어요.

비 오는 날의 천사 동희 씨

🎧 초보 단어 미리보기

外面 wàimian 명 바깥	听说 tīngshuō 동 듣자 하니	用 yòng 동 쓰다, 사용하다
天气 tiānqì 명 날씨	雨 yǔ 명 비	为 wèi 전 ~을 위해
怎么样 zěnmeyàng 대 어때?	带 dài 동 (몸에) 지니다, 휴대하다	别人 biérén 대 다른 사람
天 tiān 명 날	忘 wàng 동 잊다	准备 zhǔnbèi 동 준비하다
阴 yīn 형 흐리다	把 bǎ 양 개, 자루	棒 bàng 형 훌륭하다

STEP 1
실전회화로 말문트기

🎧 Day04_실전회화_듣기/따라읽기.mp3   🎧 Day04_실전회화_드라마.mp3

듣기 mp3로 먼저 들어본 후 따라읽기 mp3로 따라서 말해보세요.

장 과장

外面天气怎么样? 바깥 날씨 어때요?
Wàimian tiānqì zěnmeyàng?

怎么样?은 '어때?'라는 뜻으로 회화에서 상태나 상황을 물을 때 자주 쓰이므로 꼭 알아두세요.

문장 끝에 사용된 了는 날씨가 흐리게 변했음을 나타내는 어기조사예요.
听说는 '듣자 하니'라는 뜻으로 자주 쓰이는 표현이니 꼭 알아두세요.
有雨는 '비가 생기다' 즉 '비가 온다'라는 뜻이에요.

天阴了。 날이 흐려졌습니다.
Tiān yīn le.

听说下午有雨, 您带雨伞了吗?
Tīngshuō xiàwǔ yǒu yǔ, nín dài yǔsǎn le ma?
듣자 하니 오후에 비 온다는데, 우산 챙기셨는지요?

동희 씨

장 과장

没有, 我忘带了。 아뇨, 챙기는 걸 깜빡했네요.
Méiyǒu, wǒ wàng dài le.

忘带(챙기는 것을 잊다)는 동사 带(챙기다)가 술어 忘(잊다)의 목적어로 사용된 경우예요.

把(개, 자루)는 우산처럼 자루가 있는 도구를 셀 때 쓰는 양사예요.

我有两把雨伞。您用我的, 怎么样?
Wǒ yǒu liǎng bǎ yǔsǎn. Nín yòng wǒ de, zěnmeyàng?
저는 우산 두 개 있습니다. 제 것 쓰시는 거 어떠세요?

동희 씨

장 과장

谢谢。 你怎么有两把雨伞?
Xièxie. Nǐ zěnme yǒu liǎng bǎ yǔsǎn?
고마워요. 어떻게 우산이 두 개 있어요?

是为别人准备的의 는 '为别人(다른 사람을 위해)'이라는 대상을 강조한 是…的 강조구문이에요.

一把是为别人准备的。
Yì bǎ shì wèi biérén zhǔnbèi de.
한 개는 다른 사람을 위해 준비한 거예요.

동희 씨

장 과장

你真棒! 정말 훌륭하네요!
Nǐ zhēn bàng!

你真棒은 상대방의 행동을 칭찬할 때 굉장히 자주 쓰이는 말이므로 꼭 알아두세요.

* <중국어 말문트기 워크북>으로 말하기를 집중 훈련하면 실전회화가 저절로 자동발사돼요.

STEP 2
기초어법으로 내공쌓기 🎧 Day04_기초어법.mp3

1 상황은 변했어! 어기조사 了 (le)

동희 씨

天阴了。听说下午有雨，您带雨伞了吗?
Tiān yīn le. Tīngshuō xiàwǔ yǒu yǔ, nín dài yǔsǎn le ma?

날이 흐려**졌습니다**. 듣자 하니 오후에 비 온다는데, 우산 챙기**셨는지**요?

문장 끝에 了(le)가 쓰이면 상태나 상황이 변했음을 나타낸답니다. 동희 씨가 말한 天阴了(tiān yīn le, 날이 흐려졌습니다)에서도 天阴(tiān yīn)은 '날씨가 흐리다'라는 현재의 상태를 나타내지만 了를 붙여서 天阴了로 말하면 날씨가 흐리지 않은 상태에서 흐린 상태로 변화되었음을 나타내요. 了도 吗(ma, ~니?)나 吧(ba, ~하자!)와 같이 문장 끝에서 문장 전체의 뉘앙스를 바꿔주므로 어기조사예요.

她的 脸 红了。
Tā de liǎn hóng le.
그녀의 얼굴이 빨개졌다

그녀의 얼굴이 빨개**졌어**.
(→ 그녀의 얼굴이 방금 전까지는 빨갛지 않았는데 빨갛게 변했음을 나타내요.)

我 吃饭 了。
Wǒ chī fàn le.
나는 먹다 밥을 ~었다

나는 밥을 먹었어.
(→ 밥을 안 먹은 상태에서 밥을 먹은 상태로 변했음을 나타내요.)

● 나이나 시간을 말할 때도 어기조사 了를 쓸 수 있어요.

我 今年 三十岁 了。
Wǒ jīnnián sānshí suì le.
나는 올해 서른 살이 되었다

저는 올해 서른 살이 **되었어요**.
(→ 작년에는 스물 아홉 살이었는데 올해 서른 살이 되었음을 나타내요.)

现在 三点 了。
Xiànzài sān diǎn le.
지금 3시가 되었다

지금 3시가 **되었어요**.

단어 脸 liǎn 옝 얼굴   红 hóng 옝 빨갛다   今年 jīnnián 옝 올해

- 어기조사 了가 쓰인 문장을 부정문으로 만들 때에는 了를 빼고 동사 앞에 부정부사 没(有)를 쓰면 돼요. 이처럼 没(有)를 쓰면 상황이 변하지 않았거나 상태 변화가 없음을 나타내요.

  부정문　我 还 没(有) 吃饭。　나는 아직 밥을 먹지 않았어.
  　　　　Wǒ hái méi(yǒu) chī fàn.
  　　　　나는 아직 ~않았다 먹다 밥을

- 어기조사 了가 쓰인 문장을 의문문으로 만들 때에는 문장 끝에 吗?를 붙이고, 정반의문문을 만들 때에는 문장 끝에 没(有)?를 붙이면 돼요.

  吗의문문　你 吃饭 了 吗?　너는 밥을 먹었니?
  　　　　 Nǐ chī fàn le ma?
  　　　　 너는 밥을 먹었다 ~니?

  정반의문문　你 吃饭 了 没(有)?　너는 밥을 먹었니 안 먹었니?
  　　　　　Nǐ chī fàn le méi(yǒu)?
  　　　　　너는 밥을 먹었다 ~니 아니니?

➕ 플러스 포인트
동사 뒤에 붙어 동작의 완료를 나타내는 동태조사 了와 문장 끝에 쓰이는 어기조사 了를 구별하여 알아두세요.

동태조사 了　我 读了 一 本 书。　나는 책 한 권을 읽었다.
　　　　　　Wǒ dúle yì běn shū.
　　　　　　나는 읽었다 한 권의 책을
　　　　　　(→ 과거에 책 한 권을 읽는 동작을 완료했음을 나타내요.)

어기조사 了　刚才 我 读 一 本 书 了。　방금 나는 책 한 권을 읽었다.
　　　　　　Gāngcái wǒ dú yì běn shū le.
　　　　　　방금 나는 읽다 한 권의 책을 ~했다
　　　　　　(→ 방금 책 한 권을 읽은 상태로 변화되었음을 나타내요.)

단어　刚才 gāngcái 閈 방금, 막

기초어법으로 내공쌓기

2. 是…的 강조구문으로 강조해보자!

동희 씨

一把**是**为别人准备**的**。
Yì bǎ shì wèi biérén zhǔnbèi de.

한 개는 다른 사람을 위해 준비한 거예요.

'주어 + 是 + 강조 내용 + 술어(+목적어) + 的' 형태를 사용하여 是과 的 사이에 강조할 내용이 들어간 구문을 '是…的 강조구문'이라고 해요. '是…的 강조구문'은 과거에 발생한 행위에 대한 시간, 장소, 대상, 방법 등을 강조하며 특히 是 바로 뒤에 쓰인 내용을 강조해요. 동희 씨의 말에서는 是과 的 사이에 '为别人准备(다른 사람을 위해 준비하다)'를 넣어 是 바로 뒤의 为别人(다른 사람을 위해), 즉 대상을 강조했어요.

是…的 강조구문   주어 + 是 + 강조 내용 + 술어(+목적어) + 的

시간 강조
她 是 昨天 到 的。
Tā shì zuótiān dào de.
그녀는 (~이었다) 어제 도착하다 (~한 것)

그녀는 **어제** 도착했어요.
(→ 그녀가 도착한 것은 어제였다.)

장소 강조
他 是 从 韩国 来 的。
Tā shì cóng Hánguó lái de.
그는 (~이었다) ~에서 한국 오다 (~한 것)

그는 **한국에서** 왔어요.
(→ 그가 온 것은 한국에서였다.)

대상 강조
这首 歌 是 为 你 唱 的。
Zhè shǒu gē shì wèi nǐ chàng de.
이 노래는 (~이었다) ~를 위해 너 부르다 (~한 것)

이 노래는 **너를 위해** 불렀어.
(→ 이 노래를 부른 것은 너를 위함이었다.)

방법 강조
你们 是 怎么 认识 的?
Nǐmen shì zěnme rènshi de?
너희는 (~이다) 어떻게 알다 (~한 것)

너희는 **어떻게** 알게 된거야?

단어   到 dào 图 도착하다   首 shǒu 図 시, 노래를 세는 단위

3 궁금할 땐! 怎么样? (어때?)

장 과장

外面天气怎么样?
Wàimian tiānqì zěnmeyàng?

바깥 날씨 어때요?

怎么样(zěnmeyàng)?은 '어때?'라는 뜻의 의문대명사예요. 우리말의 '어때?'처럼 어떤 상태 또는 상황을 묻거나, 상대방의 의견을 물어볼 때 사용해요. 장 과장도 怎么样?을 써서 바깥 날씨의 상태가 어떤지를 물었어요.

A: 最近 怎么样?
   Zuìjìn zěnmeyàng?
   요즘 어때?

요즘 어때?

B: 非常 好!
   Fēicháng hǎo!
   매우 좋다

매우 좋아!

A: 这件 衣服 怎么样?
   Zhè jiàn yīfu zěnmeyàng?
   이   옷은 어때?

이 옷은 어때요?

B: 不 好看。
   Bù hǎokàn.
   아니 예쁘다

안 예뻐요.

4 들은 정보를 전달할 땐! 听说 (듣자 하니)

동희 씨

听说下午有雨, 您带雨伞了吗?
Tīngshuō xiàwǔ yǒu yǔ, nín dài yǔsǎn le ma?

듣자 하니 오후에 비 온다는데, 우산 챙기셨는지요?

听说(tīngshuō)는 '듣자 하니'라는 의미로 우리말처럼 문장 맨 앞에 쓰여 남에게 들은 내용이나 정보를 전달할 때 사용해요. 정보를 어디에서 얻게 되었는지 구체적으로 나타내고자 할 때에는 그 출처를 听과 说의 사이에 쓰면 돼요.

听说 他的 性格 不好。
Tīngshuō tā de xìnggé bù hǎo.
듣자 하니 그의 성격이 아니 좋다

듣자 하니 그의 성격이 좋지 않다네요.

听 天气预报 说 明天 下雪。
Tīng tiānqìyùbào shuō míngtiān xiàxuě.
듣자 일기예보 하니 내일 눈이 내리다

듣자 하니 일기예보에서 내일 눈이 내린대요.

단어 最近 zuìjìn 명 요즘, 최근 好看 hǎokàn 형 예쁘다, 보기 좋다 性格 xìnggé 명 성격 天气预报 tiānqìyùbào 명 일기예보
下雪 xiàxuě 동 눈이 내리다

STEP 3
확장표현으로 중국어 자동발사

🎧 Day04_확장표현.mp3

어기조사 了를 사용한 문장으로 **기상변화**를 나타내는 다양한 **표현**을 익혀보아요.

기상변화와 어기조사 了

下雨
xiàyǔ
비가 오다

1 今天下雨了吗? 오늘은 비가 왔니?
  Jīntiān xiàyǔ le ma?
2 今天下雨了没(有)? 오늘은 비가 왔니 안 왔니?
  Jīntiān xiàyǔ le méi(yǒu)?
3 今天下雨了。 오늘은 비가 왔어.
  Jīntiān xiàyǔ le.
4 今天没(有)下雨。 오늘은 비가 안 왔어.
  Jīntiān méi(yǒu) xiàyǔ.

下雪
xiàxuě
눈이 오다

1 今天下雪了吗? 오늘은 눈이 왔니?
  Jīntiān xiàxuě le ma?
2 今天下雪了没(有)? 오늘은 눈이 왔니 안 왔니?
  Jīntiān xiàxuě le méi(yǒu)?
3 今天下雪了。 오늘은 눈이 왔어.
  Jīntiān xiàxuě le.
4 今天没(有)下雪。 오늘은 눈이 안 왔어.
  Jīntiān méi(yǒu) xiàxuě.

刮风
guāfēng
바람이 불다

1 今天刮风了吗? 오늘은 바람이 불었니?
  Jīntiān guāfēng le ma?
2 今天刮风了没(有)? 오늘은 바람이 불었니 안 불었니?
  Jīntiān guāfēng le méi(yǒu)?
3 今天刮风了。 오늘은 바람이 불었어.
  Jīntiān guāfēng le.
4 今天没(有)刮风。 오늘은 바람이 안 불었어.
  Jīntiān méi(yǒu) guāfēng.

打雷
dǎléi
천둥 치다

1 刚才打雷了吗? 방금 천둥 쳤니?
  Gāngcái dǎléi le ma?
2 刚才打雷了没(有)? 방금 천둥 쳤니 안 쳤니?
  Gāngcái dǎléi le méi(yǒu)?
3 刚才打雷了。 방금 천둥 쳤어.
  Gāngcái dǎléi le.
4 刚才没(有)打雷。 방금 천둥 안 쳤어.
  Gāngcái méi(yǒu) dǎléi.

闪电
shǎndiàn
번개 치다

1 刚才闪电了吗? 방금 번개 쳤니?
  Gāngcái shǎndiàn le ma?
2 刚才闪电了没(有)? 방금 번개 쳤니 안 쳤니?
  Gāngcái shǎndiàn le méi(yǒu)?
3 刚才闪电了。 방금 번개 쳤어.
  Gāngcái shǎndiàn le.
4 刚才没(有)闪电。 방금 번개 안 쳤어.
  Gāngcái méi(yǒu) shǎndiàn.

날씨를 묻고 답하는 대화를 통해 다양한 **날씨 표현**을 익혀보아요.(빈칸에 아래 단어를 하나씩 넣어서 읽어보세요.)

天气 표현
tiānqì
날씨

A: 外面天气怎么样? 바깥 날씨 어때요?
Wàimian tiānqì zěnmeyàng?

B: 外面天气很_____。 바깥 날씨 _____요.
Wàimian tiānqì hěn _____.

冷
lěng
춥다

热
rè
덥다

凉快
liángkuai
시원하다, 서늘하다

暖和
nuǎnhuo
따뜻하다, 따사롭다

潮湿
cháoshī
습하다

干燥
gānzào
건조하다

연습문제로 실력다지기 　🎧 Day04_연습문제.mp3

🎧 연습문제 바로 듣기

1 문장 듣고 **병음/뜻 쓰기**

다음 문장을 듣고 병음과 뜻을 써보세요.

1) **문장** 天阴了。

   병음 _____

   뜻 _____

2) **문장** 听说下午有雨。

   병음 _____

   뜻 _____

3) **문장** 一把是为别人准备的。

   병음 _____

   뜻 _____

2 문장 듣고 **일치/불일치 판단하기** (HSK 3, 4급 듣기 대비 유형)

들려주는 문장의 내용과 제시된 문장의 내용이 일치하면 ✓, 불일치하면 ✗를 체크하세요.

1) 明天下雪。　　　　　　　　　(　)
   Míngtiān xiàxuě.

2) 我爸爸昨天到了。　　　　　　(　)
   Wǒ bàba zuótiān dàole.

3 대화 듣고 **질문에 알맞은 보기 고르기** (HSK 3, 4급 듣기 대비 유형)

들려주는 대화를 듣고 질문에 알맞은 보기를 고르세요.

ⓐ 冷　　　ⓑ 热　　　ⓒ 凉快

정답 p.295

4 단어 채우기 (HSK 3급 쓰기 대비 유형)

제시된 병음에 알맞은 단어를 괄호 안에 채워 문장을 완성해보세요.

1) (　Tīng　)天气预报说明天下雪。
　　tiānqìyùbào shuō míngtiān xiàxuě.
듣자 하니 일기예보에서 내일 눈이 내린대요.

2) 外面天气很(　liáng　)快。
　Wàimian tiānqì hěn　　 kuai.
바깥 날씨 시원해요.

5 대화 완성하기 (HSK 3급 독해 대비 유형)

빈칸에 알맞은 문장을 채워 대화를 완성해보세요.

> 您带雨伞了吗?
> Nín dài yǔsǎn le ma?
>
> 外面天气怎么样?
> Wàimian tiānqì zěnmeyàng?
>
> 今天刮风了吗?
> Jīntiān guāfēng le ma?

1) A: _____ 우산 챙기셨는지요?

　B: 没有，我忘带了。
　　Méiyǒu, wǒ wàng dài le.
아뇨, 챙기는 걸 깜빡했네요.

2) A: _____ 바깥 날씨 어때요?

　B: 外面天气很热。
　　Wàimian tiānqì hěn rè.
바깥 날씨 더워요.

6 문장 완성하기 (HSK 3, 4급 쓰기 대비 유형)

제시된 단어를 중국어 어순에 맞게 배열하여 문장을 완성해보세요.

1) 暖和　天气　外面　很
　nuǎnhuo　tiānqì　wàimian　hěn

　_____。 바깥 날씨 따뜻해요.

2) 韩国　他　的　从　来　是
　Hánguó　tā　de　cóng　lái　shì

　_____。 그는 한국에서 왔어요.

정답 p.295

간체자 쓰기

제시된 HSK 단어 및 주요 핵심 단어의 간체자와 병음을 또박또박 써보세요.

HSK 3급

带
dài

带带带带带带带带带

동 (몸에) 지니다, 휴대하다

HSK 1급

冷
lěng

冷冷冷冷冷冷冷

형 춥다

HSK 1급

热
rè

热热热热热热热热热

형 덥다

听说
tīng shuō

听听听听听听
说说说说说说说说

동 듣자 하니

HSK 1급

天气
tiān qì

天天天天
气气气气

명 날씨

HSK 3급

别人
bié rén

别别别别别别别
人人

㈜ 다른 사람

HSK 1급

下雨
xià yǔ

下下下
雨雨雨雨雨雨雨雨

⑧ 비가 오다

HSK 1급

下雪
xià xuě

下下下
雪雪雪雪雪雪雪雪雪雪雪

⑧ 눈이 오다

HSK 3급

刮风
guā fēng

刮刮刮刮刮刮刮刮
风风风风

⑧ 바람이 불다

HSK 1급

怎么样
zěn me yàng

怎怎怎怎怎怎怎怎怎
么么么
样样样样样样样样样样

㈜ 어때?

루루와 떠나는 중국 문화 여행

한겨울 얼음 파티로 유명한 중국 관광지는?

여러분은 남대문만 한 크기의 얼음 조각을 본 적이 있나요? 아니면 얼음 미끄럼틀을 타본 적은요? 중국의 하얼빈(哈尔滨, Hā'ěrbīn)에 가면 이 두 가지를 다 해볼 수 있어요. 중국의 추운 도시 중 하나로 손꼽히는 하얼빈에서는 매년 빙등제(冰灯节, Bīngdēngjié)가 열리거든요.

빙등제는 낮보다 밤에 구경하는 게 더 재밌어요. 얼음 조각 안에 색깔 전구가 들어 있어서 굉장히 예쁘거든요. 빙등제에 가면 마차를 타고 한 바퀴 돌아볼 수도 있는데 이 마차를 타려면 정말 두껍게 입어야 해요. 그렇지 않으면 동상에 걸리기 쉽답니다.

전 세계의 얼음 조각가들이 모여서 아름다운 작품을 만드는 하얼빈 빙등제, 1월에 하얼빈을 방문하게 되면 꼭 다녀오셔야 해요! 얼음 미끄럼틀도 꼭 타보시고요!

> 빙등제는 이런 하얼빈에서 매년 1월부터 2월 사이에 열리는 축제인데, 섬세한 얼음 조각부터 실제 궁전 크기의 얼음조각까지 다양한 종류의 얼음 작품을 구경할 수 있어요.

하얼빈의 겨울은 가장 추울 때 영하 40도까지 내려가고, 1월의 평균 기온은 영하 20도나 돼요. 빙등제는 이런 하얼빈에서 매년 1월부터 2월 사이에 열리는 축제인데, 섬세한 얼음 조각부터 실제 궁전 크기의 얼음 조각까지 다양한 종류의 얼음 작품을 구경할 수 있어요. 그런데 이 큰 얼음들을 대체 어디에서 가져오냐고요? 하얼빈에는 쑹화강(松花江, Sōnghuājiāng)이라는 유명한 강이 있는데, 겨울이 되면 강물이 꽁꽁 얼기 때문에 여기서 얼음들을 가져다 조각을 하는 거예요.

🎧 바로 쓰는 초보 여행 중국어

너무 춥다고 말할 때

1 너무 추워요!
太冷了!
Tài lěng le!

2 바깥 날씨가 너무 추워요!
外面天气太冷了!
Wàimian tiānqì tài lěng le!

3 바깥이 많이 춥죠?
外面很冷吧?
Wàimian hěn lěng ba?

🎧 바로 듣고 따라하기

DAY 05

너 지금 뭐하고 있니?
你在干什么呢?
Nǐ zài gàn shénme ne?

바로 듣고 따라하기

正在…呢(~하고 있는 중이다)를 사용하여 지금 하고 있는 동작을 말할 수 있어요!
또한, '一边…, 一边…(~하면서 ~하다)'으로 두 가지 동작을 동시에 하고 있는 모습도 표현할 수 있어요!

🎧 초보 단어 미리보기

喂 wéi 여보세요	一边…一边… yìbiān…yìbiān… ~하면서 ~하다	俩 liǎ ㈜ 둘, 두 사람
在…呢 zài…ne ~하고 있는 중이다	打扫 dǎsǎo ㈜ 청소하다	还 hái ㈜ 아직
干什么 gàn shénme 무엇을 하는가?	唱歌 chànggē ㈜ 노래 부르다	跟 gēn ㈜ ~와(과)
正在 zhèngzài ㈜ ~하는 중이다	打算 dǎsuan ㈜ ~할 생각이다	一起 yìqǐ ㈜ 함께, 같이
作业 zuòyè ㈜ 숙제		好吗 hǎo ma 괜찮아?

STEP 1
실전회화로 말문트기

🎧 Day05_실전회화_듣기/따라읽기.mp3 🎧 Day05_실전회화_드라마.mp3

듣기 mp3로 먼저 들어본 후 따라읽기 mp3로 따라서 말해보세요.

민준

喂，是露露吗？你在干什么呢？
Wéi, shì Lùlu ma? Nǐ zài gàn shénme ne?
여보세요, 루루니? 너 지금 뭐하고 있니?

在…呢는 '~하고 있는 중이다'라는 뜻으로 지금 하고 있는 동작을 나타내요.

正在…呢(~하고 있는 중이다)는 지금 하고 있는 동작을 나타내요.

我正在做作业呢。 나 숙제하고 있어.
Wǒ zhèngzài zuò zuòyè ne.

루루

민준

你妹妹呢？她在干什么？
Nǐ mèimei ne? Tā zài gàn shénme?
네 여동생은? 그녀는 뭐하고 있어?

동사(干) 앞에 在만 써도 '~하고 있는 중이다'라는 뜻이 돼요.

一边…, 一边…(~하면서 ~하다)으로 동시에 진행되는 두 가지 행동을 나타냈어요.

她正在一边打扫，一边唱歌。你呢？
Tā zhèngzài yìbiān dǎsǎo, yìbiān chànggē. Nǐ ne?
걔는 청소하면서 노래 부르고 있어. 너는?

루루

민준

我打算吃饭，你们俩吃饭了没有？
Wǒ dǎsuan chī fàn, nǐmen liǎ chī fàn le méiyǒu?
난 밥 먹으려고 하는데, 너희 둘 밥 먹었니 안 먹었니?

你们俩는 '너희 둘'이라는 우리말과 똑같아요.

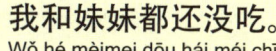

我和妹妹都还没吃。 나랑 여동생 모두 아직 안 먹었어.
Wǒ hé mèimei dōu hái méi chī.

루루

민준

那你们跟我一起吃晚饭，好吗？
Nà nǐmen gēn wǒ yìqǐ chī wǎnfàn, hǎo ma?
그러면 너희 나와 함께 저녁 먹는 것, 괜찮아?

好吗?(괜찮아?)로 상대방의 의견을 친절하게 물었어요.

好啊！ 좋아!
Hǎo a!

루루

* <중국어 말문트기 워크북>으로 말하기를 집중 훈련하면 실전회화가 저절로 자동발사돼요.

STEP 2
기초어법으로 내공쌓기 🎧 Day05_기초어법.mp3

1 동작이 진행 중(-ing) 正在…呢 (~하고 있는 중이다)

루루

我正在做作业呢。 나 숙제하고 있어.
Wǒ zhèngzài zuò zuòyè ne.

正在…呢(zhèngzài…ne)는 '~하고 있는 중이다'라는 뜻으로 동작이 진행 중임을 나타내요. 중국어에서 동작의 진행은 일반적으로 동사 앞에 正在(zhèngzài), 正(zhèng), 在(zài)를 써서 나타내요. 이때, 正在, 正, 在 중 하나와 함께 문장 끝에 어기조사 呢를 붙여 쓰기도 하고, 또는 正在, 正, 在 없이 문장 끝에 呢만 써서 진행의 의미를 나타내기도 해요. 루루도 正在와 呢를 모두 써서 숙제하고 있는 중임을 나타냈어요.

我 正在 准备 (呢)。
Wǒ zhèngzài zhǔnbèi (ne).
나는 ~하는 중이다 준비하다 ~하는 중이다

나는 준비하고 **있는 중이야**.

他们 在 上课 (呢)。
Tāmen zài shàngkè (ne).
그들은 ~하는 중이다 수업하다 ~하는 중이다

그들은 수업하는 **중이야**.

民俊 正 等 露露 呢。
Mínjùn zhèng děng Lùlu ne.
민준이는 ~하는 중이다 기다리다 루루를 ~하는 중이다

민준이는 루루를 기다리고 **있는 중이야**.
(→ 正은 동사 다음에 목적어가 있는 문장에서 呢와 함께 써요.)

他们 加班 呢。
Tāmen jiābān ne.
그들은 야근하다 ~하는 중이다

그들은 야근하는 **중이야**.

● 진행을 나타내는 문장의 끝에 吗?를 붙이면 특정 동작이 진행 중인지를 묻는 질문이 돼요. 이 질문에 '아뇨'라고 답하려면 没有를 써요. 그리고 부정문은 동사 앞에 没(有)를 써서 어떤 동작을 진행한 적이 없음을 나타내요.

A: **你 在 看书 吗?**
Nǐ zài kànshū ma?
당신은 ~하는 중이다 책을 보다 ~인가요?

당신은 책을 보는 **중인가요**?

B: **没有, 我 听音乐 呢。**
Méiyǒu, wǒ tīng yīnyuè ne.
아니다 나는 음악을 듣다 ~하는 중이다

아뇨, 저는 음악을 듣는 **중이에요**.

我 没(有) 看书, 听音乐 呢。
Wǒ méi(yǒu) kànshū, tīng yīnyuè ne.
나는 아니다 책을 보다 음악을 듣다 ~하는 중이다

저는 책을 보지 않고, 음악을 듣는 **중이에요**.

단어 准备 zhǔnbèi ⑧ 준비하다   上课 shàngkè ⑧ 수업을 듣다, 수업하다, 강의하다   等 děng ⑧ 기다리다   加班 jiābān ⑧ 야근하다

2 두 가지 동작을 동시에 一边…, 一边… (~하면서 ~하다)

루루

她正在一边打扫，一边唱歌。 쟤는 청소하면서 노래 부르고 있어.
Tā zhèngzài yìbiān dǎsǎo, yìbiān chànggē.

'一边…, 一边…(yìbiān…, yìbiān…)'은 '~하면서 ~하다'라는 뜻으로 두 가지 동작이 동시에 진행될 때 사용해요. 루루도 자신의 여동생이 '청소하는 동작'과 '음악을 듣는 동작'을 동시에 하고 있음을 표현하기 위해 '一边打扫，一边唱歌(청소하면서 노래하다)'를 사용했어요.

我们 一边 吃饭, 一边 看电视。 우리는 밥을 먹으면서 TV를 봐요.
Wǒmen yìbiān chī fàn, yìbiān kàn diànshì.
우리는 ~하면서 밥을 먹다 ~하다 TV를 보다

他 一边 唱歌, 一边 跳舞。 그는 노래를 부르면서 춤을 춰요.
Tā yìbiān chànggē, yìbiān tiàowǔ.
그는 ~하면서 노래를 부르다 ~하다 춤을 추다

3 너의 의견은 어때, 好吗? (괜찮아?, 어때?)

민준

那你们跟我一起吃晚饭，好吗？ 그러면 너희 나와 함께 저녁 먹는 것, 괜찮아?
Nà nǐmen gēn wǒ yìqǐ chī wǎnfàn, hǎo ma?

민준이의 말에서처럼 문장 끝에 好吗?(hǎo ma?, 괜찮아?/어때?)를 붙여 상대방의 의견을 물어볼 수 있어요. 好吗?를 문장 끝에 사용하면 그냥 吗?(~니?)를 사용한 의문문보다 더 친절한 뉘앙스를 주기 때문에 회화에서 자주 사용된답니다.

我 下个星期 给 你 那本书, 好吗？ 내가 너에게 그 책을 다음 주에 주는 것, 괜찮아?
Wǒ xià ge xīngqī gěi nǐ nà běn shū, hǎo ma?
내가 다음 주에 주다 너에게 그 책을 괜찮아?

我们 一起 喝 一杯咖啡, 好吗？ 우리 같이 커피 한 잔 마시는 것, 어때?
Wǒmen yìqǐ hē yì bēi kāfēi, hǎo ma?
우리 같이 마시다 커피 한 잔 어때?

단어 　跳舞 tiàowǔ 동 춤을 추다　下个星期 xià ge xīngqī 다음 주　给 gěi 동 주다

STEP 3
확장표현으로 중국어 자동발사

🎧 Day05_확장표현.mp3

동작의 진행을 나타내는 正在…呢(zhèngzài…ne), 在(zài)를 활용하여 다양한 **학습 관련 표현**을 익혀보아요.

학습 관련 표현과
正在…呢
在
~하고 있는 중이다

学习
xuéxí
공부하다

1 她正在学习呢。 그녀는 공부하는 중이야.
　Tā zhèngzài xuéxí ne.

2 她在学习。 그녀는 공부하는 중이야.
　Tā zài xuéxí.

做作业
zuò zuòyè
숙제를 하다

1 她正在做作业呢。 그녀는 숙제하는 중이야.
　Tā zhèngzài zuò zuòyè ne.

2 她在做作业。 그녀는 숙제하는 중이야.
　Tā zài zuò zuòyè.

参加考试
cānjiā kǎoshì
시험을 보다, 시험에 참가하다

1 她正在参加考试呢。 그녀는 시험 보는 중이야.
　Tā zhèngzài cānjiā kǎoshì ne.

2 她在参加考试。 그녀는 시험 보는 중이야.
　Tā zài cānjiā kǎoshì.

复习
fùxí
복습하다

1 她正在复习呢。 그녀는 복습하는 중이야.
　Tā zhèngzài fùxí ne.

2 她在复习。 그녀는 복습하는 중이야.
　Tā zài fùxí.

预习
yùxí
예습하다

1 她正在预习呢。 그녀는 예습하는 중이야.
　Tā zhèngzài yùxí ne.

2 她在预习。 그녀는 예습하는 중이야.
　Tā zài yùxí.

一边…, 一边…(yìbiān…, yìbiān…)을 활용하여 다양한 가사 관련 표현을 익혀보아요.(빈칸에 아래 단어를 하나씩 넣어서 읽어보세요.)

가사 관련 표현
家务活
jiāwù huó
가사일

A: 你妹妹呢？她在干什么？ 네 여동생은? 그녀는 뭐하고 있어?
Nǐ mèimei ne? Tā zài gàn shénme?

B: 她正在一边_____, 一边唱歌。 그녀는 _____(하)면서 노래 부르고 있어.
Tā zhèngzài yìbiān _____, yìbiān chànggē.

打扫
dǎsǎo
청소하다

扫地
sǎodì
바닥을 쓸다

拖地
tuō dì
바닥을 걸레질하다

 **做菜**
zuòcài
요리를 하다

擦窗
cā chuāng
창문을 닦다

做饭
zuòfàn
밥을 짓다

洗碗
xǐ wǎn
설거지하다

洗衣服
xǐ yīfu
빨래하다

DAY 05 너 지금 뭐하고 있니? 你在干什么呢？

연습문제로 실력다지기 🎧 Day05_연습문제.mp3

🎧 연습문제 바로 듣기

1 문장 듣고 **병음/뜻 쓰기**

다음 문장을 듣고 병음과 뜻을 써보세요.

1) **문장** 你在干什么呢?

   병음 _____

   뜻 _____

2) **문장** 我们一起喝一杯咖啡, 好吗?

   병음 _____

   뜻 _____

3) **문장** 他们加班呢。

   병음 _____

   뜻 _____

2 문장 듣고 **일치/불일치 판단하기** (HSK 3, 4급 듣기 대비 유형)

들려주는 문장의 내용과 제시된 문장의 내용이 일치하면 ✓, 불일치하면 ✗를 체크하세요.

1) 我弟弟正在吃饭呢。　　　　　( )
   Wǒ dìdi zhèngzài chī fàn ne.

2) 我在看书。　　　　　　　　 ( )
   Wǒ zài kànshū.

3 대화 듣고 **질문에 알맞은 보기 고르기** (HSK 3, 4급 듣기 대비 유형)

들려주는 대화를 듣고 질문에 알맞은 보기를 고르세요.

ⓐ 民俊　　　ⓑ 露露　　　ⓒ 露露的妹妹

정답 p.296

4 단어 채우기 (HSK 3급 쓰기 대비 유형)

제시된 병음에 알맞은 단어를 괄호 안에 채워 문장을 완성해보세요.

1) 她正在一边(xǐ)碗，一边唱歌。 그녀는 설거지를 하면서 노래 부르고 있어.
   Tā zhèngzài yìbiān   wǎn, yìbiān chànggē.

2) 她(zhèng)在预习呢。 그녀는 예습하는 중이야.
   Tā   zài yùxí ne.

5 대화 완성하기 (HSK 3급 독해 대비 유형)

빈칸에 알맞은 문장을 채워 대화를 완성해보세요.

> 他们在等你呢。　　我们在做作业。　　我和妹妹都还没吃。
> Tāmen zài děng nǐ ne.　Wǒmen zài zuò zuòyè.　Wǒ hé mèimei dōu hái méi chī.

1) A: 你们俩吃饭了没有？ 너희 둘 밥 먹었니 안 먹었니?
   Nǐmen liǎ chī fàn le méiyǒu?
   B: _____ 나와 여동생 모두 아직 안 먹었어.

2) A: 你们在干什么？ 너희 지금 뭐하고 있니?
   Nǐmen zài gàn shénme?
   B: _____ 우리 숙제하는 중이야.

6 문장 완성하기 (HSK 3, 4급 쓰기 대비 유형)

제시된 단어를 중국어 어순에 맞게 배열하여 문장을 완성해보세요.

1) 参加　　他正在　　呢　　考试
   cānjiā tā zhèngzài ne kǎoshì

   _____。 그는 시험 보는 중이야.

2) 你那本书，　　我下个星期　　给　　好吗
   nǐ nà běn shū, wǒ xià ge xīngqī gěi hǎo ma

   _____? 내가 너에게 그 책을 다음 주에 주는 것, 괜찮아?

정답 p.296

간체자 쓰기

제시된 HSK 단어 및 주요 핵심 단어의 간체자와 병음을 또박또박 써보세요.

HSK 1급

喂
wéi

喂喂喂喂喂喂喂喂喂喂

㉢ 여보세요

HSK 4급

俩
liǎ

俩俩俩俩俩俩俩俩俩

㈜ 둘, 두 사람

HSK 2급

正在
zhèng zài

正正正正正
在在在在在在

㈜ ~하는 중이다

HSK 3급

作业
zuò yè

作作作作作作
业业业业业

㈜ 숙제

HSK 1급

学习
xué xí

学学学学学学学学
习习习

㈜ 공부하다

HSK 3급

复习
fù xí

复复复复复复复复复
习习习

⑧ 복습하다

HSK 3급

上课
shàng kè

上上上
课课课课课课课课课

⑧ 수업을 듣다, 수업하다, 강의하다

HSK 3급

打扫
dǎ sǎo

打打打打打
扫扫扫扫扫

⑧ 청소하다

做菜
zuò cài

做做做做做做做做做
菜菜菜菜菜菜菜菜菜菜

⑧ 요리를 하다

洗碗
xǐ wǎn

洗洗洗洗洗洗洗洗
碗碗碗碗碗碗碗碗碗碗

설거지하다

루루와 떠나는 중국 문화 여행

요리를 먼저, 밥은 나중에!

중국 식당에서 여러 가지 요리를 주문하여 먹다 보면 이상하게 느낄 수도 있는 게 하나 있는데, 바로 음식이 나오는 순서예요. 한국은 보통 밥과 국, 요리를 함께 먹지만 중국은 음식을 먹는 순서가 따로 있어요.

> 중국 음식은 크게 차가운 요리(凉菜, liángcài), 뜨거운 요리(热菜, rècài), 주식(主食, zhǔshí), 탕(汤, tāng)으로 나뉘고, 음식을 주문하면 이 순서대로 음식이 나와요.

중국 음식은 크게 차가운 요리(凉菜, liángcài), 뜨거운 요리(热菜, rècài), 주식(主食, zhǔshí), 탕(汤, tāng)으로 나뉘고, 음식을 주문하면 이 순서대로 음식이 나와요. 차가운 요리는 에피타이저 같은 것인데 그중에는 당면과 채소를 무친 무침 요리가 있어요. 뜨거운 요리가 바로 메인 요리인데 주문 후에 바로 볶거나 튀겨서 만드는 음식이고, 대표적으로 닭고기와 땅콩, 당근을 함께 볶은 궁보계정(宫保鸡丁, gōngbǎojīdīng, 위 사진)이 있어요. 이렇게 두 종류의 요리를 먹은 뒤에야 밥(饭, fàn)이나 면(面, miàn), 만두(饺子, jiǎozi) 같은 주식이 나와요. 중국인들에게 주식은 꼭 먹어야 하는 음식이라기보다는 요리를 다 먹고 양이 부족할 때 먹는 음식이에요.

마지막으로는 탕이 나오는데, 중국인들이 즐겨 먹는 탕으로는 토마토계란탕(西红柿鸡蛋汤, xīhóngshì jīdàn tāng)이 있어요. 이 탕은 향이 별로 강하지 않아서 한국 사람들의 입맛에도 잘 맞아요.

중국에서 요리가 나오는 순서는 이렇지만 중국 여행 중에 식사를 할 때 요리와 밥을 함께 먹고 싶다면 두 가지를 같이 달라고 말하면 돼요!

🎧 바로 쓰는 초보 여행 중국어

요리와 밥을 함께 달라고 할 때

1 저는 밥을 먹으면서 요리를 먹고 싶어요.
我想一边吃饭，一边吃菜。
Wǒ xiǎng yìbiān chī fàn, yìbiān chī cài.

2 면과 요리를 함께 주세요!
面和菜一起给吧!
Miàn hé cài yìqǐ gěi ba!

3 밥과 요리를 함께 주시면 어떨까요?
饭和菜一起给，好吗?
Fàn hé cài yìqǐ gěi, hǎo ma?

4 밥을 먼저 줄 수 있나요?
可以先给我饭吗?
Kěyǐ xiān gěi wǒ fàn ma?

🎧 바로 듣고 따라하기

DAY 06

우리 PC방 가서 게임하자!
我们去网吧玩儿游戏吧!
Wǒmen qù wǎngbā wánr yóuxì ba!

바로 듣고 따라하기

연동문을 사용해서 연속 동작을 표현할 수 있고, 동태조사 着를 사용해서 지속되고 있는 상태를 묘사할 수 있어요!

민준이도 도서관 가서 공부하고 싶다!

我们去网吧玩儿游戏吧!
Wǒmen qù wǎngbā wánr yóuxì ba!
우리 PC방 가서 게임하자!

안 돼,
我朋友在学校门口等着我。
wǒ péngyou zài xuéxiào ménkǒu děngzhe wǒ.
내 친구가 학교 입구에서 나를 기다리고 있어.

너희 오늘 무엇을 할 계획이니?

우리는 먼저 밥 먹고, 그 다음 도서관에 갈 계획이야.

친구? 남..친..??

너희 둘이 도서관 가서 공부하려고?

응, 우리 모레 시험이 있거든. 너도 같이 가자.

도..도.. 도서관 데이트!!

아냐, 난 집에 가서 쉴게.

중얼 도서관 데이트 중얼 도서관 데이트 중얼 중얼

??

🎧 초보 단어 미리보기

网吧	wǎngbā	명 PC방
玩儿	wánr	동 (게임을) 하다, 놀다
游戏	yóuxì	명 게임
门口	ménkǒu	명 입구
等	děng	동 기다리다
着	zhe	조 ~하고 있다
打算	dǎsuan	동 ~할 계획이다
先	xiān	부 먼저
然后	ránhòu	접 그다음
图书馆	túshūguǎn	명 도서관
俩	liǎ	수 둘, 두 사람
后天	hòutiān	명 모레
考试	kǎoshì	명 시험
回家	huíjiā	동 집으로 돌아가다, 귀가하다
休息	xiūxi	동 쉬다

STEP 1
실전회화로 말문트기

🎧 Day06_실전회화_듣기/따라읽기.mp3 🎧 Day06_실전회화_드라마.mp3

듣기 mp3로 먼저 들어본 후 따라읽기 mp3로 따라서 말해보세요.

민준

> 我们去网吧玩儿游戏吧!
> Wǒmen qù wǎngbā wánr yóuxì ba!
> 우리 PC방 가서 게임하자!

하나의 주어(我们)에 두 개의 동사 去(가다)와 玩儿(게임하다)을 써서 '가서 게임하다'라는 이어지는 동작을 나타낸 연동문이에요.

루루

> 不行, 我朋友在学校门口等着我。
> Bù xíng, wǒ péngyou zài xuéxiào ménkǒu děngzhe wǒ.
> 안 돼, 내 친구가 학교 입구에서 나를 기다리고 있어.

동사 等(기다리다) 다음에 着(~하고 있다)를 써서 기다리고 있는 상태임을 표현했어요.

민준

> 你们今天打算做什么?
> Nǐmen jīntiān dǎsuan zuò shénme?
> 너희 오늘 무엇을 할 계획이니?

打算做什么?(무엇을 할 계획이니?)는 구체적인 계획을 물을 때 자주 쓰이므로 꼭 알아두세요.

루루

> 我们打算先吃饭, 然后去图书馆。
> Wǒmen dǎsuan xiān chī fàn, ránhòu qù túshūguǎn.
> 우리는 먼저 밥 먹고, 그다음 도서관에 갈 계획이야.

先A, 然后B는 '먼저 A하고, 그다음 B하다'라는 의미이며 짝꿍으로 자주 쓰는 표현으로 알아두세요.

민준

> 你们俩要去图书馆学习吗?
> Nǐmen liǎ yào qù túshūguǎn xuéxí ma?
> 너희 둘이 도서관 가서 공부하려고?

하나의 주어(你们俩)에 두 개의 동사 去(가다)와 学习(공부하다)를 써서 '가서 공부하다'라는 이어지는 동작을 나타낸 연동문이에요.

루루

> 是, 我们后天有考试。你也一起去吧。
> Shì, wǒmen hòutiān yǒu kǎoshì. Nǐ yě yìqǐ qù ba.
> 응, 우리 모레 시험이 있거든. 너도 같이 가자.

민준

> 不, 我要回家休息。
> Bù, wǒ yào huíjiā xiūxi.

아냐, 난 집에 가서 쉴게.

하나의 주어(我)에 두 개의 동사 回家(집으로 돌아가다)와 休息(쉬다)를 써서 '집에 가서 쉬다'라는 이어지는 동작을 나타낸 연동문이에요.

---

* <중국어 말문트기 워크북>으로 말하기를 집중 훈련하면 실전회화가 저절로 자동발사돼요.

STEP 2
기초어법으로 내공쌓기
🎧 Day06_기초어법.mp3

1 하나의 주어 두 개의 동사, 연동문

민준

我们去网吧玩儿游戏吧!
Wǒmen qù wǎngbā wánr yóuxì ba!

우리 PC방 **가서** 게임하자!

우리말의 '나는 학교에 가서 공부한다'를 보면 '가다'와 '공부하다'라는 두 개의 동사를 사용하여 이어지는 동작을 나타내고 있어요. 이처럼 중국어에서도 하나의 주어에 동사 두 개를 연속 사용할 수 있는데, 이러한 문장을 연동문이라 해요. 연동문에서 동사의 순서는 동작이 발생한 순서를 나타내요. 민준이의 말에서도 我们(wǒmen, 우리)이라는 하나의 주어에 去(qù, 가다)와 玩儿(wánr, 게임하다)이라는 두 개의 동사가 쓰여 '가서 게임하다'라는 이어지는 두 동작을 나타냈어요.

| 연동문 | 주어 + 동사1 (+ 목적어1) + 동사2 (+ 목적어2) | (주어)가 (동사1)하고 (동사2)하다 |

她 带 女儿 去 动物园。
Tā dài nǚ'ér qù dòngwùyuán.
그녀는 데리다 딸을 가다 동물원에

그녀는 딸을 **데리고** 동물원에 **갑니다**.

● 연동문에서 앞에 쓰인 동사1은 자주 수단/방법을 나타내고 뒤에 쓰인 동사2는 목적을 나타내요.

日本人 用 筷子 吃 饭。
Rìběn rén yòng kuàizi chī fàn.
일본 사람은 사용하다 젓가락 먹다 밥을

일본 사람은 젓가락을 **사용해서** 밥을 **먹어**.
(= 일본 사람은 밥을 **먹기** 위해 젓가락을 **사용해**.)

● 연동문에서 부사, 조동사 등 부사어는 주로 동사1 앞에 와요.

他们 都 来 我家 学习。
Tāmen dōu lái wǒ jiā xuéxí.
그들은 모두 오다 우리 집에 공부하다

그들은 **모두** 우리 집에 **와서 공부해요**.
(= 그들은 **모두 공부하러** 우리집에 **와요**.)

我 要 去 百货商店 买 东西。
Wǒ yào qù bǎihuòshāngdiàn mǎi dōngxi.
나는 ~하려 하다 가다 백화점에 사다 물건을

나는 백화점에 **가서** 물건을 **살 거야**.
(= 나는 물건을 **사러** 백화점에 **갈 거야**.)

단어 带 dài 图 데리다, 인도하다 女儿 nǚ'ér 图 딸 动物园 dòngwùyuán 图 동물원 日本人 Rìběn rén 고유 일본 사람, 일본인 用 yòng 图 사용하다
筷子 kuàizi 图 젓가락 百货商店 bǎihuòshāngdiàn 图 백화점

● 즉시 이어지는 두 동작이 아닌 경우에는 연동문을 사용할 수 없어요.

我们 下班 喝 咖啡。 (X)

우리는 **퇴근하고** 커피를 **마셔요**.
(→ **下班**(퇴근하다)과 **喝咖啡**(커피를 마시다)가 즉시 이어지는 동작이 아니기 때문에 연동문을 사용할 수 없어요.)

我们 去 咖啡厅 喝 咖啡。 (O)
Wǒmen qù kāfēitīng hē kāfēi.
우리는 가다 카페에 마시다 커피를

우리는 카페에 **가서** 커피를 **마셔요**.

● 연동문에서는 똑같은 동사를 두 번 사용할 수 없어요.

我 去 江南 去 饭馆儿。 (X)

나는 강남에 **가서** 식당에 **가요**.
(→ 연동문에서는 **去**(가다)를 두 번 사용할 수 없어요.)

我 去 江南 吃 饭。 (O)
Wǒ qù Jiāngnán chī fàn.
나는 가다 강남에 먹다 밥을

나는 강남에 **가서** 밥을 **먹어요**.

⊕ **플러스 포인트**

연동문에서 **是…的** 강조구문을 사용하여 방법/도구를 강조할 수 있어요.

방법 강조
我 是 坐 火车 去 北京 的。
Wǒ shì zuò huǒchē qù Běijīng de.
나는 (~이었다) 타다 기차를 가다 베이징에 (~한 것)

나는 **기차를 타고** 베이징에 **간** 거야.
(→ 내가 베이징에 갈 때는 기차를 타고 간 것이었다.)

도구 강조
那 是 用 铅笔 画 的。
Nà shì yòng qiānbǐ huà de.
그것은 (~이었다) 사용하다 연필을 그리다 (~한 것)

그것은 **연필을 사용해서 그린** 거야.
(→ 그것은 그릴 때 연필을 사용한 것이었다.)

단어 咖啡厅 kāfēitīng 명 카페 江南 Jiāngnán 고유 강남 饭馆儿 fànguǎnr 명 식당 铅笔 qiānbǐ 명 연필 画 huà 동 (그림을) 그리다

기초어법으로 내공쌓기

2 상황은 계속된다, 동태조사 着 zhe (~하고 있는 상태이다, ~한 채로 있다)

루루

我朋友在学校门口等着我。 내 친구가 학교 입구에서 나를 기다리고 있어.
Wǒ péngyou zài xuéxiào ménkǒu děngzhe wǒ.

동사 뒤에 着(zhe)를 쓰면 '~하고 있는 상태이다' 또는 '~한 채로 있다'라는 뜻으로, 동작의 결과로 발생한 상태나 상황이 지속됨을 나타내요. 着는 동사 바로 다음에 쓰이므로 过(guo, ~한 적 있다), 了(le, ~했다)와 같은 동태조사예요. 루루의 말에서도 等(děng, 기다리다) 뒤에 동태조사 着가 사용되어 기다리고 있는 상황이 지속되고 있음을 나타냈어요.

他 穿 着 红色的 毛衣。 그는 빨간색 스웨터를 입고 있다.
Tā chuān zhe hóngsè de máoyī. (→ 穿(입다)이라는 동작의 결과로 발생한 상태, 즉 입고 있는 상태가
그는 입다 ~하고 있다 빨간색의 스웨터를   지속됨을 나타내요.)

门 开 着, 窗户 也 开 着。 문이 열려 있고, 창문도 열려 있다.
Mén kāi zhe, chuānghu yě kāi zhe. (→ 开(열다)라는 동작의 결과로 발생한 상황, 즉 열려 있는 상황이
문이 열다 ~한 채로 있다 창문 ~도 열다 ~한 채로 있다   지속됨을 나타내요.)

● 동태조사 着를 포함한 문장을 부정문으로 만들 때에는 동사 앞에 부정부사 没(有)를 사용해요.

부정문 他 没 坐 着。 그는 앉아 있지 않다.
    Tā méi zuò zhe.
    그는 ~않다 앉다 ~하고 있다

● 동태조사 着를 포함한 문장의 의문문은 문장 끝에 吗를, 정반의문문은 문장 끝에 没有를 사용하면 돼요.

吗의문문 你哥哥 还 躺 着 吗? 네 오빠는 아직 누워 있니?
     Nǐ gēge hái tǎng zhe ma?
     네 오빠는 아직 눕다 ~하고 있다 ~니?

정반의문문 你哥哥 还 躺 着 没有? 네 오빠는 아직 누워 있니 아니니?
     Nǐ gēge hái tǎng zhe méiyǒu?
     네 오빠는 아직 눕다 ~하고 있다 ~니 아니니?

➕ 플러스 포인트
연동문에서 동사1 뒤에 着를 붙이면, '동사1한 채로 동사2하다'라는 뜻이 돼요.

我 躺 着 看 电视。 나는 누운 채로 TV를 본다.
Wǒ tǎng zhe kàn diànshì.
나는 눕다 ~하고 있다 보다 TV를

단어 穿 chuān 图 입다 红色 hóngsè 图 빨간색 毛衣 máoyī 图 스웨터 窗户 chuānghu 图 창문 躺 tǎng 图 눕다

3 차근차근 순서대로, 先 A, 然后 B (먼저 A하고, 그다음 B하다)

루루

我们打算先吃饭，然后去图书馆。 우리는 **먼저** 밥 먹고, **그다음** 도서관에 갈 계획이야.
Wǒmen dǎsuan xiān chī fàn, ránhòu qù túshūguǎn.

'先A, 然后B(xiān A, ránhòu B)'는 '먼저 A하고, 그다음 B하다'라는 뜻으로, 연이어 발생하는 동작이나 상황의 순서를 분명히 나타내주는 표현이에요. 先은 '먼저'라는 의미의 부사이고, 然后는 '그다음'이라는 의미의 접속사로, 짝꿍으로 자주 사용되는 표현이랍니다. 루루도 '先A, 然后B' 구문을 사용해서 吃饭(밥을 먹다)과 去图书馆(도서관에 가다)이라는 동작의 앞뒤 순서를 분명하게 나타냈어요.

我 先 问 他, 然后 告诉 你。
Wǒ xiān wèn tā, ránhòu gàosu nǐ.
나는 먼저 묻다 그에게 그다음 알리다 네게

내가 **먼저** 그에게 물어보고, **그다음** 네게 알려줄게.

你 先 打扫 房间, 然后 看 电视 吧。
Nǐ xiān dǎsǎo fángjiān, ránhòu kàn diànshì ba.
너는 먼저 청소하다 방을 그다음 보다 TV를 ~하렴

너는 **먼저** 방을 청소하고, **그다음** TV를 보렴.

先 在 那儿 买 票, 然后 进 紫禁城 吧。
Xiān zài nàr mǎi piào, ránhòu jìn Zǐjìnchéng ba.
먼저 ~에서 저기 사다 표를 그다음 들어가다 자금성에 ~하세요

먼저 저기에서 표를 사고, **그다음** 자금성에 들어가세요.

단어 问 wèn 동 묻다　告诉 gàosu 동 알리다　打扫 dǎsǎo 동 청소하다　房间 fángjiān 명 방　票 piào 명 표　进 jìn 동 들어가다
紫禁城 Zǐjìnchéng 고유 자금성(베이징에 있는 궁궐)

확장표현으로 중국어 자동발사

🎧 Day06_확장표현.mp3

다양한 **장소** 표현을 동사 **去**를 사용한 연동문으로 익혀보아요.

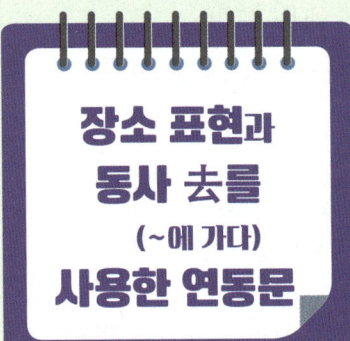

장소 표현과 동사 去를 (~에 가다) 사용한 연동문

网吧
wǎngbā
PC방

A: 我们去网吧玩儿游戏吧! 우리 PC방 가서 게임하자!
　Wǒmen qù wǎngbā wánr yóuxì ba!

B: 好的! / 不行。 좋아! / 안 돼.
　Hǎo de! / Bù xíng.

商店
shāngdiàn
상점

A: 我们去商店买东西吧! 우리 상점 가서 물건 사자!
　Wǒmen qù shāngdiàn mǎi dōngxi ba!

B: 好的! / 不行。 좋아! / 안 돼.
　Hǎo de! / Bù xíng.

饭店
fàndiàn
호텔(대형 호텔)

A: 我们去北京饭店吃晚饭吧! 우리 북경호텔 가서 저녁 먹자!
　Wǒmen qù Běijīng fàndiàn chī wǎnfàn ba!

B: 好的! / 不行。 좋아! / 안 돼.
　Hǎo de! / Bù xíng.

西餐厅
xīcāntīng
레스토랑

A: 我们去西餐厅吃牛排吧! 우리 레스토랑 가서 스테이크 먹자!
　Wǒmen qù xīcāntīng chī niúpái ba!

B: 好的! / 不行。 좋아! / 안 돼.
　Hǎo de! / Bù xíng.

咖啡厅
kāfēitīng
카페

A: 我们去咖啡厅喝咖啡吧! 우리 카페 가서 커피 마시자!
　Wǒmen qù kāfēitīng hē kāfēi ba!

B: 好的! / 不行。 좋아! / 안 돼.
　Hǎo de! / Bù xíng.

游乐园
yóulèyuán
놀이공원

A: 我们去游乐园玩儿吧! 우리 놀이공원 가서 놀자!
　Wǒmen qù yóulèyuán wánr ba!

B: 好的! / 不行。 좋아! / 안 돼.
　Hǎo de! / Bù xíng.

动物园
dòngwùyuán
동물원

A: 我们去动物园看虎吧! 우리 동물원 가서 호랑이 보자!
　Wǒmen qù dòngwùyuán kàn hǔ ba!

B: 好的! / 不行。 좋아! / 안 돼.
　Hǎo de! / Bù xíng.

동태조사 **着**와 자주 쓰이는 동사 **躺, 站, 坐, 拿, 趴**를 연동문으로 함께 익혀보아요.

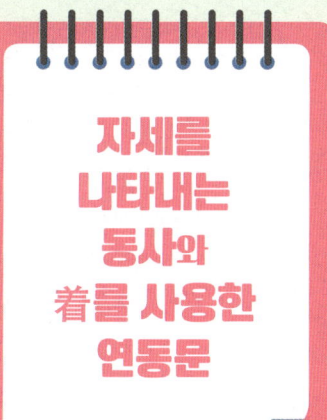

자세를 나타내는 동사와 着를 사용한 연동문

躺
tǎng
눕다

1 我**躺**着看电视。 나는 누워서 TV를 봐.
　Wǒ tǎngzhe kàn diànshì.

2 我**躺**着打电话。 나는 누워서 전화를 걸어.
　Wǒ tǎngzhe dǎ diànhuà.

3 我**躺**着听音乐。 나는 누워서 음악을 들어.
　Wǒ tǎngzhe tīng yīnyuè.

站
zhàn
서다

1 他**站**着等朋友。 그는 서서 친구를 기다려.
　Tā zhànzhe děng péngyou.

2 他**站**着读书。 그는 서서 책을 읽어.
　Tā zhànzhe dúshū.

3 他**站**着说话。 그는 서서 말을 해.
　Tā zhànzhe shuōhuà.

坐
zuò
앉다

1 我们**坐**着听课。 우리는 앉아서 수업을 들어.
　Wǒmen zuòzhe tīngkè.

2 我们**坐**着看电影。 우리는 앉아서 영화를 봐.
　Wǒmen zuòzhe kàn diànyǐng.

3 我们**坐**着吃饭。 우리는 앉아서 밥을 먹어.
　Wǒmen zuòzhe chī fàn.

拿
ná
들다, 챙기다

1 他**拿**着资料去公司。 그는 자료를 들고 회사에 가.
　Tā názhe zīliào qù gōngsī.

2 他**拿**着书去图书馆。 그는 책을 들고 도서관에 가.
　Tā názhe shū qù túshūguǎn.

3 他**拿**着钱包去超市。 그는 지갑을 들고 슈퍼에 가.
　Tā názhe qiánbāo qù chāoshì.

趴
pā
엎드리다

1 她**趴**着学习。 그녀는 엎드려서 공부를 해.
　Tā pāzhe xuéxí.

2 她**趴**着哭。 그녀는 엎드려서 울어.
　Tā pāzhe kū.

3 她**趴**着睡觉。 그녀는 엎드려서 잠을 자.
　Tā pāzhe shuìjiào.

DAY 06 우리 PC방 가서 게임하자! 我们去网吧玩儿游戏吧!

연습문제로 실력다지기 🎧 Day06_연습문제.mp3

🎧 연습문제 바로 듣기

1 문장 듣고 병음/뜻 쓰기

다음 문장을 듣고 병음과 뜻을 써보세요.

1) **문장** 我们去网吧玩儿游戏吧!

   병음 _____

   뜻 _____

2) **문장** 你们俩要去图书馆学习吗?

   병음 _____

   뜻 _____

3) **문장** 我要回家休息。

   병음 _____

   뜻 _____

2 문장 듣고 일치/불일치 판단하기 (HSK 3, 4급 듣기 대비 유형)

들려주는 문장의 내용과 제시된 문장의 내용이 일치하면 ✓, 불일치하면 ✗를 체크하세요.

1) 今天我要回家学习。　　　　(　　)
   Jīntiān wǒ yào huíjiā xuéxí.

2) 我打算先玩儿游戏。　　　　(　　)
   Wǒ dǎsuan xiān wánr yóuxì.

3 대화 듣고 질문에 알맞은 보기 고르기 (HSK 3, 4급 듣기 대비 유형)

들려주는 대화를 듣고 질문에 알맞은 보기를 고르세요.

ⓐ 打扫　　ⓑ 去商店　　ⓒ 喝咖啡

정답 p.297

4 단어 채우기 (HSK 3급 쓰기 대비 유형)

제시된 병음에 알맞은 단어를 괄호 안에 채워 문장을 완성해보세요.

1) 我先问他，(　rán　)后告诉你。
   Wǒ xiān wèn tā,　　hòu gàosu nǐ.
   내가 먼저 그에게 물어보고, 그다음 네게 알려줄게.

2) 他没坐(　zhe　)。
   Tā méi zuò　　.
   그는 앉아 있지 않다.

5 대화 완성하기 (HSK 3급 독해 대비 유형)

빈칸에 알맞은 문장을 채워 대화를 완성해보세요.

| 你哥哥还躺着吗? | 你们今天打算做什么? | 我们去游乐园玩儿吧! |
| Nǐ gēge hái tǎngzhe ma? | Nǐmen jīntiān dǎsuan zuò shénme? | Wǒmen qù yóulèyuán wánr ba! |

1) A: _____　　우리 놀이공원 가서 놀자!

   B: 不行。　　안 돼.
   Bù xíng.

2) A: _____　　네 오빠는 아직 누워 있니?

   B: 是。　　네.
   Shì.

6 문장 완성하기 (HSK 3, 4급 쓰기 대비 유형)

제시된 단어를 중국어 어순에 맞게 배열하여 문장을 완성해보세요.

1) 江南　吃　去　饭　我
   Jiāngnán　chī　qù　fàn　wǒ

   _____。　　나는 강남에 가서 밥을 먹어요.

2) 我明天　百货商店　东西　买　去
   wǒ míngtiān　bǎihuòshāngdiàn　dōngxi　mǎi　qù

   _____。　　나는 내일 물건을 사러 백화점에 간다.

정답 p.297

간체자 쓰기

제시된 HSK 단어 및 주요 핵심 단어의 간체자와 병음을 또박또박 써보세요.

HSK 2급

着 zhe 着着着着着着着着着 ㊀ ~하고 있다

HSK 2급

等 děng 等等等等等等等等等等等等 ㊁ 기다리다

HSK 3급

用 yòng 用用用用用 ㊁ 사용하다

HSK 3급

拿 ná 拿拿拿拿拿拿拿拿拿拿 ㊁ 들다, 챙기다

HSK 3급

先 xiān 先先先先先先 ㊂ 먼저

HSK 3급

然后
rán hòu

然然然然然然然然然然
后后后后后后

접 그다음

回家
huí jiā

回回回回回回
家家家家家家家家家家

동 집으로 돌아가다, 귀가하다

HSK 2급

休息
xiū xi

休休休休休休
息息息息息息息息息息

동 쉬다

HSK 3급

游戏
yóu xì

游游游游游游游游游游游游
戏戏戏戏戏戏

명 게임

HSK 1급

商店
shāng diàn

商商商商商商商商商商商
店店店店店店店店

명 상점

루루와 떠나는 중국 문화 여행

중국의 국보급 동물은?

정답은 바로 판다예요! 생김새와 동작이 너무너무 귀여워서 정말 인기가 많은 판다, 여러분도 잘 아시죠? 이러한 판다는 중국의 국보급 동물이라 2008년 베이징 올림픽의 마스코트에도 쓰였답니다.
중국에서는 '판다'라고 부르지 않고 시옹마오(熊猫, xióngmāo) 혹은 국보(国宝, guóbǎo)라고 불러요. 세계에서 판다가 서식하는 곳이 중국뿐이기 때문에 중국의 국보라고 불리는 거예요. 지금은 1,800마리 정도밖에 남아있지 않아서 매우 희귀한 동물 중 하나예요.

> 세계에서 판다가 서식하는 곳이 중국뿐이기 때문에 중국의 국보라고 불리는 거예요.

판다는 희귀 동물이라 대우도 남달라요. 대나무를 마음껏 먹도록 하는데 그냥 대나무가 아닌 아주 깨끗하게 자란 대나무를 먹게 해요. 하루에 판다가 먹는 대나무 양은 15kg이랍니다! 15kg은 우리가 평소 먹는 밥 공기 50개를 합친 것과 같아요! 먹는 양이 많다 보니 판다 관리비도 1년에 2억 정도가 들어요.
희귀 동물 판다는 중국의 외교에도 중요한 역할을 하고 있어요. 중국 정부는 교류 국가에 호의의 표시로 판다를 보내는데, 이를 '판다 외교'라고 해요. 중국은 지금까지 총 14개국에 판다를 보냈고, 그중에 한국, 미국, 일본도 있어요. 그런데 판다 관리비가 많이 들어 판다를 다시 반납한 나라도 있었다고 해요.
중국에서 판다로 제일 유명한 지역은 쓰촨(四川, Sìchuān)이에요. 여기에는 판다 연구소가 있고 새끼 판다를 전문적으로 돌보는 연구원들이 있어요. 하지만 베이징 동물원에도 판다가 있으니 베이징을 여행하게 되면 꼭 판다 보러 동물원에 가보세요.

🎧 바로 쓰는 초보 여행 중국어

동물원에 가자고 할 때

1 동물원 가요!
   去动物园!
   Qù dòngwùyuán!

2 우리 판다 보러 동물원 가요!
   我们去动物园看熊猫吧!
   Wǒmen qù dòngwùyuán kàn xióngmāo ba!

3 먼저 표를 사고, 그다음에 판다를 봐요.
   先买票, 然后看熊猫。
   Xiān mǎi piào, ránhòu kàn xióngmāo.

🎧 바로 듣고 따라하기

DAY 07

말씀 좀 물을게요. 명동에 어떻게 가나요?

请问一下，明洞怎么走?

Qǐngwèn yíxià, Míngdòng zěnme zǒu?

바로 듣고 따라하기

길을 묻고 안내하는 방법을 학습하고, 다양한 교통수단 표현을 익혀보아요!

관광객 따라 명동 간다!

초보 단어 미리보기

단어	병음	품사	뜻
一下	yíxià		좀~ 해 보다
明洞	Míngdòng	고유	명동
怎么	zěnme		어떻게
应该	yīnggāi	조동	~해야 하다
坐	zuò	동	타다, 앉다
地铁	dìtiě	명	지하철
那么	nàme	접	그러면, 그렇다면
一直	yìzhí	부	쭉, 곧바로
往	wǎng	전	~쪽으로
拐	guǎi	동	꺾다, 방향을 바꾸다
到	dào	동	도착하다
站	zhàn	명	역
下	xià	동	내리다
正好	zhènghǎo	부	마침
帮助	bāngzhù	명	도움

실전회화로 말문트기

🎧 Day07_실전회화_듣기/따라읽기.mp3 🎧 Day07_실전회화_드라마.mp3

듣기 mp3로 먼저 들어본 후 따라읽기 mp3로 따라서 말해보세요.

중국 여행객

请问一下，明洞怎么走?
Qǐngwèn yíxià, Míngdòng zěnme zǒu?
말씀 좀 물을게요. 명동에 어떻게 가나요?

请问一下(말씀 좀 물을게요)는 무언가를 공손하게 물을 때 자주 쓰는 표현이니 꼭 알아두세요.

조동사 应该(~해야 하다)를 사용하여 꼭 지하철을 타야함을 나타내고 있어요. '(교통수단)을 타다'라고 말하고자 할 때 동사 坐를 써요.

明洞有点儿远，你应该坐地铁去。
Míngdòng yǒudiǎnr yuǎn, nǐ yīnggāi zuò dìtiě qù.
명동은 좀 멀어요, 지하철을 타고 가셔야 해요.

동희 씨

중국 여행객

那么在哪儿坐地铁?
Nàme zài nǎr zuò dìtiě?
그러면 어디에서 지하철을 타나요?

往前은 '앞쪽으로', 往右는 '오른쪽으로'라는 뜻으로 往(~쪽으로) 다음에 방향을 나타내는 명사를 쓰면 가고자 하는 방향을 표현할 수 있어요.

先一直往前走，然后往右拐，
Xiān yìzhí wǎng qián zǒu, ránhòu wǎng yòu guǎi,
먼저 앞쪽으로 쭉 걸어가시다가, 그다음 오른쪽으로 꺾으시면,

就可以到地铁站。 바로 지하철역에 도착할 거예요.
jiù kěyǐ dào dìtiězhàn.

동희 씨

중국 여행객

我要在哪儿下? 어디에서 내려야 하죠?
Wǒ yào zài nǎr xià?

在明洞站下。 명동역에서 내리세요.
Zài Míngdòngzhàn xià.

在明洞站下는 '부사어(在明洞站) + 동사(下)' 형태의 문장으로, 이처럼 주어 없이 동사로 문장이 끝나면 '~하라/~하세요'라는 명령 어조가 돼요.

我也正好要去那儿，跟我一起去吧。
Wǒ yě zhènghǎo yào qù nàr, gēn wǒ yìqǐ qù ba.
저도 마침 거기로 가야 하는데, 저랑 같이 가요.

동희 씨

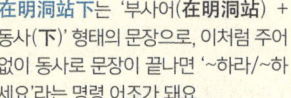
중국 여행객

谢谢您的帮助! 도와주셔서 감사합니다!
Xièxie nín de bāngzhù!

* <중국어 말문트기 워크북>으로 말하기를 집중 훈련하면 실전회화가 저절로 자동발사돼요.

STEP 2
기초어법으로 내공쌓기
🎧 Day07_기초어법.mp3

1 쫌만 해봐, 동사 + 一下 (yíxià) (좀 ~해 보다)

중국 여행객: 请问一下, 明洞怎么走?
Qǐngwèn yíxià, Míngdòng zěnme zǒu?
말씀 좀 물을게요. 명동에 어떻게 가나요?

一下(yíxià)는 '좀 ~해 보다'라는 뜻으로 동사 뒤에 쓰면 '가볍게 한 번 해 보다'라는 의미를 나타내면서 문장 전체의 뉘앙스를 부드럽게 만들어준답니다. 위의 중국 여행객도 동사 请问(qǐngwèn, 말씀 좀 물을게요) 뒤에 一下를 써서 뉘앙스를 한층 더 부드럽게 만들어줬어요.

等 一下。
Děng yíxià.
기다리다 좀 ~해 보다
좀 기다려 봐요.

看 一下 这个。
Kàn yíxià zhè ge.
보다 좀 ~해 보다 이것
이것 좀 봐 보세요.

你 尝 一下 火锅。
Nǐ cháng yíxià huǒguō.
너는 맛보다 좀 ~해 보다 샤브샤브
샤브샤브 좀 맛 보세요.

2 마땅히 그래야지! 조동사 应该 (yīnggāi) (~해야 하다)

동희 씨: 明洞有点儿远, 你应该坐地铁去。
Míngdòng yǒudiǎnr yuǎn, nǐ yīnggāi zuò dìtiě qù.
명동은 좀 멀어요, 지하철을 타고 가셔야 해요.

应该(yīnggāi)는 '~해야 하다'라는 뜻의 조동사로 동사 앞에 쓰여서 마땅히 해야 하는 의무를 나타내요. 동희 씨가 应该를 쓴 것도 거리가 먼 명동은 지하철을 이용하는 것이 가장 좋다고 생각하여 마땅히 지하철을 타야함을 전달하기 위함이었어요. 应该는 조동사 要(yào, ~해야 한다)보다 마땅히 해야 하는 의무를 더 강하게 나타내는 조동사예요.

你 应该 报告 这件事。
Nǐ yīnggāi bàogào zhè jiàn shì.
당신은 ~해야 하다 보고하다 이 일을
당신은 이 일을 보고해야 해요.

● 应该(~해야 하다)의 부정형은 不应该(~해서는 안 되다)로 하지 말아야 하는 것을 나타낼 때 사용해요.

부정문
你 不应该 在这儿 跑。
Nǐ bù yīnggāi zài zhèr pǎo.
당신은 ~해서는 안 되다 여기에서 뛰다
당신은 여기에서 뛰어서는 안 돼요.

단어 尝 cháng 图 맛보다   火锅 huǒguō 图 샤브샤브   报告 bàogào 图 보고하다

3 교통수단을 탈 땐! 坐(zuò)(타다)

중국 여행객

那么在哪儿坐地铁? 그러면 어디에서 지하철을 타나요?
Nàme zài nǎr zuò dìtiě?

坐(zuò)는 기본적으로 '앉다'라는 뜻의 동사인데 지하철, 택시, 버스 등과 같이 들어가서 앉을 수 있는 교통수단 표현 앞에서 '타다'라는 뜻의 동사로도 사용돼요.

我们 坐 出租车 吧。 우리 택시 타자.
Wǒmen zuò chūzūchē ba.
우리는 타다 택시를 ~하자

● 동사 坐(타다)는 동사 去(가다)와 함께 坐A去(A를 타고 가다)라는 연동문으로 자주 쓰여요.

我们 已经 迟到了, 应该 坐 出租车 去。 우리는 이미 지각해서, 택시를 타고 가야 해.
Wǒmen yǐjing chídàole, yīnggāi zuò chūzūchē qù. (→ 두 개의 동사 坐와 去를 사용한 연동문이에요.)
우리는 이미 지각했다 ~해야 하다 타다 택시를 가다

➕ 플러스 포인트
자전거나 오토바이 또는 말과 같은 동물처럼 올라 타는 것에는 동사 坐(타다)가 아닌 骑(qí, 타다)를 사용해요.

露露 骑 自行车 去 公园。 루루는 자전거를 타고 공원에 가요.
Lùlu qí zìxíngchē qù gōngyuán.
루루는 타다 자전거를 가다 공원에

4 이쪽 저쪽을 말할 땐, 往(wǎng)(~쪽으로)

동희 씨

先一直往前走, 然后往右拐, 就可以到地铁站。
Xiān yìzhí wǎng qián zǒu, ránhòu wǎng yòu guǎi, jiù kěyǐ dào dìtiězhàn.
먼저 앞쪽으로 쭉 걸어가시다가, 그다음 오른쪽으로 꺾으시면, 바로 지하철역에 도착할 거예요.

往(wǎng)은 '~쪽으로'라는 뜻의 전치사로 이동하려는 방향을 나타낼 때 사용하며, '(주어) + 往 + 방향/장소 + 동사'의 형태로 써요. 주어를 명확히 알 수 있을 경우에는 생략할 수 있어요. 동희 씨가 주어(你) 없이 '往前走(앞쪽으로 걸어가시다가), 往右拐(오른쪽으로 꺾으시면)'라고 말한 것도 상대방(중국 여행객)에게 길을 안내함을 알 수 있기 때문이에요.

(你) 往 东边 走, 就 可以 到 银行。 (당신은) 동쪽으로 걸어가시면, 바로 은행에 도착할 수 있어요.
(Nǐ) wǎng dōngbian zǒu, jiù kěyǐ dào yínháng. (→ 주어가 你(당신)임이 명확할 경우 생략할 수 있어요.)
(당신은) ~쪽으로 동쪽 걸어가다 바로 ~할 수 있다 도착하다 은행에

请 往 那边 走。 저쪽으로 가세요.
Qǐng wǎng nàbiān zǒu.
~하세요 ~쪽으로 저쪽 가다

단어 出租车 chūzūchē 몡 택시 | 迟到 chídào 통 지각하다 | 自行车 zìxíngchē 몡 자전거 | 银行 yínháng 몡 은행 | 那边 nàbiān 때 저쪽

확장표현으로 중국어 자동발사

🎧 Day07_확장표현.mp3

다양한 **교통수단과 타는 장소** 표현을 함께 익혀보아요. (빈칸에 아래 단어를 하나씩 넣어서 읽어보세요.)

A: 那么在哪儿坐_____? 그러면 어디에서 _____을/를 타나요?
　 Nàme zài nǎr zuò _____?

B: 一直往前走，就可以到_____。
　 Yīzhí wǎng qián zǒu, jiù kěyǐ dào _____.
　 앞쪽으로 쭉 걸어가시면, 바로 _____에 도착할 거예요.

地铁
dìtiě
지하철

地铁站
dìtiězhàn
지하철역

火车
huǒchē
기차

火车站
huǒchēzhàn
기차역

高铁
gāotiě
고속열차

高铁站
gāotiězhàn
고속열차역

出租车
chūzūchē
택시

出租车站
chūzūchēzhàn
택시 정류장

公共汽车
gōnggòngqìchē
버스

公共汽车站
gōnggòngqìchēzhàn
버스 정류장

飞机
fēijī
비행기

飞机场
fēijīchǎng
공항

船
chuán
배

港口
gǎngkǒu
항구

지도를 보면서 往(~쪽으로)을 사용한 길 안내 표현을 함께 익혀보아요.

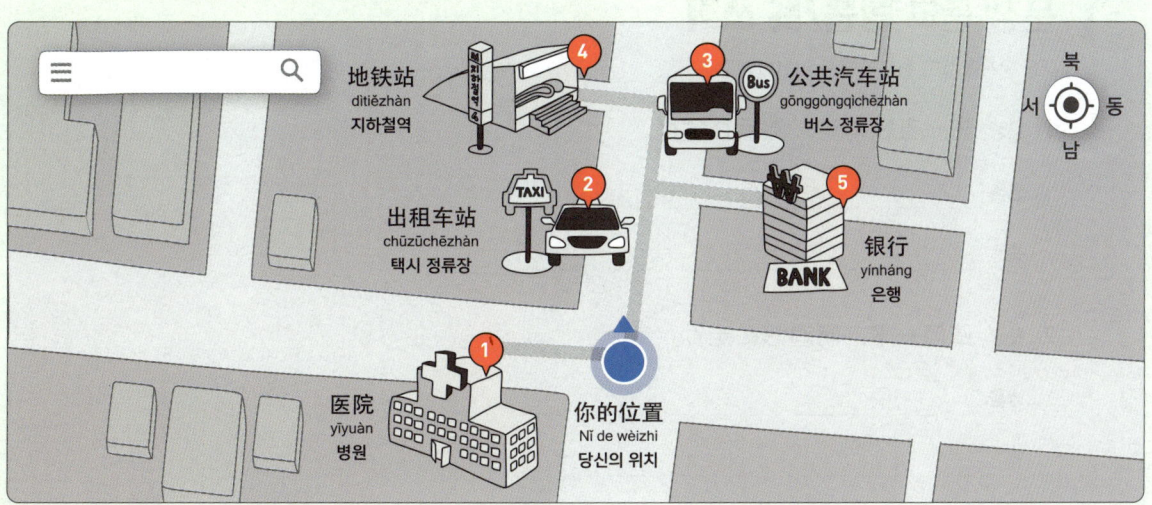

길 안내 표현과 往(~쪽으로)

往西走
wǎng xī zǒu
서쪽으로 걸어가다

① 往西走, 就可以到医院。
Wǎng xī zǒu, jiù kěyǐ dào yīyuàn.
서쪽으로 걸어가면, 바로 병원에 도착할 거예요.

往前走
wǎng qián zǒu
앞쪽으로 걸어가다

② 往前走, 就可以到出租车站。
Wǎng qián zǒu, jiù kěyǐ dào chūzūchēzhàn.
앞쪽으로 걸어가면, 바로 택시 정류장에 도착할 거예요.

往北走
wǎng běi zǒu
북쪽으로 걸어가다

③ 一直往北走, 可以到公共汽车站。
Yìzhí wǎng běi zǒu, kěyǐ dào gōnggòngqìchēzhàn.
북쪽으로 쭉 걸어가면, 버스 정류장에 도착할 거예요.

往左拐
wǎng zuǒ guǎi
왼쪽으로 꺾다

④ 先一直往前走, 然后往左拐, 可以到地铁站。
Xiān yìzhí wǎng qián zǒu, ránhòu wǎng zuǒ guǎi, kěyǐ dào dìtiězhàn.
먼저 앞쪽으로 쭉 걸어가다가, 그다음 왼쪽으로 꺾으면, 지하철역에 도착할 거예요.

往右拐
wǎng yòu guǎi
오른쪽으로 꺾다

⑤ 先一直往前走, 然后往右拐, 可以到银行。
Xiān yìzhí wǎng qián zǒu, ránhòu wǎng yòu guǎi, kěyǐ dào yínháng.
먼저 앞쪽으로 쭉 걸어가다가, 그다음 오른쪽으로 꺾으면, 은행에 도착할 거예요.

연습문제로 실력다지기 🎧 Day07_연습문제.mp3

🎧 연습문제 바로 듣기

1 문장 듣고 **병음/뜻 쓰기**

다음 문장을 듣고 병음과 뜻을 써보세요.

1) **문장** 先一直往前走，然后往右拐。

   병음 _____

   뜻 _____

2) **문장** 请问一下，明洞怎么走?

   병음 _____

   뜻 _____

3) **문장** 我也正好要去那儿。

   병음 _____

   뜻 _____

2 문장 듣고 **일치/불일치 판단하기** (HSK 3, 4급 듣기 대비 유형)

들려주는 문장의 내용과 제시된 문장의 내용이 일치하면 ✓, 불일치하면 ✗를 체크하세요.

1) 我打算去明洞。　　　　　　　(　　)
   Wǒ dǎsuan qù Míngdòng.

2) 我们应该去火车站。　　　　　(　　)
   Wǒmen yīnggāi qù huǒchēzhàn.

3 대화 듣고 **질문에 알맞은 보기 고르기** (HSK 3, 4급 듣기 대비 유형)

들려주는 대화를 듣고 질문에 알맞은 보기를 고르세요.

ⓐ 地铁站　　ⓑ 飞机场　　ⓒ 港口

정답 p.298

4 단어 채우기 (HSK 3급 쓰기 대비 유형)

제시된 병음에 알맞은 단어를 괄호 안에 채워 문장을 완성해보세요.

1) 露露(qí)自行车去公园。　　　　루루는 자전거를 타고 공원에 가요.
   Lùlu　　　zìxíngchē qù gōngyuán.

2) 你不应该在这儿(pǎo)。　　　　당신은 여기에서 뛰어서는 안 돼요.
   Nǐ bù yīnggāi zài zhèr.

5 대화 완성하기 (HSK 3급 독해 대비 유형)

빈칸에 알맞은 문장을 채워 대화를 완성해보세요.

> 你应该坐地铁去。
> Nǐ yīnggāi zuò dìtiě qù.

> 谢谢您的帮助。
> Xièxie nín de bāngzhù.

> 一直往前走，就可以到港口。
> Yìzhí wǎng qián zǒu, jiù kěyǐ dào gǎngkǒu.

1) A: 那么在哪儿坐船？　　　　그러면 어디에서 배를 타나요?
   　　Nàme zài nǎr zuò chuán?

   B: _____　　　앞쪽으로 쭉 걸어가시면, 바로 항구에 도착할 거예요.

2) A: 明洞怎么走？　　　　명동은 어떻게 가나요?
   　　Míngdòng zěnme zǒu?

   B: _____　　　지하철을 타고 가셔야 해요.

6 문장 완성하기 (HSK 3, 4급 쓰기 대비 유형)

제시된 단어를 중국어 어순에 맞게 배열하여 문장을 완성해보세요.

1) 西　　就　　到　　医院　　往　　可以　　走
   xī　　jiù　　dào　　yīyuàn　　wǎng　　kěyǐ　　zǒu

   _____。　서쪽으로 걸어가면, 바로 병원에 도착할 거예요.

2) 走　　出租车站　　可以　　就　　到　　前　　往
   zǒu　　chūzūchēzhàn　　kěyǐ　　jiù　　dào　　qián　　wǎng

   _____。　앞쪽으로 걸어가면, 바로 택시 정류장에 도착할 거예요.

정답 p.298

간체자 쓰기

제시된 HSK 단어 및 주요 핵심 단어의 간체자와 병음을 또박또박 써보세요.

拐 guǎi 拐拐拐拐拐拐 ⑧ 꺾다, 방향을 바꾸다

HSK 2급
往 wǎng 往往往往往往往 ㉠ ~쪽으로

HSK 3급
站 zhàn 站站站站站站站站站 ⑲ 역

HSK 3급
应该 yīng gāi 应应应应应应 / 该该该该该该该该 ㉣ ~해야 하다

HSK 3급
一直 yì zhí 直直直直直直直直 ㉩ 쭉, 곧바로

HSK 3급
地铁 dì tiě
地地地地地
铁铁铁铁铁铁铁铁铁铁
명 지하철

火车 huǒ chē
火火火火
车车车车
명 기차

HSK 1급
飞机 fēi jī
飞飞飞
机机机机机机
명 비행기

HSK 1급
出租车 chū zū chē
出出出出出
租租租租租租租租租
车车车车
명 택시

HSK 2급
公共汽车 gōng gòng qì chē
公公公公
共共共共共共
汽汽汽汽汽汽
车车车车
명 버스

루루와 떠나는 중국 문화 여행

동방에서 가장 아름다운 진주가 상하이에 있다!

그 어디에서도 볼 수 없는 가장 아름다운 진주가 중국 상하이에 있어요. 이 얘기를 듣고 여러분은 혹시 박물관 안에 유리 막으로 보호되어 있는 진주를 상상하셨나요? 사실 이 진주는 진짜 진주가 아니라 바로 상하이의 랜드마크인 '동방명주'(东方明珠, Dōngfāngmíngzhū)를 말하는 것이랍니다! 동방명주는 동방명주라는 미디어 그룹의 방송 수신탑인데, 동그란 진주가 두 개 있는 것 같은 모양이어서 '동방의 진주'라는 뜻의 '동방명주'라고 이름을 지은 거예요.

> 사실 이 진주는 진짜 진주가 아니라 바로 상하이의 랜드마크인 '동방명주'(东方明珠, Dōngfāngmíngzhū)를 말하는 것이랍니다!

아름다워서 시선을 단번에 빼앗기게 돼요! 동방명주의 높이는 468m이고, 세계의 높은 송신탑 5위 안에 들어요. 사실 2008년까지만 해도 동방명주는 상하이에서 가장 높은 건물이었는데 상하이 금융센터(사진 중간)와 상하이 타워(사진 맨 오른쪽)를 세우면서 1위 자리를 내어주게 되었어요. 상하이에 가면 이 세 건물의 높이를 꼭 비교해보세요! 병따개 같은 모양의 상하이 금융센터에서 보는 동방명주의 야경도 정말 아름답답니다. 아 참! 그런데 동방명주 안에서는 동방명주를 볼 수 없다는 거, 아시죠?!

상하이에서 이 동방명주를 보려면 '와이탄'(外滩, Wài tān)이라는 곳으로 가면 돼요. 와이탄은 상하이의 명동이라 불리는 난징루(南京路, Nánjīnglù)에서 조금 걸어가면 되는데, 와이탄을 향해 걷다 보면 위 사진에서처럼 눈앞에 동방명주의 멋진 모습이 갑자기 짠 나타난답니다! 정말 생각하지 못한 때에 나타나는데 너무나

🎧 바로 쓰는 초보 여행 중국어

동방명주를 보러 갈 때

🎧 바로 듣고 따라하기

1. 난징루에 가려면 어느 역에서 내려야 하죠?
   去南京路，我要在哪个站下？
   Qù Nánjīnglù, wǒ yào zài nǎ ge zhàn xià?

2. 말 좀 물을게요. 와이탄에 어떻게 가나요?
   请问一下，外滩怎么走？
   Qǐngwèn yíxià, Wàitān zěnme zǒu?

3. 동방명주를 보려는데 어느 쪽으로 가야 하나요?
   我想看东方明珠，往哪儿走？
   Wǒ xiǎng kàn Dōngfāngmíngzhū, wǎng nǎr zǒu?

DAY 08

저는 매우 잘 지냅니다!
我过得挺好的!
Wǒ guò de tǐng hǎo de!

바로 듣고 따라하기

술어의 정도나 상태를 나타내는 정도보어를 학습하고, 기분을 묻고 답하는 표현도 함께 익혀보아요.

신입사원 이동희의 성장!

초보 단어 미리보기

过 guò 图 지내다	干 gàn 图 일을 하다	开心 kāixīn 图 기쁘다
怎么样 zěnmeyàng 어떻다, 어떠하다	这么 zhème 대 이렇게	…极了 …jíle 너무너무 ~하다
挺 tǐng 图 매우, 꽤	报告 bàogào 몡 보고서	帮忙 bāngmáng 图 도움을 주다
听说 tīngshuō 图 듣자 하니	感动 gǎndòng 图 감동하다	下次 xiàcì 몡 다음 번
最近 zuìjìn 몡 요즘, 최근	心情 xīnqíng 몡 기분	

STEP 1

실전회화로 말문트기

🎧 Day08_실전회화_듣기/따라읽기.mp3   🎧 Day08_실전회화_드라마.mp3

듣기 mp3로 먼저 들어본 후 따라읽기 mp3로 따라서 말해보세요.

김 사장: 你是李东喜，对吧? 过得怎么样?
Nǐ shì Lǐ Dōngxǐ, duì ba? Guò de zěnmeyàng?
이동희 씨, 맞죠? 어떻게 지냈나요?

过得怎么样?(어떻게 지냈나요?)은 안부를 물을 때 자주 쓰는 표현이므로 꼭 알아두세요.

동희 씨: 我过得挺好的!
Wǒ guò de tǐng hǎo de!
저는 매우 잘 지냅니다!

挺好的(잘)는 술어 过(지내다)의 상태를 나타내는 정도보어예요. 挺은 '매우'라는 뜻의 정도부사로 '挺…的' 형태로 사용돼요.

김 사장: 听张科长说，你最近干得很好。
Tīng Zhāng kēzhǎng shuō, nǐ zuìjìn gàn de hěn hǎo.
장 과장에게 듣자 하니, 요즘 잘 하고 있다더군요.

很好(잘)는 술어 干(일을 하다)의 상태를 나타내는 정도보어예요. 得는 동사 술어와 정도보어를 연결하는 조사예요.

동희 씨: 谢谢您这么说。
Xièxie nín zhème shuō.
그렇게 말씀해주셔서 감사합니다.

중국어로 '그렇게 말하다'는 这么说라고 해요. 那么说라고 하지 않아요.

김 사장: 我昨天看了你写的报告，
Wǒ zuótiān kànle nǐ xiě de bàogào,
어제 동희 씨가 쓴 보고서 봤는데,

我太感动了。你现在心情怎么样?
wǒ tài gǎndòng le. Nǐ xiànzài xīnqíng zěnmeyàng?
정말 감동했어요. 지금 기분 어때요?

你写는 '네가 쓰다'라는 뜻인데 뒤에 的가 있어서 '네가 쓴'이라는 뜻이 되었어요.

동희 씨: 我开心极了! 张科长帮了我的忙。
Wǒ kāixīn jíle! Zhāng kēzhǎng bāngle wǒ de máng.
너무너무 기쁩니다! 장 과장님이 도와주셨어요.

帮忙(돕다)이 이합동사이므로, 동사 帮 다음에 동태조사 了를 쓰고, 목적어 역할의 忙 앞에 관형어 我的를 써서 '나를 도왔다'라는 뜻이 되었어요.

김 사장: 你写一下下次的报告，好不好?
Nǐ xiě yíxià xiàcì de bàogào, hǎo bu hǎo?
동희 씨가 다음 번 보고서도 좀 써보는 게 어때요?

동희 씨: 好的!
Hǎo de!
좋습니다!

* <중국어 말문트기 워크북>으로 말하기를 집중 훈련하면 실전회화가 저절로 자동발사돼요.

STEP 2
기초어법으로 내공쌓기 🎧 Day08_기초어법.mp3

1 술어의 정도를 보충하는, 술어 + 得(de) + 정도보어

동희 씨

我过得挺好的! 저는 매우 잘 지냅니다!
Wǒ guò de tǐng hǎo de!

중국어에서 보어란 술어로 쓰인 동사나 형용사 뒤에 쓰여 의미를 보충해주는 말이에요. 그중 술어 뒤에서 동작이나 상태의 정도를 보충해주는 말을 정도보어라고 해요. 정도보어는 '술어 + 得(de)' 뒤에서 (부사+)형용사가 주로 사용돼요. 得도 的 (de, ~의)처럼 말과 말 사이를 연결해주는 구조조사예요. 동희 씨의 말에서 挺好的(tǐng hǎo de, 매우 좋다)가 구조조사 得 뒤에서 정도보어로 쓰여, 술어 过(guò, 지내다)의 상태가 매우 좋음을 보충해주고 있어요.

| 得 정도보어문 | 주어 + 술어(동사/형용사) + 得 + 정도보어 | (주어)는 (정도보어) 하게/할 정도로 (술어)한다. |

● 동사 吃(chī, 먹다)에 대해 각기 다른 정도보어를 사용하여 먹는 상태를 다양하게 나타낼 수 있어요.

他 吃 得 很快。
Tā chī de hěn kuài.
그는 먹다 빠르게

그는 빠르게 먹어.
(= 그는 먹는데 빠르게 먹는다.)

他 吃 得 很慢。
Tā chī de hěn màn.
그는 먹다 느리게

그는 느리게 먹어.
(= 그는 먹는데 느리게 먹는다.)

他 吃 得 很香。
Tā chī de hěn xiāng.
그는 먹다 맛있게

그는 맛있게 먹어.
(= 그는 먹는데 맛있게 먹는다.)

他 吃 得 很饱。
Tā chī de hěn bǎo.
그는 먹다 배부르게

그는 배부르게 먹어.
(= 그는 먹는데 배부를 정도로 먹는다.)

● 술어가 형용사일 경우에는 부사 很(hěn, 매우)이 정도보어가 될 수 있어요.

她 开心 得 很。
Tā kāixīn de hěn.
그녀는 기쁘다 매우

그녀는 매우 기뻐.
(→ 형용사 开心(기쁘다)이 술어이므로 很을 정도보어로 써서 기쁜 정도가 매우 크다는 의미를 보충했어요.)

단어 得 de 조 ~하게, ~할 정도로 快 kuài 형 빠르다 慢 màn 형 느리다 香 xiāng 형 맛있다, 맛이 좋다

- 정도보어를 사용한 문장에 목적어가 있을 경우 목적어 뒤에 반드시 술어를 한 번 더 반복해서 '주어 + 술어 + 목적어 + 술어 + 得 + 정도보어'의 형태를 사용해야 해요.

목적어가 있는 경우
我 唱歌 唱 得 好。
Wǒ chànggē chàng de hǎo.
나는 노래를 부르다 부르다 잘하다

나는 **노래를 잘** 불러.
(→ 목적어 歌(노래) 뒤에 술어 唱(부르다)을 한 번 더 반복했어요.)

목적어가 없는 경우
我 唱 得 好。
Wǒ chàng de hǎo.
나는 부르다 잘하다

나는 (노래를) **잘** 불러.

- '술어 + 得 + 정도보어'의 문장을 부정형으로 만들 때에는 得 뒤에 不를 쓰면 돼요.

부정문
我 唱 得 不 好。
Wǒ chàng de bù hǎo.
나는 부르다 아니 잘하다

나는 잘 **못** 불러.

- '술어 + 得 + 정도보어'의 문장을 吗의문문으로 만들 때에는 문장 맨 끝에 吗?를 붙여주면 돼요.

吗의문문
你 唱 得 好 吗?
Nǐ chàng de hǎo ma?
너는 부르다 잘하다 ~니?

너는 잘 부르니?

- '술어 + 得 + 정도보어'의 문장을 정반의문문으로 만들 때에는 정도보어를 정반의문문으로 만들어주면 돼요.

정반의문문
你 唱 得 好不好?
Nǐ chàng de hǎo bu hǎo?
너는 부르다 잘하니 못하니?

너는 잘 부르니 못 부르니?

단어 唱 chàng 동 (노래를) 부르다

기초어법으로 내공쌓기

2 극(极)에 달할 정도로 너무, 형용사 + 极了(jíle) (너무너무 ~하다)

我开心极了!　　　너무너무 기쁩니다!
Wǒ kāixīn jíle!

형용사 뒤에 极了(jíle)를 붙이면 '너무너무 ~하다', '매우 ~하다'라는 뜻이 돼요. 동희 씨의 말에서도 형용사 开心(kāixīn, 기쁘다) 뒤에 极了가 붙어 '너무너무 기쁘다'라는 뜻이 되었어요. 极了의 极는 '극에 달하다'라는 뜻으로 很(hěn, 매우)이나 非常(fēicháng, 정말)보다 훨씬 더 강한 뉘앙스를 전달해요. '형용사 + 极了' 표현에서는 极了가 이미 형용사를 강조하고 있기 때문에 很이나 非常과 같은 정도부사와 함께 쓸 수 없어요.

我的 女朋友 漂亮 极了。　　　내 여자친구는 **너무너무** 예뻐.
Wǒ de nǚpéngyou piàoliang jíle.
나의　여자친구는　예쁘다　너무너무

我 今天 高兴 极了。　　　나는 오늘 **너무너무** 기뻐.
Wǒ jīntiān gāoxìng jíle.
나는　오늘　기쁘다　너무너무

今天的 料理 好吃 极了。　　　오늘의 요리가 **너무너무** 맛있어.
Jīntiān de liàolǐ hǎochī jíle.
오늘의　요리가　맛있다　너무너무

今天的 料理 很 好吃 极了。　(X)　오늘의 요리가 **매우 너무너무** 맛있어.
(→ 很(매우)과 极了(너무너무 ~하다)를 함께 써서 틀린 문장이에요.)

단어　料理 liàolǐ 명 요리

3 주어 + 동사 + 的(de) (주어가 ~한)

김 사장

我昨天看了你写的报告。
Wǒ zuótiān kànle nǐ xiě de bàogào.

어제 당신(동희 씨)이 쓴 보고서 봤어요.

'주어 + 동사' 형태도 的(de) 앞에 와서 관형어로 쓰일 수 있는데, 이런 경우에는 '주어가 ~한'이라는 뜻이 돼요. 김 사장의 말에서는 你写(nǐ xiě)가 的 앞에서 관형어로 쓰여 '당신이 쓴'이라는 뜻이 되었어요.

这 是 我 买的 牛奶。
Zhè shì wǒ mǎi de niúnǎi.
이것은 ~이다 내가 산 우유

이것은 내가 산 우유예요.

● 的 앞의 '주어 + 동사'에서 주어가 누구인지 명확하게 아는 경우에는 주어를 생략할 수 있어요.

这 是 今天 (我) 买的 牛奶。
Zhè shì jīntiān (wǒ) mǎi de niúnǎi.
이것은 ~이다 오늘 (내가) 산 우유

이것은 오늘 (내가) 산 우유예요.
(→ 내가 산 우유임을 알 경우 주어 我(나)를 생략할 수 있어요.)

➕ 플러스 포인트

명사, 형용사, '동사 + 목적어'도 구조조사 的 앞에 와서 관형어로 쓰일 수 있어요.

명사 + 的
(~의)

这 是 我的 手机。
Zhè shì wǒ de shǒujī.
이것은 ~이다 나의 핸드폰

이것은 나의 핸드폰이에요.

那 是 爸爸的 衣服。
Nà shì bàba de yīfu.
그것은 ~이다 아빠의 옷

그것은 아빠의 옷이에요.

형용사 + 的
(~한)

我 买了 漂亮的 手机。
Wǒ mǎile piàoliang de shǒujī.
나는 샀다 예쁜 핸드폰을

나는 예쁜 핸드폰을 샀어.

我 有 一件 可爱的 衣服。
Wǒ yǒu yí jiàn kě'ài de yīfu.
나는 ~이 있다 한 벌의 귀여운 옷

나는 귀여운 옷이 한 벌 있어.

동사 + 목적어 + 的
(~을 ~한)

参加 比赛 的 学生 多 吗?
Cānjiā bǐsài de xuésheng duō ma?
참가하다 경기에 ~한 학생이 많다 ~인가요?

경기에 참가한 학생이 많은가요?

단어 可爱 kě'ài 형 귀엽다   比赛 bǐsài 명 경기

STEP 3
확장표현으로 중국어 자동발사

🎧 Day08_확장표현.mp3

자주 쓰이는 술어 + 得 + 정도보어 표현을 吗의문문, 정반의문문, 긍정문, 부정문으로 익혀보아요.

술어 + 得 + 정도보어
de
~하는데 ~하게 하다

过得好
guò de hǎo
잘 지내다(지내는데 잘 지낸다)

1 你过得好吗? 넌 잘 지내니?
　Nǐ guò de hǎo ma?

2 你过得好不好? 넌 잘 지내니 못 지내니?
　Nǐ guò de hǎo bu hǎo?

3 我过得好。 난 잘 지내.
　Wǒ guò de hǎo.

4 我过得不好。 난 잘 못 지내.
　Wǒ guò de bù hǎo.

跑得快
pǎo de kuài
빠르게 달리다(달리는데 빠르게 달린다)

1 他跑得快吗? 그는 빠르게 달리니?
　Tā pǎo de kuài ma?

2 他跑得快不快? 그는 빠르게 달리니 빠르게 달리지 못하니?
　Tā pǎo de kuài bu kuài?

3 他跑得快。 그는 빠르게 달려.
　Tā pǎo de kuài.

4 他跑得不快。 그는 빠르게 달리지 못해.
　Tā pǎo de bú kuài.

吃得香
chī de xiāng
맛있게 먹다(먹는데 맛있게 먹는다)

1 她吃得香吗? 그녀는 맛있게 먹니?
　Tā chī de xiāng ma?

2 她吃得香不香? 그녀는 맛있게 먹니 맛있게 안 먹니?
　Tā chī de xiāng bu xiāng?

3 她吃得香。 그녀는 맛있게 먹어.
　Tā chī de xiāng.

4 她吃得不香。 그녀는 맛있게 안 먹어.
　Tā chī de bù xiāng.

起得早
qǐ de zǎo
일찍 일어나다(일어나는데 일찍 일어난다)

1 她们起得早吗? 그녀들은 일찍 일어나니?
　Tāmen qǐ de zǎo ma?

2 她们起得早不早? 그녀들은 일찍 일어나니 일찍 안 일어나니?
　Tāmen qǐ de zǎo bu zǎo?

3 她们起得早。 그녀들은 일찍 일어나.
　Tāmen qǐ de zǎo.

4 她们起得不早。 그녀들은 일찍 안 일어나.
　Tāmen qǐ de bù zǎo.

长得帅
zhǎng de shuài
잘생기다(생겼는데 멋지게 생기다)

1 他们长得帅吗? 그들은 잘생겼니?
　Tāmen zhǎng de shuài ma?

2 他们长得帅不帅? 그들은 잘생겼니 잘생기지 않았니?
　Tāmen zhǎng de shuài bu shuài?

3 他们长得帅。 그들은 잘생겼어.
　Tāmen zhǎng de shuài.

4 他们长得不帅。 그들은 잘생기지 않았어.
　Tāmen zhǎng de bú shuài.

다양한 **감정 표현**을 기분을 묻는 질문과 **极了**(너무너무 ~하다)를 사용한 답변으로 익혀보아요. (빈칸에 아래 단어를 하나씩 넣어서 읽어보세요.)

감정 표현과 极了
jíle
너무너무 ~하다

A: 现在心情怎么样? 지금 기분 어때요?
　　Xiànzài xīnqíng zěnmeyàng?

B: 我_____极了。 저는 너무너무 _____요.
　　Wǒ _____ jíle.

舒服
shūfu
편안하다

感动
gǎndòng
감동하다

幸福
xìngfú
행복하다

紧张
jǐnzhāng
긴장되다

郁闷
yùmèn
우울하다

害怕
hàipà
두렵다, 겁나다

당황할 때 자주 쓰는 '깜짝이야!'와 '오 마이 갓!'을 중국어로 말해보아요.

吓我一跳!
Xià wǒ yí tiào!
깜짝이야!

我的天啊!
Wǒ de tiān a!
오 마이 갓!

DAY 08 저는 매우 잘 지냅니다! **我过得挺好的!**

연습문제로 실력다지기 🎧 Day08_연습문제.mp3

🎧 연습문제 바로 듣기

1 문장 듣고 **병음/뜻 쓰기**

다음 문장을 듣고 병음과 뜻을 써보세요.

1) **문장** 过得怎么样?

   병음 _____

   뜻 _____

2) **문장** 你最近干得很好。

   병음 _____

   뜻 _____

3) **문장** 我昨天看了你写的报告。

   병음 _____

   뜻 _____

2 문장 듣고 **일치/불일치 판단하기** (HSK 3, 4급 듣기 대비 유형)

들려주는 문장의 내용과 제시된 문장의 내용이 일치하면 ✓, 불일치하면 ✗를 체크하세요.

1) 我唱歌唱得很好。　　　　　(　　)
   Wǒ chànggē chàng de hěn hǎo.

2) 料理很好吃。　　　　　　　(　　)
   Liàolǐ hěn hǎochī.

3 대화 듣고 **질문에 알맞은 보기 고르기** (HSK 3, 4급 듣기 대비 유형)

들려주는 대화를 듣고 질문에 알맞은 보기를 고르세요.

ⓐ 害怕　　　ⓑ 舒服　　　ⓒ 开心

정답 p.299

4 단어 채우기 (HSK 3급 쓰기 대비 유형)

제시된 병음에 알맞은 단어를 괄호 안에 채워 문장을 완성해보세요.

1) 我(　　jǐn　　)张极了。 저는 너무너무 긴장돼요.
   Wǒ　　　zhāng jíle.

2) 他们(　　zhǎng　　)得帅。 그들은 잘생겼어.
   Tāmen　　　de shuài.

5 대화 완성하기 (HSK 3급 독해 대비 유형)

빈칸에 알맞은 문장을 채워 대화를 완성해보세요.

> 我过得挺好的。　　这是我买的牛奶。　　我幸福极了。
> Wǒ guò de tǐng hǎo de.　Zhè shì wǒ mǎi de niúnǎi.　Wǒ xìngfú jíle.

1) A: 现在心情怎么样? 지금 기분 어때요?
   Xiànzài xīnqíng zěnmeyàng?

   B: _____ 저는 너무너무 행복해요.

2) A: 你最近过得怎么样? 당신 요즘 어떻게 지냈나요?
   Nǐ zuìjìn guò de zěnmeyàng?

   B: _____ 저는 매우 잘 지냅니다.

6 문장 완성하기 (HSK 3, 4급 쓰기 대비 유형)

제시된 단어를 중국어 어순에 맞게 배열하여 문장을 완성해보세요.

1) 买的　　今天　　牛奶　　这是
   mǎi de　　jīntiān　　niúnǎi　　zhè shì

   _____。 이것은 오늘 산 우유예요.

2) 可爱　　有　　一件　　的　　我　　衣服
   kě'ài　　yǒu　　yí jiàn　　de　　wǒ　　yīfu

   _____。 나는 귀여운 옷이 한 벌 있어.

간체자 쓰기

제시된 HSK 단어 및 주요 핵심 단어의 간체자와 병음을 또박또박 써보세요.

HSK 2급

得 de — 得得得得得得得得得得得 ㈜ ~하게, ~할 정도로

HSK 2급

快 kuài — 快快快快快快快 ㈜ 빠르다

早 zǎo — 早早早早早早 ㈜ (때가) 이르다

极了 jí le — 极极极极极极极 / 了了 너무너무 ~하다

HSK 3급

最近 zuì jìn — 最最最最最最最最最最最 / 近近近近近近近近 ㈜ 요즘, 최근

HSK 3급

舒服
shū fu

舒舒舒舒舒舒舒舒舒舒
服服服服服服服

형 편안하다

HSK 3급

害怕
hài pà

害害害害害害害害害害
怕怕怕怕怕怕怕

동 두렵다, 겁나다

HSK 4급

感动
gǎn dòng

感感感感感感感感感感感感感
动动动动动动

동 감동하다

HSK 4급

开心
kāi xīn

开开开开
心心心心

형 기쁘다

HSK 3급

比赛
bǐ sài

比比比比
赛赛赛赛赛赛赛赛赛赛赛赛

명 경기

루루와 떠나는 중국 문화 여행

중국의 국민 간식은?

제가 한국에 와서 가장 많이 먹은 간식은 뻥튀기예요. 입이 심심할 때마다 찾게 되더라고요. 중국에서도 매일 먹는 간식이 있는데 그건 바로 '해바라기씨'(瓜子, guāzǐ)예요.

> 중국에서도 매일 먹는 간식이 있는데 그건 바로 '해바라기씨'(瓜子, guāzǐ)예요.

해바라기씨는 중국의 국민 간식이라 할 수 있을 정도로 많이 먹어요. 집에서는 수시로 먹고 어디 멀리 가게 되면 꼭 챙겨 가요. 특히 기차로 오래 이동할 때에는 쉴 새 없이 해바라기씨 껍질을 까먹으면서 이야기를 나눠요. 해바라기씨 껍질은 보통 앞니를 이용해서 까는데 중국 사람들은 하도 자주 먹다 보니 1초면 껍질을 까요. 너무 자주 까먹다 보니 앞니가 갈라지기도 하고요. 중국인들의 이러한 해바라기씨 사랑 때문에 "중국 사람들이 가고 난 자리에는 해바라기씨만 가득하다"라는 농담도 생겼어요. 해바라기씨를 먹는 것은 중국의 명청시대 이전부터 유행했어요. 북방 지역에서부터 유행이 시작되었는데 그

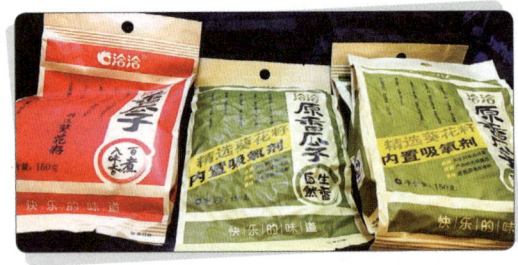

이유는 북방지역의 농촌 사람들이 농사일이 줄어든 춥고 긴 겨울 동안 무료한 시간을 달래기 위해 집에서 해바라기씨 까먹는 것을 즐겼기 때문이에요. 북방 지역에서는 해바라기씨와 관련된 책도 발견될 정도예요. 해바라기씨가 국민 간식인 만큼 중국의 어디를 가든 시장이나 편의점에서 쉽게 구매할 수 있어요. 여러분도 중국에 가면 해바라기씨를 꼭 드셔보세요. 처음에는 까먹기가 어렵지만 계속 까먹다 보면 해바라기씨 까기의 달인이 되어 있을 거예요.

바로 쓰는 초보 여행 중국어

해바라기씨를 사고 먹을 때

1 해바라기씨 있어요?
有瓜子吗?
Yǒu guāzǐ ma?

2 해바라기씨 얼마예요?
瓜子多少钱?
Guāzǐ duōshao qián?

3 이거 맛있는데요!
这个很好吃啊!
Zhè ge hěn hǎochī a!

4 해바라기씨 너무너무 맛있네요!
瓜子好吃极了!
Guāzǐ hǎochī jíle!

바로 듣고 따라하기

DAY 09

자료 준비 잘 됐나요?
资料准备好了吗?
Zīliào zhǔnbèi hǎo le ma?

바로 듣고 따라하기

동사 술어 다음에 사용되어 동작의 결과를 보충해주는 형용사 결과보어와 동사 결과보어를 익혀보아요.

초보 단어 미리보기

- 资料 zīliào 명 자료
- 准备 zhǔnbèi 동 준비하다
- 完 wán 동 끝나다
- 清楚 qīngchu 형 분명하다, 뚜렷하다
- 再 zài 부 다시
- 给 gěi 전 ~에게
- 从…到… cóng… dào… ~부터 ~까지
- 上班 shàngbān 동 출근하다
- 可能 kěnéng 부 아마도

STEP 1
실전회화로 말문트기

🎧 Day09_실전회화_듣기/따라읽기.mp3　🎧 Day09_실전회화_드라마.mp3

듣기 mp3로 먼저 들어본 후 따라읽기 mp3로 따라서 말해보세요.

장 과장

东喜, 资料准备好了吗?
Dōngxǐ, zīliào zhǔnbèi hǎo le ma?
동희 씨, 자료 준비 잘 됐나요?

동사 准备(준비하다) 다음에 형용사 好를 '잘 끝내다'라는 뜻의 결과보어로 써서 준비를 잘 끝냈는지 묻고 있어요.

동사 准备(준비하다) 다음에 동사 完(끝나다)을 결과보어로 써서 준비하는 동작이 모두 끝났음을 나타냈어요.

我还没准备完。　아직 준비가 다 안 끝났습니다.
Wǒ hái méi zhǔnbèi wán.

동희 씨

장 과장

什么时候能做完?　언제쯤 끝낼 수 있나요?
Shénme shíhou néng zuò wán?

동사 做(하다) 다음에 동사 完(끝나다)을 결과보어로 써서 하는 동작이 끝나는 것이 언제인지를 묻고 있어요.

不太(그다지 ~하지 않다)와 清楚(분명하다)를 같이 쓰면 '잘 모르겠습니다'라는 뜻의 표현이 돼요.

不太清楚。我明天再给您说, 可以吗?
Bú tài qīngchu. Wǒ míngtiān zài gěi nín shuō, kěyǐ ma?
잘 모르겠습니다. 제가 내일 다시 말씀드려도 될까요?

동희 씨

장 과장

我从明天到后天不上班。
Wǒ cóng míngtiān dào hòutiān bú shàngbān.
저 내일부터 모레까지 출근 안 하는데요.

从…到…(~부터 ~까지)로 시간의 길이를 나타냈어요.

可能(아마도)은 비교적 실현 가능성이 있는 일에 대한 추측을 나타내요.

啊, 可能今天晚上能做完。
À, kěnéng jīntiān wǎnshang néng zuò wán.
아, 아마도 오늘 저녁에는 끝낼 수 있을 것 같습니다.

동희 씨

장 과장

好吧。　좋아요.
Hǎo ba.

STEP 2
기초어법으로 내공쌓기  Day09_기초어법.mp3

1 동작의 결과를 보충하는, 결과보어: 형용사, 동사

장 과장: 东喜, 资料准备**好**了吗? Dōngxǐ, zīliào zhǔnbèi hǎo le ma? — 동희 씨, 자료 준비 **잘 됐**나요?

우리말 '다 먹었다'라는 말은 먹는 동작을 했고 그 동작이 결과적으로 다 끝났음을 나타내요. 중국어에서는 이러한 동작의 결과나 동작 완료 이후의 상태를 나타내기 위해 동사 술어 다음에 형용사나 동사를 붙여서 결과보어로 사용해요. 장 과장의 말에서는 동사 准备(zhǔnbèi, 준비하다) 뒤에 형용사 好(hǎo)를 '잘 끝내다'라는 뜻의 결과보어로 써서 준비하는 동작이 성공적으로 완료되었는지를 묻고 있어요.

[자주 쓰이는 형용사 결과보어]
형용사 결과보어는 동작이 완료된 이후의 상태를 나타내기 때문에 동작의 완료를 나타내는 동태조사 了와 함께 자주 쓰여요.

형용사 결과보어	의미	예문	
好 hǎo 잘 끝내다	동작이 성공적으로 완료됨	我 睡 好 了。 Wǒ shuì hǎo le. 나는 자다 잘 끝내다 ~했다	나는 **잘 잤**어. (→ 자는 동작이 성공적으로 완료됨)
对 duì 맞다	동작의 결과가 맞음	我 写 对 了 汉字。 Wǒ xiě duì le Hànzì. 나는 쓰다 맞다 ~했다 한자를	내가 한자를 **맞게 썼**어. (→ 쓴 결과가 맞음)
错 cuò 틀리다	동작의 결과가 틀림	你 看 错 了。 Nǐ kàn cuò le. 당신은 보다 틀리다 ~했다	당신이 **잘못 봤**어요. (→ 본 결과가 틀림)
光 guāng 하나도 없다	동작의 결과 조금도 남은 것이 없음	我们 吃 光 了 火锅。 Wǒmen chī guāng le huǒguō. 우리는 먹다 하나도 없다 ~했다 샤브샤브를	우리는 샤브샤브를 **다 먹어 치웠**다. (→ 먹은 결과 싹 다 비움)
清楚 qīngchu 분명하다	동작의 결과가 분명함	你 说 清楚 点儿 吧。 Nǐ shuō qīngchu diǎnr ba. 너는 말하다 분명하다 조금 ~해 봐	조금 **분명하게 말해**봐. (→ 말한 결과가 분명하도록 요구함)

● 결과보어는 이미 완료된 동작을 나타내므로 부정형은 동사 앞에 没(有)를 써야 해요.

부정문 我 没(有) 做 好 作业。
        Wǒ méi(yǒu) zuò hǎo zuòyè.
        나는 못하다 하다 잘 끝내다 숙제를
나는 숙제를 **잘 하지 못했**어.
(→ 숙제를 했는데 성공적으로 완료하지 못함)

부정문 我 没(有) 听 清楚 你说的。
        Wǒ méi(yǒu) tīng qīngchu nǐ shuō de.
        나는 못하다 듣다 분명하다 네가 말한 것을
나는 네가 말한 것을 **정확히 듣지 못했**어.
(→ 들은 결과가 분명하지 못함)

단어 睡 shuì 동 자다   汉字 Hànzì 고유 한자

동희 씨

我还没准备完。 아직 준비가 다 안 **끝났습니다**.
Wǒ hái méi zhǔnbèi wán.

동사 술어 다음에 동사를 결과보어로 사용하여 동작의 결과를 나타낼 수 있어요. 동희 씨의 말에서는 동사 **准备**(zhǔnbèi, 준비하다) 뒤에 동사 **完**(wán, 끝나다)을 결과보어로 써서 준비하는 동작이 끝났음을 나타냈어요.

[자주 쓰이는 동사 결과보어]
동사 결과보어는 동작의 결과를 나타내기 때문에 동작의 완료를 나타내는 동태조사 **了**와 함께 자주 쓰여요.

동사 결과보어	의미	예문	
完 wán 끝나다	동작하는 행위가 끝남	我 做 完 了。 Wǒ zuò wán le. 나는 하다 끝나다 ~했다	나는 **다 했어**. (→ 하던 동작을 끝냄)
见 jiàn 느껴지다	동작의 결과 시각이나 청각으로 감지하게 됨	我 看 见 了。 Wǒ kàn jiàn le. 나는 보다 느껴지다 ~했다	나는 **보았어**. (→ 보는데 시야에 들어옴)
懂 dǒng 이해하다	동작의 결과 이해하게 됨	我 听 懂 了 他说的话。 Wǒ tīng dǒng le tā shuō de huà. 나는 듣다 이해하다 ~했다 그가 한 말을	나는 그가 한 말을 **듣고 이해했어**. (→ 집중해서 듣고 그 결과 이해하게 됨)
到 dào 달성하다	동작의 결과 목적을 달성하게 됨	我 做 到 了。 Wǒ zuò dào le. 나는 하다 달성하다 ~했다	나는 **해냈어**. (→ 동작의 행위 결과 목적에 달성하게 됨)

* **到**는 '~까지'라는 뜻의 전치사 결과보어로도 사용될 수 있어요. 이는 DAY 10에서 자세히 공부하게 됩니다.

● 동사 결과보어를 사용한 문장도 이미 완료된 동작을 나타내므로 부정형은 동사 앞에 **没(有)**를 써야 해요.

부정문 **我 还 没(有) 看 完。** 저는 아직 **다 못** 봤어요.
Wǒ hái méi(yǒu) kàn wán. (→ 보는 동작을 못 끝냄)
나는 아직 못하다 보다 끝나다

단어 话 huà 몡 말

기초어법으로 내공쌓기

2 아마 그럴지도 몰라요, 부사 可能 kěnéng (아마도)

동희 씨

啊, 可能今天晚上能做完。
À, kěnéng jīntiān wǎnshang néng zuò wán.

아, **아마도** 오늘 저녁에는 끝낼 수 있을 것 같습니다.

可能(kěnéng, 아마도)은 실현 가능성이 높은 미래의 일이나 사실일 가능성이 높은 과거의 일을 추측할 때 사용할 수 있는 부사예요. 동희 씨는 오늘 저녁에 일을 끝낼 수 있을 것이라는 미래의 추측을 나타내기 위해 可能을 사용했어요. 부사 可能은 술어의 앞, 문장의 맨 앞, 다른 부사어의 앞이나 뒤 등 쓰이는 위치가 상당히 자유롭다는 것을 함께 알아두세요.

他 可能 结婚 了。
Tā kěnéng jiéhūn le.
그는 아마도 결혼하다 ~했다

그는 **아마도** 결혼했을 거야.

可能 她 明天 回来。
Kěnéng tā míngtiān huílai.
아마도 그녀는 내일 돌아오다

아마도 그녀는 내일 돌아올 거예요.

他 会 说汉语, 可能 在中国 留学 了。
Tā huì shuō Hànyǔ, kěnéng zài Zhōngguó liúxué le.
그는 할 줄 알다 중국어로 말하다 아마도 중국에서 유학하다 ~했다

그는 중국어를 할 줄 아는데, **아마도** 중국에서 유학했을 거야.

➕ 플러스 포인트

可能(kěnéng)은 '가능하다'라는 뜻의 형용사로도 쓰여요. 그리고 형용사 可能 앞에 부정부사 不(bù)를 붙인 不可能은 '불가능하다'라는 뜻의 형용사가 된답니다.

这 怎么 可能 呢?
Zhè zěnme kěnéng ne?
이것이 어떻게 가능하다 ~인가?

이게 어떻게 **가능**한가?

他们 不做 不可能的 事。
Tāmen bú zuò bù kěnéng de shì.
그들은 하지 않다 불가능한 일을

그들은 **불가능**한 일을 하지 않아.

단어 结婚 jiéhūn 图 결혼하다   留学 liúxué 图 유학하다   可能 kěnéng 图 가능하다

3. ~부터 ~까지, 从 A 到 B (A부터 B까지)

장 과장

我从明天到后天不上班。 저 내일부터 모레까지 출근 안 하는데요.
Wǒ cóng míngtiān dào hòutiān bú shàngbān.

从(cóng)은 '~부터'라는 뜻의 전치사로 출발점을 나타내고, 到(dào)는 '~까지'라는 뜻의 전치사로 도착점을 나타내요. 그래서 '从 A 到 B'는 'A부터 B까지'라는 의미를 나타낸답니다. 위 장 과장의 말 중 从明天到后天(내일부터 모레까지)처럼 시간의 범위를 나타내기도 하고, 전치사 从과 到 다음에 장소 명사를 사용하면 장소의 범위를 나타낼 수도 있어요. '从 A 到 B'는 전치사구 즉, 부사어이므로 술어 앞 특히 주어 바로 다음이나 문장 맨 앞에 자주 쓰여요.

我 从 今天 开始 到 下个星期 不 喝酒。
Wǒ cóng jīntiān kāishǐ dào xià ge xīngqī bù hē jiǔ.
나는 ~부터 오늘 시작하다 ~까지 다음 주 아니 술을 마시다

나는 오늘부터 시작해서 다음 주까지 술을 마시지 않겠어.

从 北京 到 上海 我们 应该 坐 高铁 去。
Cóng Běijīng dào Shànghǎi wǒmen yīnggāi zuò gāotiě qù.
~부터 베이징 ~까지 상하이 우리는 ~해야 하다 타다 고속열차를 가다

베이징부터 상하이까지 우리는 고속열차를 타고 가야 해.

➕ 플러스 포인트

从은 '~부터', 到는 '~까지'라는 뜻의 전치사로 각각 사용되기도 해요.

你 应该 从 这儿 坐 公共汽车 去。
Nǐ yīnggāi cóng zhèr zuò gōnggòngqìchē qù.
당신은 ~해야 하다 ~부터 여기 타다 버스를 가다

당신은 여기부터 버스를 타고 가야 해요.

他 到 现在 还在 睡觉。
Tā dào xiànzài hái zài shuìjiào.
그는 ~까지 지금 여전히 ~하고 있다 자다

그는 지금까지 여전히 자고 있어요.

단어 应该 yīnggāi [조동] ~해야 하다　高铁 gāotiě [명] 고속열차

STEP 3
확장표현으로 중국어 자동발사

🎧 Day09_확장표현.mp3

형용사 결과보어(好/对/错/光/清楚)와 자주 사용되는 동사를 함께 익혀보아요.

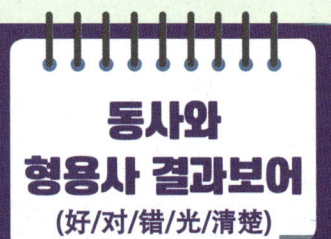
동사와 형용사 결과보어
(好/对/错/光/清楚)

准备好
zhǔnbèi hǎo
잘 준비하다(준비를 성공적으로 마치다)

我**准备好**了。 저는 잘 준비했어요. (준비를 잘 마쳤어요.)
Wǒ zhǔnbèi hǎo le.

洗好
xǐ hǎo
잘 씻다

我**洗好**了。 저는 잘 씻었어요.
Wǒ xǐ hǎo le.

坐好
zuò hǎo
똑바로 앉다

我**坐好**了。 저는 똑바로 앉았어요.
Wǒ zuò hǎo le.

回答对
huídá duì
맞게 대답하다(대답한 게 맞다)

她**回答对**了。 그녀가 맞게 대답했어요.
Tā huídá duì le.

回答错
huídá cuò
틀리게 대답하다(대답한 게 틀리다)

他**回答错**了。 그가 틀리게 대답했어요.
Tā huídá cuò le.

吃光
chī guāng
다 먹어 치우다

我**吃光**了。 제가 다 먹어 치웠어요.
Wǒ chī guāng le.

卖光
mài guāng
다 팔아 치우다

他**卖光**了。 그가 다 팔아 치웠어요.
Tā mài guāng le.

看清楚
kàn qīngchu
분명히 보다(본 게 분명하다)

我**看清楚**了。 제가 분명히 봤어요.
Wǒ kàn qīngchu le.

听清楚
tīng qīngchu
분명히 듣다(들은 게 분명하다)

我**听清楚**了。 제가 분명히 들었어요.
Wǒ tīng qīngchu le.

동사 결과보어(完/见/懂)와 자주 사용되는 동사를 함께 익혀보아요.

동사와 동사 결과보어 (完/见/懂)

吃完
chī wán
다 먹다

我吃完了拉面。 저는 라면을 다 먹었어요.
Wǒ chī wán le lāmiàn.

做完
zuò wán
다 하다

我做完了工作。 저는 일을 다 했어요.
Wǒ zuò wán le gōngzuò.

写完
xiě wán
다 쓰다

我写完了报告。 저는 보고서를 다 썼어요.
Wǒ xiě wán le bàogào.

洗完
xǐ wán
다 빨다

我洗完了衣服。 저는 옷을 다 빨았어요.
Wǒ xǐ wán le yīfu.

喝完
hē wán
다 마시다

我喝完了水。 저는 물을 다 마셨어요.
Wǒ hē wán le shuǐ.

看见
kàn jiàn
보이다

我看见了你。 저는 당신이 보였어요.
Wǒ kàn jiàn le nǐ.

听见
tīng jiàn
들리다

我听见了你说的。 저는 당신이 말하는 게 들렸어요.
Wǒ tīng jiàn le nǐ shuō de.

看懂
kàn dǒng
보고 이해하다

我看懂了汉语书。 저는 중국어 책을 보고 이해했어요.
Wǒ kàn dǒng le Hànyǔ shū.

听懂
tīng dǒng
듣고 이해하다

我听懂了她说的话。 저는 그녀가 한 말을 듣고 이해했어요.
Wǒ tīng dǒng le tā shuō de huà.

DAY 09 자료 준비 잘 됐나요? 资料准备好了吗?

연습문제로 실력다지기 🎧 Day09_연습문제.mp3

🎧 연습문제 바로 듣기

1 문장 듣고 **병음/뜻 쓰기**

다음 문장을 듣고 병음과 뜻을 써보세요.

1) **문장** 我还没准备完。

   병음 _____

   뜻 _____

2) **문장** 我从明天到后天不上班。

   병음 _____

   뜻 _____

3) **문장** 可能今天晚上能做完。

   병음 _____

   뜻 _____

2 문장 듣고 **일치/불일치 판단하기** (HSK 3, 4급 듣기 대비 유형)

들려주는 문장의 내용과 제시된 문장의 내용이 일치하면 ✓, 불일치하면 ✗를 체크하세요.

1) 我明天不在公司。　　　　　(　　)
   Wǒ míngtiān bú zài gōngsī.

2) 他是中国人。　　　　　　　(　　)
   Tā shì Zhōngguó rén.

3 대화 듣고 **질문에 알맞은 보기 고르기** (HSK 3, 4급 듣기 대비 유형)

들려주는 대화를 듣고 질문에 알맞은 보기를 고르세요.

ⓐ 现在　　ⓑ 今天　　ⓒ 明天

정답 p.300

4 단어 채우기 (HSK 3급 쓰기 대비 유형)

제시된 병음에 알맞은 단어를 괄호 안에 채워 문장을 완성해보세요.

1) 我听清(chu)了。
   Wǒ tīng qīng   le.
   제가 분명히 들었어요.

2) 我洗(wán)了衣服。
   Wǒ xǐ   le yīfu.
   저는 옷을 다 빨았어요.

5 대화 완성하기 (HSK 3급 독해 대비 유형)

빈칸에 알맞은 문장을 채워 대화를 완성해보세요.

> 可能她明天回来。
> Kěnéng tā míngtiān huílai.

> 你看错了。
> Nǐ kàn cuò le.

> 不，他到现在还在睡觉。
> Bù, tā dào xiànzài hái zài shuìjiào.

1) A: 你哥哥起床了吗?
      Nǐ gēge qǐchuáng le ma?
   B: _____
   네 오빠는 일어났니?
   아뇨, 그는 지금까지 여전히 자고 있어요.

2) A: 她什么时候回来?
      Tā shénme shíhou huílai?
   B: _____
   그녀는 언제 돌아오나요?
   아마도 그녀는 내일 돌아올 거예요.

6 문장 완성하기 (HSK 3, 4급 쓰기 대비 유형)

제시된 단어를 중국어 어순에 맞게 배열하여 문장을 완성해보세요.

1) 没有   清楚   你说的   我   听
   méiyǒu qīngchu nǐ shuō de wǒ tīng

   _____。
   난 네가 말한 것을 정확히 듣지 못했어.

2) 话   听懂了   她说的   我
   huà tīng dǒng le tā shuō de wǒ

   _____。
   저는 그녀가 한 말을 듣고 이해했어요.

정답 p.300

간체자 쓰기

제시된 HSK 단어 및 주요 핵심 단어의 간체자와 병음을 또박또박 써보세요.

HSK 2급

从 cóng 从从从从 전 ~부터

HSK 2급

到 dào 到到到到到到到到 전 ~까지

HSK 2급

完 wán 完完完完完完完 동 끝나다

HSK 2급

错 cuò 错错错错错错错错错错错错错 형 틀리다

HSK 2급

懂 dǒng 懂懂懂懂懂懂懂懂懂懂懂懂懂懂懂 동 이해하다

HSK 4급

光
guāng　光光光光光光

형 하나도 없다, 텅 비다

HSK 2급

可能
kě　néng

可可可可
能能能能能能能能能能

부 아마도

HSK 3급

清楚
qīng　chu

清清清清清清清清清清
楚楚楚楚楚楚楚楚楚楚楚楚楚

형 분명하다, 뚜렷하다

HSK 3급

回答
huí　dá

回回回回回回
答答答答答答答答答答答答

동 대답하다

HSK 5급

资料
zī　liào

资资资资资资资资资
料料料料料料料料料料

명 자료

루루와 떠나는 중국 문화 여행

숫자 '520'이 '사랑해'(我爱你)라고?

제가 한국인 친구와 스마트폰 메신저로 대화하다가 친구가 'ㅇㅇ'이라고 해서 무슨 말인지 몰랐던 적이 있었어요. 한국 사람들은 메신저로 대화할 때 이렇게 간단히 초성만 쓰는데 한자를 쓰는 중국 사람들도 간단히 대화하는 방법이 있답니다. 바로 중국어와 발음이 비슷한 숫자를 사용하는 거예요! 한국 사람들이 "빨리빨리"를 8282로 표현하는 것과 똑같아요.

> 520의 발음이 五二零(wǔ èr líng)이라서 五(wǔ)는 我(wǒ), 二(èr)은 爱(ài), 零(líng)은 你(nǐ)가 되는 거예요.

먼저 가족과 연인, 친구 사이에서 자주 쓰는 숫자를 알아볼게요. 바로 '520'인데, 520은 '사랑해'(我爱你)라는 뜻이랍니다. 520의 발음이 五二零(wǔ èr líng)이라서 五(wǔ)는 我(wǒ), 二(èr)은 爱(ài), 零(líng)은 你(nǐ)가 되는 거예요. 발음이 완전히 같지는 않지만 그래도 정말 비슷하죠?

중국 사람들이 이렇게 숫자로 얘기하게 된 것은 메신저로 얘기를 할 때 타자로 병음을 일일이 치기 불편해서예요. 숫자로 말하니까 간편하기도 하고, 중국 사람들만의 암호 같아서 특별하기도 해요.

520에서 중간 숫자만 3으로 바꾼 530은 무슨 말일까요? 바로 '보고 싶다'(我想你)예요. 3(三, sān)이 想(xiǎng, 보고 싶다)이 되는 거예요. '안녕'이라는 의미의 拜拜(bàibai)는 88(八八, bābā)라고 하고, '나 화났어'라는 의미의 '我生气了'(wǒ shēngqì le)는 5376(wǔ sān qī liù)라고 한답니다.

이외에도 숫자로 말할 수 있는 것들이 정말 많아요. 여러분이 알고 있는 중국어를 직접 숫자로 만들어보는 것도 정말 재밌겠죠? 제가 알려드린 숫자 용어를 친구들에게도 알려주세요! 친구가 중국어를 몰라도 둘 만의 암호처럼 재밌게 사용할 수 있을 거예요!

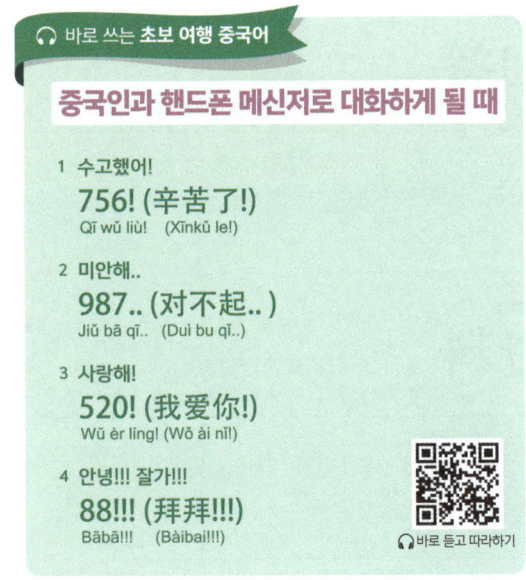

🎧 바로 쓰는 초보 여행 중국어

중국인과 핸드폰 메신저로 대화하게 될 때

1 수고했어!
756! (辛苦了!)
Qī wǔ liù! (Xīnkǔ le!)

2 미안해..
987.. (对不起..)
Jiǔ bā qī.. (Duì bu qǐ..)

3 사랑해!
520! (我爱你!)
Wǔ èr líng! (Wǒ ài nǐ!)

4 안녕!!! 잘가!!!
88!!! (拜拜!!!)
Bābā!!! (Bàibai!!!)

🎧 바로 듣고 따라하기

DAY 10

저는 신촌에서 살아요.

我住在新村。
Wǒ zhù zài Xīncūn.

바로 듣고 따라하기

결과보어로 쓰이는 전치사 在, 到, 给와 시작점을 나타내는 전치사 离를 익혀보아요.

초보 단어 미리보기

住 zhù 동 살다	走 zǒu 동 걷다	那时候 nà shíhou 그때
新村 Xīncūn 고유 신촌	到 dào 전 ~까지	躺 tǎng 동 눕다
离 lí 전 ~에서, ~로부터	起床 qǐchuáng 동 (잠자리에서) 일어나다	床上 chuáng shang 침대 (위)
近 jìn 형 가깝다	经常 jīngcháng 부 항상, 늘	羡慕 xiànmù 동 부러워하다
所以 suǒyǐ 접 그래서	早 zǎo 형 (때가) 이르다	远 yuǎn 형 멀다

STEP 1
실전회화로 말문트기

🎧 Day10_실전회화_듣기/따라읽기.mp3   🎧 Day10_실전회화_드라마.mp3

듣기 mp3로 먼저 들어본 후 따라읽기 mp3로 따라서 말해보세요.

미래 씨

东喜，你住在哪儿？
Dōngxǐ, nǐ zhù zài nǎr?
동희 씨는 어디 사세요?

住在哪儿?(어디 사세요?)은 사는 곳을 묻는 말로 자주 쓰이니 꼭 알아두세요.

我住在新村。
Wǒ zhù zài Xīncūn.
저는 신촌에서 살아요.

동희 씨

住在(~에서 살다) 뒤에 新村(신촌)이 와서 '신촌에서 살다'라는 의미가 되었어요.

미래 씨

你家离公司非常近啊！
Nǐ jiā lí gōngsī fēicháng jìn a!
집이 회사에서 진짜 가깝네요!

离는 '~로부터, ~에서부터' 라는 뜻으로 회사로부터 집까지의 거리를 말하기 위해 사용되었어요.

走到(~까지 걷다) 뒤에 公司(회사)가 와서 '회사까지 걷다'라는 의미가 되었어요. 是…的 강조구문을 사용해서 '走到公司(회사까지 걸어왔다)'라는 방법을 강조했어요.

所以我今天也是走到公司的。
Suǒyǐ wǒ jīntiān yě shì zǒu dào gōngsī de.
그래서 전 오늘도 회사까지 걸어왔죠.

동희 씨

미래 씨

那么，你早上几点起床？我经常六点起床。
Nàme, nǐ zǎoshang jǐ diǎn qǐchuáng? Wǒ jīngcháng liù diǎn qǐchuáng.
그러면 아침에 몇 시에 일어나세요? 전 항상 6시에 일어나는데.

你起得真早！我那时候还躺在床上呢。
Nǐ qǐ de zhēn zǎo! Wǒ nà shíhou hái tǎng zài chuáng shang ne.
정말 일찍 일어나시네요! 전 그때엔 아직 침대에 누워있어요.

동희 씨

起得真早에서 得 다음의 真早 (정말 일찍)는 일어났는데 매우 일찍 일어났음을 나타내는 정도 보어예요.

我经常睡到七点半。
Wǒ jīngcháng shuì dào qī diǎn bàn.
항상 7시 반까지 자거든요.

미래 씨

真羡慕你啊！我家离公司太远了。
Zhēn xiànmù nǐ a! Wǒ jiā lí gōngsī tài yuǎn le.
정말 부럽네요! 우리 집은 회사에서 너무 멀어요.

太~了는 '너무 ~하다'라는 뜻으로 자주 쓰이니 꼭 알아두세요.

* <중국어 말문트기 워크북>으로 말하기를 집중 훈련하면 실전회화가 저절로 자동발사돼요.

STEP 2
기초어법으로 내공쌓기 🎧 Day10_기초어법.mp3

1 동작의 결과를 보충하는, 결과보어: 전치사 在 zài, 到 dào, 给 gěi

동희 씨

我住在新村。 저는 신촌에서 살아요.
Wǒ zhù zài Xīncūn.

동사 술어 뒤에 전치사구 '在 + 장소'를 보어로 써서 동작의 결과로 어떤 장소에 있게 되었음을 나타낼 수 있어요. 그래서 '(장소)에서 (동사)하다'라는 뜻을 나타낸답니다. 동희 씨의 말도 동사 住(zhù, 살다) 뒤에 在新村(zài Xīncūn, 신촌에서)을 결과보어로 사용하여 '신촌에서 산다'라는 뜻이 되었어요. 즉, 住在新村은 住(살다)라는 행위의 결과 新村(신촌)이라는 장소에 있게 되었다는 의미를 나타내요.

| 결과보어 在 | 동사 + 在 + 장소 | (장소)에서 (동사)하다
(→ (동사)한 결과, (장소)에 있게 됨) |

他 坐 在 椅子上。 그는 의자 위에 앉아 있어요.
Tā zuò zài yǐzi shang.
그는 앉다 ~에 있게 되다 의자 위
(→ 坐(앉다)라는 동작의 결과 '椅子上(의자 위)'이라는 위치에 있게 된 것을 나타내요. 椅子(의자)는 사물을 나타내는 말이지 장소를 나타내는 말이 아니므로, 끝에 방위사 上(위)을 꼭 사용해야 해요.)

➕ 플러스 포인트
'在 + 장소' 전치사구가 동사 술어 앞에 나오면 보어가 아닌 부사어예요. '住 + 在 + 장소'가 住(zhù, 살다)라는 동작을 행한 결과 그 장소에 있게 됨을 나타내는 것과 달리, '在 + 장소 + 住'는 그 장소에서 태어났거나 오래전부터 그 장소에 살고 있는 문맥에서 주로 사용해요. 따라서 단순히 주거 장소를 말할 때에는 잘 쓰지 않아요.

她 在 北京 住。 그녀는 베이징에 살아.
Tā zài Běijīng zhù.
그녀는 ~에 베이징 살다
(→ 그녀는 베이징에서 원래부터 살아온 베이징 사람일 가능성이 높아요.)

● 전치사 到(dào, ~까지)를 사용한 전치사구 '到 + 장소/시점'도 결과보어로 자주 사용돼요. 동사 술어 뒤에서 동작의 결과로 어떤 장소나 시점에 도달하게 되었음을 나타낼 수 있어요.

| 결과보어 到 | 동사 + 到 + 장소/시점 | (장소/시점)까지 (동사)하다
(→ (동사)한 결과, (장소/시점)에 도달하게 됨) |

爸爸 工作 到 下午六点。 아빠는 오후 6시까지 일하세요.
Bàba gōngzuò dào xiàwǔ liù diǎn.
아빠는 일하다 ~까지 오후 6시
(→ 工作(일하다)라는 동작의 결과 下午六点(오후 6시)이라는 시점에 도달하게 된 것을 나타내요.)

➕ 플러스 포인트
DAY 09에서 설명한 것처럼, 到는 동사 술어 뒤에서 동작의 목적을 달성했음을 나타내는 동사결과보어로도 사용돼요.

我 找 到 了 我的 手机。 나는 내 휴대폰을 찾아냈어.
Wǒ zhǎo dào le wǒ de shǒujī.
나는 찾다 달성하다 ~했다 나의 휴대폰을
(→ 找(찾다)라는 동작을 한 결과 찾는 목적을 달성했음을 나타내요.)

단어 椅子 yǐzi 명 의자

- 전치사 给를 사용한 전치사구 '给 + 사람'도 결과보어로 사용되며, 동사 술어 뒤에서 동작의 결과로 누군가에게 무언가를 전달하게 되었음을 나타내요. 따라서 전치사 给는 送(sòng, 선물하다), 借(jiè, 빌려주다), 发(fā, 보내다) 등의 동사 다음에 자주 쓰여요.

결과보어 给 | 동사 + 给 + 사람 | (사람)에게 (동사)하다

我 打算 送 给 他 一本 书。
Wǒ dǎsuan sòng gěi tā yì běn shū.
나는 ~할 계획이다 선물하다 ~에게 그 한 권의 책을

나는 **그에게** 책 한 권을 **선물**할 계획이에요.
(→ 送(선물하다)이라는 동작의 결과가 他(그)에게 책 한 권을 준 것임을 나타내요.)

2 여기에서부터 얼마나 멀리, 전치사 离 (~로부터, ~에서)

미래 씨

你家离公司非常近啊！
Nǐ jiā lí gōngsī fēicháng jìn a!

집이 회사**에서** 진짜 가깝네요!

전치사 离는 '~로부터', '~에서(부터)'라는 의미로, '离 + 장소/시점' 형태로 술어 앞에서 부사어로 쓰이며, 주어가 특정 장소나 시점으로부터 거리/시간적으로 얼마나 떨어져 있는지를 나타내요. 따라서 离 다음에는 거리나 시간의 간격을 나타내는 표현을 주로 사용해요. 미래 씨의 말에서는 离公司(lí gōngsī, 회사에서)와 近(가깝다)을 써서 회사로부터 집까지의 거리가 가깝다는 것을 나타냈어요.

我家 离 地铁站 很远。
Wǒ jiā lí dìtiězhàn hěn yuǎn.
우리집은 ~에서 지하철역 멀다

우리 집은 지하철역**에서** 멀어요.

毕业 离 今年 还有 一年。
Bìyè lí jīnnián hái yǒu yì nián.
졸업은 ~로부터 올해 아직 있다 1년

졸업은 올해**로부터** 아직 1년 남았어.

⊕ **플러스 포인트**
시작점이나 출발점만 나타내는 전치사 从(~부터)과, 시작점이나 출발점으로부터의 거리/시간적 격차를 나타내는 전치사 离(~로부터)를 구별해서 알아두어요.

太累了，我们 从 这儿 坐 出租车 去 吧。
Tài lèi le, wǒmen cóng zhèr zuò chūzūchē qù ba.
너무 피곤하다 우리는 ~부터 여기 타다 택시를 가다 ~하자

너무 피곤하니 우리 여기서**부터** 택시를 타고 가자.

那儿 离 这儿 很远，我们 坐 出租车 去 吧。
Nàr lí zhèr hěn yuǎn, wǒmen zuò chūzūchē qù ba.
그곳은 ~로부터 여기 멀다 우리는 타다 택시를 가다 ~하자

그곳은 여기**에서** 멀어, 우리 택시를 타고 가자.

단어 毕业 bìyè 명 졸업

STEP 3
확장표현으로 중국어 자동발사
🎧 Day10_확장표현.mp3

전치사 **在** 결과보어와 자주 쓰이는 **동사** 표현을 함께 익혀보아요.

**동사 +
在 결과보어
(장소)에서 ~하다**

住在
zhù zài
(장소)에서 살다

A: 你**住在**哪儿? 당신은 어디에서 사나요?
　Nǐ zhù zài nǎr?

B: 我**住在**首尔。 저는 서울에서 살아요.
　Wǒ zhù zài Shǒu'ěr.

坐在
zuò zài
(장소)에 앉다

A: 我们**坐在**哪儿? 우리는 어디에 앉아요?
　Wǒmen zuò zài nǎr?

B: 我们**坐在**这里。 우리는 여기에 앉아요.
　Wǒmen zuò zài zhèli.

写在
xiě zài
(장소)에 쓰다

A: 名字**写在**哪儿? 이름은 어디에 쓰나요?
　Míngzi xiě zài nǎr?

B: 名字**写在**那里。 이름은 저기에 써요.
　Míngzi xiě zài nàli.

站在
zhàn zài
(장소)에 서다

A: 你们**站在**哪儿? 당신들은 어디에 서 있어요?
　Nǐmen zhàn zài nǎr?

B: 我们**站在**门口。 우리는 입구에 서 있어요.
　Wǒmen zhàn zài ménkǒu.

停在
tíng zài
(장소)에 세우다

A: 车**停在**哪儿? 차는 어디에 세워져 있어요?
　Chē tíng zài nǎr?

B: 车**停在**停车场。 차는 주차장에 세워져 있어요.
　Chē tíng zài tíngchēchǎng.

放在
fàng zài
(장소)에 놓다

A: 书包**放在**哪儿了? 가방은 어디에 놓았어요?
　Shūbāo fàng zài nǎr le?

B: 书包**放在**桌子上了。 가방은 책상 위에 놓았어요.
　Shūbāo fàng zài zhuōzi shang le.

忘在
wàng zài
(장소)에 (잊고) 두고 오다

A: 钱包**忘在**哪儿了? 지갑은 어디에 두고 왔어요?
　Qiánbāo wàng zài nǎr le?

B: 钱包**忘在**家里了。 지갑은 집에 두고 왔어요.
　Qiánbāo wàng zài jiāli le.

전치사/동사 到 결과보어와 자주 쓰이는 동사 표현을 함께 익혀보아요.

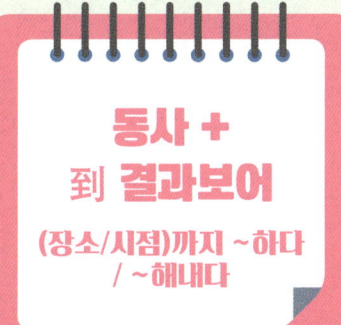

동사 + 到 결과보어
(장소/시점)까지 ~하다 / ~해내다

睡到
shuì dào
(시점)까지 자다

我要睡到九点。 나는 9시까지 잘 거예요.
Wǒ yào shuì dào jiǔ diǎn.

谈到
tán dào
(시점)까지 얘기하다

我们要谈到晚上十点。 우리는 저녁 10시까지 얘기할 거예요.
Wǒmen yào tán dào wǎnshang shí diǎn.

开到
kāi dào
(시점)까지 열다

会议要开到四点。 회의는 4시까지 열릴 거예요.
Huìyì yào kāi dào sì diǎn.

开到
kāi dào
(장소/시점)까지 운전하다

我要开到火车站。 나는 기차역까지 운전할 거예요.
Wǒ yào kāi dào huǒchēzhàn.

我要开到下午四点。 나는 오후 4시까지 운전할 거예요.
Wǒ yào kāi dào xiàwǔ sì diǎn.

学到
xué dào
(장소/시점)까지 공부하다

我们要学到10课。 우리는 10과까지 공부할 거예요.
Wǒmen yào xué dào shí kè.

我们要学到晚上。 우리는 저녁까지 공부할 거예요.
Wǒmen yào xué dào wǎnshang.

做到
zuò dào
해내다

我要做到。 나는 해낼 거야.
Wǒ yào zuò dào.

* 到가 '해내다'라는 뜻의 동사결과보어로 쓰였어요.

找到
zhǎo dào
찾아내다

我要找到。 나는 찾아낼 거야.
Wǒ yào zhǎo dào.

* 到가 '해내다'라는 뜻의 동사결과보어로 쓰였어요.

연습문제로 실력다지기 🎧 Day10_연습문제.mp3

🎧 연습문제 바로 듣기

1 문장 듣고 병음/뜻 쓰기

다음 문장을 듣고 병음과 뜻을 써보세요.

1) **문장** 你住在哪儿?

   병음 _____

   뜻 _____

2) **문장** 你早上几点起床?

   병음 _____

   뜻 _____

3) **문장** 真羡慕你啊!

   병음 _____

   뜻 _____

2 문장 듣고 일치/불일치 판단하기 (HSK 3, 4급 듣기 대비 유형)

들려주는 문장의 내용과 제시된 문장의 내용이 일치하면 ✓, 불일치하면 ✗를 체크하세요.

1) 我家离公司非常近。　　　　(　　)
   Wǒ jiā lí gōngsī fēicháng jìn.

2) 他坐在椅子上。　　　　　　(　　)
   Tā zuò zài yǐzi shang.

3 대화 듣고 질문에 알맞은 보기 고르기 (HSK 3, 4급 듣기 대비 유형)

들려주는 대화를 듣고 질문에 알맞은 보기를 고르세요.

ⓐ 六点　　ⓑ 七点　　ⓒ 七点半

정답 p.301

4 단어 채우기 (HSK 3급 쓰기 대비 유형)

제시된 병음에 알맞은 단어를 괄호 안에 채워 문장을 완성해보세요.

1) 我家离公司太(yuǎn)了。 우리 집은 회사에서 너무 멀어요.
   Wǒ jiā lí gōngsī tài   le.

2) 爸爸(gōng)作到下午六点。 아빠는 오후 6시까지 일하세요.
   Bàba   zuò dào xiàwǔ liù diǎn.

5 대화 완성하기 (HSK 3급 독해 대비 유형)

빈칸에 알맞은 문장을 채워 대화를 완성해보세요.

> 我们站在门口。 车停在停车场。 要开到两点。
> Wǒmen zhàn zài ménkǒu. Chē tíng zài tíngchēchǎng. Yào kāi dào liǎng diǎn.

1) A: 你们站在哪儿?   당신들은 어디에 서 있어요?
   Nǐmen zhàn zài nǎr?

   B: _____   우리는 입구에 서 있어요.

2) A: 会议要开到几点?   회의는 몇 시까지 열리나요?
   Huìyì yào kāi dào jǐ diǎn?

   B: _____   2시까지 열릴 거예요.

6 문장 완성하기 (HSK 3, 4급 쓰기 대비 유형)

제시된 단어를 중국어 어순에 맞게 배열하여 문장을 완성해보세요.

1) 还有   今年   毕业   一年   离
   hái yǒu jīnnián bìyè   yì nián lí

   _____。   졸업은 올해로부터 아직 1년 남았어.

2) 四点   要   下午   我   开到
   sì diǎn yào xiàwǔ   wǒ   kāi dào

   _____。   나는 오후 4시까지 운전할 거예요.

정답 p.301

DAY 10 저는 신촌에서 살아요. 我住在新村.

간체자 쓰기

제시된 HSK 단어 및 주요 핵심 단어의 간체자와 병음을 또박또박 써보세요.

HSK 2급

离
lí

离离离离离离离离离

㉠ ~에서, ~로부터

HSK 1급

住
zhù

住住住住住住住

⑧ 살다

HSK 2급

找
zhǎo

找找找找找找找

⑧ 찾다

HSK 3급

放
fàng

放放放放放放放放

⑧ 놓다, 두다

HSK 4급

躺
tǎng

躺躺躺躺躺躺躺躺躺躺躺躺躺躺躺

⑧ 눕다

HSK 4급

停
tíng

停停停停停停停停停停

동 세우다, 멈추다

HSK 4급

谈
tán

谈谈谈谈谈谈谈谈谈谈

동 얘기하다

HSK 2급

起床
qǐ chuáng

起起起起起起起起起起
床床床床床床床

동 (잠자리에서) 일어나다

HSK 4급

羡慕
xiàn mù

羡羡羡羡羡羡羡羡羡羡羡
慕慕慕慕慕慕慕慕慕慕慕

동 부러워하다

HSK 3급

经常
jīng cháng

经经经经经经经经
常常常常常常常常常常

부 항상, 늘

DAY 10 저는 신촌에서 살아요. **我住在新村。**

루루와 떠나는 중국 문화 여행

중국 사람들이 점심 먹고 하는 일은?

제가 한국에 왔을 때 가장 아쉬웠던 게 점심시간에 잠을 자지 않는 거였어요. 이제는 낮잠을 자지 않아도 끄떡없지만 초반에는 낮 강의 시간만 되면 꾸벅꾸벅 졸았답니다. 중국은 어린이든 어른이든 점심을 먹고 낮잠을 자는 것이 중요한 문화랍니다.

낮잠을 중국어로 하면 오수(午睡, wǔshuì)인데, 보통 12시에서 2시까지 두 시간 정도의 점심시간에 오수 시간을 포함하고 있어요.

> 유치원, 초·중·고등학교, 대학교, 직장에서 모두 오수 문화를 즐기고 있어요.

중국에서는 이 오수 시간을 국가적 차원에서 보장해주고 있어요. 그래서 유치원, 초·중·고등학교, 대학교, 직장에서 모두 오수 문화를 즐기고 있어요. 물론 일부 직장은 오수 시간이 포함되어 있지 않기도 해요.
중국인들이 오수 시간을 꼭 지키는 이유는 뭘까요? 아침에 일찍 일어나기 때문에 오후 시간의 학업이나 업무의 효율성을 높이기 위해서예요. 그리고 오수를 자면 건강에도 도움이 되거든요.

오수 문화 때문에 불편한 점도 있는데, 오후 약속을 잡을 때 2시 이후로 잡아야 한다는 거예요. 그리고 중국 여행 중에 관공서에 들를 일이 있다면 오전 9시에서 11시 사이에 다녀오는 것이 좋아요. 은행과 우체국은 운영 시간이 짧고, 2시 이후에 가면 사람이 많거든요.

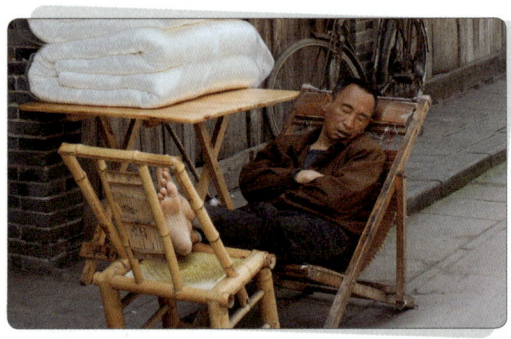

중국 사람을 만나야 하거나 개인적인 일을 처리해야 할 때 이 시간을 고려하면 좋겠죠?

🎧 바로 쓰는 초보 여행 중국어

영업 시간을 물어볼 때

1 여기 몇 시까지 영업하나요?
这儿开到几点?
Zhèr kāi dào jǐ diǎn?

2 지금은 오수 시간인가요?
现在是午睡时间吗?
Xiànzài shì wǔshuì shíjiān ma?

3 언제 다시 여나요?
什么时候再开?
Shénme shíhou zài kāi?

🎧 바로 듣고 따라하기

DAY 11

오늘 왜 이렇게 예쁘게 차려입었나요?
今天怎么打扮得漂漂亮亮的?
Jīntiān zěnme dǎban de piàopiaoliàngliàng de?

바로 듣고 따라하기

일상생활에서 자주 쓰이는 다양한 형용사 중첩과 동사 중첩 표현을 익혀보아요.

샤방샤방 미래 씨

미래 씨, 오늘 왜 이렇게 예쁘게 차려입었나요?

저 오늘 소개팅하거든요! 심장이 두근두근거려요!

하하, 你的眼睛红红的。
nǐ de yǎnjing hónghóng de.
눈이 매우 빨갛네요.
어젯밤에 잘 못 잤어요?

네, 어떤 사람을 만나게 될지 몰라서, 잘 못 잤어요.

어떤 남자를 좋아해요?
你说说吧。
Nǐ shuōshuo ba.
한번 말해보세요.

매우 간단해요, 이민호 닮은 남자예요!

마음먹은 대로 이루어지길 바라요!

🎧 초보 단어 미리보기

打扮 dǎban 동 차려입다, 치장하다	红 hóng 형 빨갛다	简单 jiǎndān 형 간단하다
相亲 xiāngqīn 동 소개팅하다	睡 shuì 동 자다	像 xiàng 동 닮다, 비슷하다
心 xīn 명 마음, 가슴	因为 yīnwèi 접 왜냐하면	祝 zhù 동 기원하다, 축복하다
跳 tiào 동 두근거리다, 뛰다	什么样 shénmeyàng 대 어떠한	心想事成 xīn xiǎng shì chéng 마음먹은 대로 이루어지다
眼睛 yǎnjing 명 눈	男人 nánrén 명 남자	

STEP 1
실전회화로 말문트기

🎧 Day11_실전회화_듣기/따라읽기.mp3　🎧 Day11_실전회화_드라마.mp3

듣기 mp3로 먼저 들어본 후 따라읽기 mp3로 따라서 말해보세요.

장 과장

美来，今天怎么打扮得漂漂亮亮的?
Měilái, jīntiān zěnme dǎban de piàopiaoliàngliàng de?
미래 씨, 오늘 왜 이렇게 예쁘게 차려입었나요?

형용사 漂亮(예쁘다)이 두 번 반복되어 '정말 예쁘다'라는 뜻으로 의미가 강조되었어요.

心跳得特别快에서 得 다음의 特别快는 마음(心)이 두근거리는(跳) 정도를 나타내는 정도보어예요.

我今天相亲! 心跳得特别快!
Wǒ jīntiān xiāngqīn! Xīn tiào de tèbié kuài!
저 오늘 소개팅하거든요! 심장이 두근두근거려요!

미래 씨

장 과장

哈哈，你的眼睛红红的。　하하, 눈이 매우 빨갛네요.
Hāha, nǐ de yǎnjing hónghóng de.

你昨天晚上没睡好吗?　어젯밤에 잘 못 잤어요?
Nǐ zuótiān wǎnshang méi shuì hǎo ma?

형용사 红(빨갛다)이 두 번 반복되어 '매우 빨갛다'라는 뜻으로 의미가 강조되었어요.

睡好는 '잘 자다'라는 뜻으로 好가 동사 睡 뒤에서 결과보어로 쓰였어요.

조동사 会가 '~할 것이다'라는 뜻으로 쓰였어요.

我会见~人(어떤 사람을 만날지 모른다)이 동사 不知道(모른다)의 목적어예요.

是啊，因为不知道我会见什么样的人，
Shì a, yīnwèi bù zhīdào wǒ huì jiàn shénmeyàng de rén,
네, 어떤 사람을 만나게 될지 몰라서,

所以没睡好。　잘 못 잤어요.
suǒyǐ méi shuì hǎo.

미래 씨

장 과장

你喜欢什么样的男人? 你说说吧。
Nǐ xǐhuan shénmeyàng de nánrén? Nǐ shuōshuo ba.
어떤 남자를 좋아해요? 한번 말해보세요.

동사 说(말하다)가 두 번 반복되어 '한번 말해보세요'라는 부드러운 뉘앙스가 되었어요.

像李敏镐的(이민호를 닮은)는 '동사 (像) + 명사(李敏镐)'가 的와 함께 관형어로 쓰인 형태예요.

很简单，像李敏镐的男人!
Hěn jiǎndān, xiàng Lǐ Mǐnhào de nánrén!
매우 간단해요, 이민호 닮은 남자예요!

미래 씨

장 과장

祝你心想事成!　마음먹은 대로 이루어지길 바라요!
Zhù nǐ xīn xiǎng shì chéng!

祝你心想事成!은 '마음먹은 대로 이루어지길 바라요!'라는 의미의 기원하는 표현이에요.

＊ <중국어 말문트기 워크북>으로 말하기를 집중 훈련하면 실전회화가 저절로 자동발사돼요.

STEP 2
기초어법으로 내공쌓기 🎧 Day11_기초어법.mp3

1 형용사를 두 번 쓰면 강조! 형용사 중첩, "매우 ~하다"

장 과장

美来, 今天怎么打扮得漂漂亮亮的?
Měilái, jīntiān zěnme dǎban de piàopiaoliàngliàng de?

미래 씨, 오늘 왜 **이렇게 예쁘게** 차려입었나요?

우리말의 '희희낙락'이 아주 즐거워함을 강조하듯이, 중국어에서도 형용사를 연속 두 번 써서 의미를 강조할 수 있는데, 이를 형용사 중첩이라고 해요. 장 과장의 말에서는 형용사 漂亮(piàoliang, 예쁘다)을 중첩하여 '매우 예쁘다'라는 의미를 나타냈어요. 성질이나 상태의 정도가 더 심함을 강조하는 것이기 때문에 很(hěn, 매우)과 같은 정도부사와 같이 쓰일 수 없어요.

她 有 长长 的 头发。
Tā yǒu chángcháng de tóufa.
그녀는 (가지고) 있다 아주 길다 ~한 머리카락을

그녀는 **아주 긴** 머리카락을 가지고 있어요.

● 长(cháng, 길다)과 같은 한 글자 형용사와 漂亮(piàoliang, 예쁘다)과 같은 두 글자 형용사의 중첩 방법을 구별해서 알아두세요.

한 글자 형용사 중첩 A → AA / AA儿	한 글자(A) 형용사 중첩은 보통 AA 형태로 하고 성조에 변화가 없어요. 단, 好(hǎo, 좋다), 早(zǎo, 이르다), 慢(màn, 느리다)과 같은 형용사는 중첩할 때 뒤에 儿을 자주 붙이고 두 번째 A를 1성으로 발음해요. 예) 长(길다) → 长长(chángcháng, 아주 길다) 　　好(좋다) → 好好儿(hǎohāor, 매우 좋다)
두 글자 형용사 중첩 AB → AABB	두 글자(AB) 형용사 중첩은 AABB 형태로 하고 두 번째 A를 경성으로 발음해요. 예) 漂亮(예쁘다) → 漂漂亮亮(piàopiaoliàngliàng, 아주 예쁘다)

我 有 圆圆 的 脸。
Wǒ yǒu yuányuán de liǎn.
나는 (가지고) 있다 동글동글하다 ~한 얼굴을

나는 **동글동글한** 얼굴을 가지고 있어요.

他 听 得 明明白白。
Tā tīng de míngmingbáibái.
그는 듣다 아주 분명하다

그는 **아주 분명하게** 들었어요.
(→ 두 글자 형용사 明白의 중첩이므로 明明白白의 두 번째 明을 경성으로 발음해요.)

● 형용사 중첩이 술어 또는 보어로 쓰일 경우엔 형용사 중첩 뒤에 的(de)를 붙이기도 해요.

她的 衣服 漂漂亮亮 的。
Tā de yīfu piàopiaoliàngliàng de.
그녀의 옷은 아주 예쁘다

그녀의 옷은 **아주 예뻐요**.
(→ 형용사 중첩 漂漂亮亮이 술어로 쓰여 중첩 뒤에 的를 붙였어요.)

他 打扫 得 干干净净 的。
Tā dǎsǎo de gānganjìngjìng de.
그는 청소하다 아주 깨끗하다

그는 **아주 깨끗하게** 청소했어요.
(→ 형용사 중첩 干干净净이 보어로 쓰여 중첩 뒤에 的를 붙였어요.)

단어 头发 tóufa ® 머리카락　圆 yuán ® 동글다　脸 liǎn ® 얼굴　明白 míngbai ® 분명하다, 명백하다　干净 gānjìng ® 깨끗하다

2 동사를 두 번 쓰면 부드러움! 동사 중첩, "좀/한번 ~하다"

장 과장

你喜欢什么样的男人？你说说吧。
Nǐ xǐhuan shénmeyàng de nánrén? Nǐ shuōshuo ba.

어떤 남자를 좋아해요? **한번 말해보**세요.

우리말의 '좀 말해봐', '한번 말해봐'가 부드러운 뉘앙스로 요청이나 명령의 의사를 전달하듯이, 중국어에서도 동사를 연속 두 번 쓰면 '좀'이나 '한번' 같이 부드러운 뉘앙스를 전달할 수 있는데, 이를 동사 중첩이라고 해요. 장 과장의 말에서는 동사 说(shuō, 말하다)를 중첩하여 '한번 말해보세요'라는 의미를 나타냈어요. 만약 동사 중첩을 안 했다면 你说吧!(Nǐ shuō ba!, 말해봐!)로 직설적인 느낌을 전달하게 된답니다.

我 要 在家 休息休息。
Wǒ yào zài jiā xiūxixiūxi.
나는 ~할 것이다 집에서 좀 쉬다

나는 집에서 **좀 쉴** 거야.

● 说(shuō, 말하다)와 같은 한 글자 동사와 休息(xiūxi, 휴식하다)와 같은 두 글자 동사를 중첩하는 방법을 구별해서 알아두세요.

한 글자 동사 중첩 A → AA / A—A	한 글자(A) 동사는 AA 또는 A—A 형태로 중첩할 수 있어요. AA로 할 때에는 두 번째 A를 경성으로 발음하고, A—A는 1성인 一(yī)를 경성으로 바꾸어 발음하고 두 번째 A는 성조 변화가 없어요. 예) 说(말하다) → 说说(shuōshuo, 말해보다) 　　　　　　　→ 说一说(shuō yi shuō, 좀/한번 말해보다)
두 글자 동사 중첩 AB → ABAB	두 글자(AB) 동사 중첩은 ABAB로 하고 사이에 一를 쓸 수 없어요. 중첩된 동사의 B는 모두 경성으로 발음해요. 예) 休息(쉬다, 휴식하다) → 休息休息(xiūxixiūxi, 좀/한번 쉬다) 　　　　　　　休息 → 休息(一)休息 (X)

你 看看 这本 书。
Nǐ kànkan zhè běn shū.
너는 한번 보다 이 책을

너 이 책 **한번 봐봐**.
(→ 중첩된 동사 看看의 두 번째 看을 경성으로 발음해요.)

我们 听一听 吧!
Wǒmen tīng yi tīng ba!
우리는 좀 들어보다 ~해봐요

우리 **좀 들어봐**요!
(→ 听一听으로 중첩하였으므로 원래 1성인 一(yī)를 경성으로 바꾸어 발음해요.)

我们 在公司 讨论讨论 吧!
Wǒmen zài gōngsī tǎoluntǎolun ba!
우리는 회사에서 토론 좀 하다 ~해봐요

우리 회사에서 **토론 좀** 해봐요!
(→ 중첩된 동사 讨论讨论의 论은 모두 경성으로 발음해요.)

我们在公司讨论一讨论。(X)
(→ 두 글자 동사 중첩 사이에는 一를 쓰지 않아요.)

단어 休息 xiūxi 등 쉬다, 휴식하다　讨论 tǎolùn 등 토론하다

기초어법으로 내공쌓기

3 원인과 결과를 명확히! 因为A, 所以B (A하기 때문에 B하다)

미래 씨

因为不知道我会见什么样的人, 所以没睡好。 어떤 사람을 만나게 될지 몰라서, 잘 못 잤어요.
Yīnwèi bù zhīdào wǒ huì jiàn shénmeyàng de rén, suǒyǐ méi shuì hǎo.

'因为A, 所以B'는 접속사 因为(yīnwèi, 왜냐하면)와 접속사 所以(suǒyǐ, 그래서)가 함께 쓰여 'A하기 때문에 B하다'라는 뜻으로 원인과 결과를 말할 때 사용하는 접속사가 되었어요.

因为 我 没有 钱, 所以 不能 买 衣服。 나는 돈이 없기 때문에, 옷을 살 수 없어.
Yīnwèi wǒ méiyǒu qián, suǒyǐ bù néng mǎi yīfu.
~하기 때문에 / 나는 / 없다 / 돈이 / 그래서 / ~할 수 없다 / 사다 / 옷을

● 因为와 所以 중 하나만 사용해도 원인과 결과를 나타낼 수 있어요.

因为 外面 下雨, 我 不想 出去。 밖에 비가 오기 때문에, 나는 나가고 싶지 않아.
Yīnwèi wàimian xiàyǔ, wǒ bù xiǎng chūqu. (→ 因为만 사용해도 원인, 결과를 말할 수 있어요.)
~하기 때문에 / 밖에 / 비가 오다 / 나는 / ~하고 싶지 않다 / 나가다

我 没有 吃饭, 所以 很饿。 나는 밥을 안 먹었어, 그래서 배고파.
Wǒ méiyǒu chī fàn, suǒyǐ hěn è. (→ 所以만 사용해도 원인, 결과를 말할 수 있어요.)
나는 / ~않았다 / 밥을 먹다 / 그래서 / 배고프다

단어 外面 wàimian 명 밖, 바깥 饿 è 형 배고프다

➕ 플러스 포인트

자주 쓰이는 접속사를 익혀보아요.

但是 dànshì 그러나, 그런데	今天有考试，但是我没有学习。 Jīntiān yǒu kǎoshì, dànshì wǒ méiyǒu xuéxí. 오늘 시험이 있어, 그런데 나는 공부를 안 했어.
可是 kěshì 하지만, 그러나	我很饿，可是不想吃饭。 Wǒ hěn è, kěshì bù xiǎng chī fàn. 나는 배고파, 하지만 밥을 먹고 싶지 않아.
不过 búguò 그런데, 하지만	他是好人，不过我不喜欢他。 Tā shì hǎorén, búguò wǒ bù xǐhuan tā. 그는 좋은 사람이에요, 하지만 나는 그를 좋아하지 않아요.
只有 zhǐyǒu ~해야만 ~이다	只有努力，才能成功。 Zhǐyǒu nǔlì, cái néng chénggōng. 노력해야만, 비로소 성공할 수 있어.
还是 háishi 아니면	你喝雪碧还是可乐？ Nǐ hē xuěbì háishi kělè? 너는 사이다 마실래 아니면 콜라 마실래?
那么 nàme 그러면, 그렇다면	那么我们什么时候吃饭？ Nàme wǒmen shénme shíhou chī fàn? 그러면 우리 언제 밥 먹어?
如果 rúguǒ 만약	如果你去，我也去。 Rúguǒ nǐ qù, wǒ yě qù. 만약 네가 가면, 나도 갈 거야.
然后 ránhòu 그다음에, 그런 후에	先洗手，然后吃饭吧！ Xiān xǐ shǒu, ránhòu chī fàn ba! 먼저 손 씻고, 그다음에 식사하세요!

단어 考试 kǎoshì 몡 시험 好人 hǎorén 좋은 사람, 착한 사람 努力 nǔlì 통 노력하다 才 cái 閏 비로소 成功 chénggōng 통 성공하다
手 shǒu 몡 손

STEP 3
확장표현으로 중국어 자동발사

🎧 Day11_확장표현.mp3

자주 쓰이는 **형용사 중첩 표현**을 술어 + 得 + 정도보어를 사용한 문장으로 익혀보아요.

형용사 중첩 표현

漂漂亮亮
piàopiaoliàngliàng
매우 예쁘다

她穿得漂漂亮亮的。 그녀는 매우 예쁘게 입었어요.
Tā chuān de piàopiaoliàngliàng de.

舒舒服服
shūshufúfú
매우 편하다

我睡得舒舒服服的。 저는 매우 편하게 잤어요.
Wǒ shuì de shūshufúfú de.

干干净净
gānganjìngjìng
매우 깨끗하다

妈妈打扫得干干净净的。
Māma dǎsǎo de gānganjìngjìng de.
엄마는 매우 깨끗하게 청소했어요.

开开心心
kāikaixīnxīn
매우 즐겁다

我们玩儿得开开心心的。 우리는 매우 즐겁게 놀았어요.
Wǒmen wánr de kāikaixīnxīn de.

高高
gāogāo
매우 높다

我们办公楼建得高高的。
Wǒmen bàngōnglóu jiàn de gāogāo de.
우리 회사 건물은 매우 높게 지어졌어요.

好好儿
hǎohāor
매우 잘

我们干得好好儿的。 우리는 매우 잘 했어요.
Wǒmen gàn de hǎohāor de.

早早儿
zǎozāor
매우 일찍

他今天早上起得早早儿的。
Tā jīntiān zǎoshang qǐ de zǎozāor de.
그는 오늘 아침에 매우 일찍 일어났어요.

자주 쓰이는 **동사 중첩 표현**을 **吧!**(~하자!, 하세요!) 표현과 함께 익혀보아요.

동사 중첩 표현

看看 / 看一看
kànkan / kàn yi kàn
한번 보다

我们看看这本书吧! 우리 이 책 한번 보자!
Wǒmen kànkan zhè běn shū ba!

你看一看这本书吧! 이 책 한번 보세요!
Nǐ kàn yi kàn zhè běn shū ba!

尝尝 / 尝一尝
chángchang / cháng yi cháng
한번 맛보다

我们尝尝这个菜吧! 우리 이 음식 한번 맛보자!
Wǒmen chángchang zhè ge cài ba!

你尝一尝这个菜吧! 이 음식 한번 맛보세요!
Nǐ cháng yi cháng zhè ge cài ba!

听听 / 听一听
tīngting / tīng yi tīng
한번 들어보다

我们听听这首歌吧! 우리 이 노래 한번 들어보자!
Wǒmen tīngting zhè shǒu gē ba!

你听一听这首歌吧! 이 노래 한번 들어보세요!
Nǐ tīng yi tīng zhè shǒu gē ba!

休息休息
xiūxixiūxi
좀 쉬다

我们回家休息休息吧! 우리 집에 가서 좀 쉬자!
Wǒmen huíjiā xiūxixiūxi ba!

你回家休息休息吧! 집에 가서 좀 쉬세요!
Nǐ huíjiā xiūxixiūxi ba!

考虑考虑
kǎolǜkǎolǜ
좀 생각하다

这个问题我们考虑考虑吧! 이 문제는 우리 좀 생각해보자!
Zhè ge wèntí wǒmen kǎolǜkǎolǜ ba!

这个问题你考虑考虑吧! 이 문제는 좀 생각해보세요!
Zhè ge wèntí nǐ kǎolǜkǎolǜ ba!

연습문제로 실력다지기 🎧 Day11_연습문제.mp3

🎧 연습문제 바로 듣기

1 문장 듣고 병음/뜻 쓰기

다음 문장을 듣고 병음과 뜻을 써보세요.

1) **문장** 你的眼睛红红的。

   병음 _____

   뜻 _____

2) **문장** 你喜欢什么样的男人？你说说吧。

   병음 _____

   뜻 _____

3) **문장** 祝你心想事成！

   병음 _____

   뜻 _____

2 문장 듣고 일치/불일치 판단하기 (HSK 3, 4급 듣기 대비 유형)

들려주는 문장의 내용과 제시된 문장의 내용이 일치하면 ✓, 불일치하면 ✗를 체크하세요.

1) 我今天没有买衣服。　　　　(　)
   Wǒ jīntiān méiyǒu mǎi yīfu.

2) 我现在很饱。　　　　　　　(　)
   Wǒ xiànzài hěn bǎo.

3 대화 듣고 질문에 알맞은 보기 고르기 (HSK 3, 4급 듣기 대비 유형)

들려주는 대화를 듣고 질문에 알맞은 보기를 고르세요.

ⓐ 相亲　　　ⓑ 开会　　　ⓒ 出差

정답 p.302

4 단어 채우기 (HSK 3급 쓰기 대비 유형)

제시된 병음에 알맞은 단어를 괄호 안에 채워 문장을 완성해보세요.

1) 我要(zài)家休息休息。 나는 집에서 좀 쉴 거야.
   Wǒ yào   jiā xiūxixiūxi.

2) (Zhǐ)有努力，才能成功。 노력해야만, 비로소 성공할 수 있어.
        yǒu nǔlì, cái néng chénggōng.

5 대화 완성하기 (HSK 3급 독해 대비 유형)

빈칸에 알맞은 문장을 채워 대화를 완성해보세요.

> 我睡得舒舒服服的。
> Wǒ shuì de shūshufúfú de.

> 我们干得好好儿的。
> Wǒmen gàn de hǎohāor de.

> 如果你去，我也去。
> Rúguǒ nǐ qù, wǒ yě qù.

1) A: 你昨天晚上没睡好吗？
      Nǐ zuótiān wǎnshang méi shuì hǎo ma?
   B: _____   저는 매우 편하게 잤어요.

2) A: 你今天去图书馆吗？
      Nǐ jīntiān qù túshūguǎn ma?   너 오늘 도서관에 가니?
   B: _____   만약 네가 가면, 나도 갈 거야.

6 문장 완성하기 (HSK 3, 4급 쓰기 대비 유형)

제시된 단어를 중국어 어순에 맞게 배열하여 문장을 완성해보세요.

1) 他   我   他是   不过   好人，   不喜欢
   tā   wǒ   tā shì búguò hǎorén, bù xǐhuan

   _____。 그는 좋은 사람이에요, 하지만 나는 그를 좋아하지 않아요.

2) 打扫   得   她   干干净净
   dǎsǎo de tā   gānganjìngjìng

   _____。 그녀는 아주 깨끗하게 청소했어요.

간체자 쓰기

제시된 HSK 단어 및 주요 핵심 단어의 간체자와 병음을 또박또박 써보세요.

HSK 2급

红 hóng
红红红红红红
형 빨갛다

HSK 3급

像 xiàng
像像像像像像像像像像像像
동 닮다, 비슷하다

HSK 2급

眼睛 yǎn jing
眼眼眼眼眼眼眼眼眼
睛睛睛睛睛睛睛睛睛
명 눈

HSK 3급

简单 jiǎn dān
简简简简简简简简简简简简
单单单单单单单单
형 간단하다

HSK 3급

明白 míng bai
明明明明明明明
白白白白白
형 분명하다, 명백하다

HSK 3급
干净 干干干
gān jìng 净净净净净净净
형 깨끗하다

HSK 4급
打扮 打打打打打
dǎ ban 扮扮扮扮扮扮
동 차려입다, 치장하다

HSK 2급
因为 因因因因因因
yīn wèi 为为为为
접 왜냐하면

HSK 3급
只有 只只只只只
zhǐ yǒu 有有有有有有
접 ~해야만 ~이다

HSK 3급
如果 如如如如如如
rú guǒ 果果果果果果果
접 만약

루루와 떠나는 중국 문화 여행

시원시원한 중국 전통 옷, 치파오(旗袍)

작년에 입던 치파오(旗袍, qípáo)가 한 벌 있는데 이제는 단추가 채워지지 않아서 루루는 슬퍼요!!! 조금만 살이 쪄도 입기 힘든 중국 전통 옷 치파오, 과연 어떤 모습일까요? 바로 아래 사진과 같은 모습이에요. 드라마나 영화에서 자주 보셨죠?

치파오를 입어보고 싶다면 중국 여행 중에 자금성과 같은 고궁을 꼭 방문하세요! 궁궐들에는 거의 다 치파오 체험관이 있답니다. 만주족들이 입던 치파오나 소수민족 의상을 입어볼 수 있어요. 궁을 배경으로 사진을 한 장 찍고 보면 마치 청나라에 온 듯한 느낌이 들 거예요!

초기의 치파오는 위 사진과 같은 모습이 아니었어요. 치파오는 원래 청나라 만주족 여인들이 말을 탈 때 입던, 팔이 길고 통이 넓은 옷에서 유래했답니다. 그런데 서양의 미니스커트 영향을 받으면서 전체 길이와 옷소매가 점점 짧아졌어요. 1930년대가 되면서는 옆트임이 점점 높아지면서 양옆이 시원시원하게 뚫린 옷이 되었어요.

> "치파오는 원래 청나라 만주족 여인들이 말을 탈 때 입던, 팔이 길고 통이 넓은 옷에서 유래했답니다."

치파오의 색깔과 문양은 정말 다양해요. 그중에서도 특히 빨간색 바탕에 꽃무늬가 들어간 치파오가 가장 많답니다.

🎧 바로 쓰는 초보 여행 중국어

가게에서 옷을 쇼핑할 때

1 이 치파오 아주 예쁘네요!
这件旗袍漂漂亮亮的!
Zhè jiàn qípáo piàopiaoliàngliàng de!

2 저것을 좀 보고 싶어요.
我想看看那个。
Wǒ xiǎng kànkan nà ge.

3 좀 입어봐도 되나요?
可以穿一穿吗?
Kěyǐ chuān yi chuān ma?

4 나는 이 옷을 좀 입어보고 싶어요.
我想穿一下这件衣服。
Wǒ xiǎng chuān yíxià zhè jiàn yīfu.

🎧 바로 듣고 따라하기

DAY 12

바로 듣고 따라하기

두 시간 동안 진행될 예정이에요.

打算进行两个小时。
Dǎsuan jìnxíng liǎng ge xiǎoshí.

동사 술어 다음에 시간의 양을 나타내는 시량보어를 사용하여 얼마 동안 무엇을 했는지 말할 수 있어요!

🎧 초보 단어 미리보기

从 cóng 젠 ~부터	多长时间 duō cháng shíjiān 얼마 동안	担心 dānxīn 동 걱정하다
开始 kāishǐ 동 시작하다	还是 háishi 부 아직도, 변함없이	相信 xiāngxìn 동 믿다
进行 jìnxíng 동 진행하다	信心 xìnxīn 명 자신, 자신감, 확신	肯定 kěndìng 부 분명히
发言 fāyán 동 발표하다	别 bié 부 ~하지 마라	没问题 méi wèntí 괜찮다, 문제 없다
紧张 jǐnzhāng 동 긴장해 있다		加油 jiāyóu 동 파이팅

실전회화로 말문트기

🎧 Day12_실전회화_듣기/따라읽기.mp3   🎧 Day12_실전회화_드라마.mp3

듣기 mp3로 먼저 들어본 후 따라읽기 mp3로 따라서 말해보세요.

장 과장

会议从什么时候开始? 회의 언제부터 시작이에요?
Huìyì cóng shénme shíhou kāishǐ?

从两点开始, 打算进行两个小时。
Cóng liǎng diǎn kāishǐ, dǎsuan jìnxíng liǎng ge xiǎoshí.
두 시부터 시작해서, 두 시간 동안 진행될 예정이에요.

동희 씨

동사 进行(진행하다) 다음에 两个小时(2시간)를 써서 '2시간 동안 진행하다'를 표현했어요.

장 과장

你打算用英语发言, 对吗?
Nǐ dǎsuan yòng Yīngyǔ fāyán, duì ma?
동희 씨가 영어로 발표하기로 한 거, 맞아요?

하나의 주어(你)에 두 개의 동사 用(사용하다)과 发言(발표하다)을 써서 '(영어를) 사용해서 발표하다'라는 의미를 나타낸 연동문이에요.

对, 我准备了一个星期。太紧张了!
Duì, wǒ zhǔnbèile yí ge xīngqī. Tài jǐnzhāng le!
네, 저 일주일 동안 준비했어요. 너무 긴장돼요!

동희 씨

동사 准备(준비하다) 다음에 一个星期(일주일)를 써서 '일주일 동안 준비하다'를 표현했어요.

장 과장

你学英语学了多长时间? 영어는 얼마 동안 공부했어요?
Nǐ xué Yīngyǔ xuéle duō cháng shíjiān?

동사 学(공부하다) 다음에 의문사 多长时间(얼마 동안)을 써서 공부한 기간을 묻고 있어요.

我学英语学了三年了, 但还是没有信心。
Wǒ xué Yīngyǔ xuéle sān nián le, dàn háishi méiyǒu xìnxīn.
저 영어 공부한 지 3년째예요, 그런데 아직 자신 없어요.

동희 씨

동사 学(공부하다) 다음에 三年(3년)을 써서 '3년 동안 공부하다'를 표현했어요.

장 과장

别担心, 我相信你肯定没问题。加油!
Bié dānxīn, wǒ xiāngxìn nǐ kěndìng méi wèntí. Jiāyóu!
걱정 마세요, 난 동희 씨가 분명히 괜찮을 거라고 믿어요. 파이팅!

동사 相信(믿다) 다음에 쓰인 你肯定没问题는 '주어(你) + 부사어(肯定) + 술어(没问题)' 형태의 목적어예요.

谢谢! 감사합니다!
Xièxie!

동희 씨

* <중국어 말문트기 워크북>으로 말하기를 집중 훈련하면 실전회화가 저절로 자동발사돼요.

STEP 2
기초어법으로 내공쌓기 🎧 Day12_기초어법.mp3

1 동작의 지속 시간을 보충하는, 시량보어

동희 씨

打算进行**两个小时**。
Dǎsuan jìnxíng liǎng ge xiǎoshí.
두 시간 동안 진행될 예정이에요.

동사 뒤에 시간의 양을 나타내는 표현을 사용하면 동작을 지속한 시간을 보충하게 되어 '~동안 ~하다'라는 뜻이 돼요. 위 동희 씨의 말에서도 동사 进行(jìnxíng, 진행하다) 뒤에 시간의 양을 나타내는 两个小时(liǎng ge xiǎoshí, 두 시간)이 사용되어 '두 시간 동안 진행하다'라는 의미를 나타냈어요. 이처럼 동사 뒤에서 동작이나 상태가 지속되는 시간을 보충해주는 말을 시량보어라고 해요. 시간의 양을 나타내어 시량보어로 쓸 수 있는 표현에는 분, 시간, 일, 주일, 개월, 년이 있어요.

[시간의 양 표현]

……分钟	……个小时	……天	……个星期	……个月	……年
…… fēnzhōng	…… ge xiǎoshí	…… tiān	…… ge xīngqī	…… ge yuè	…… nián
~분 (동안)	~시간 (동안)	~일 (동안)	~주일 (동안)	~개월 (동안)	~년 (동안)

我 要 休息 **两个星期**。
Wǒ yào xiūxi liǎng ge xīngqī.
나는 ~할 것이다 쉬다 이주일 동안

저는 **이주일 동안** 쉴 거예요.

派对 进行了 **五个小时**。
Pàiduì jìnxíngle wǔ ge xiǎoshí.
파티는 진행되었다 다섯 시간 동안

파티는 **다섯 시간 동안** 진행됐어요.

● 동사 뒤에 목적어가 올 경우, 같은 동사를 목적어 뒤에 한 번 더 쓰고 그 뒤에 시량보어를 써요. 만약 동작의 완료를 나타내기 위해 동태조사 了를 써야 한다면 두 번째 동사 뒤에 써요. 이때, 앞의 동사는 생략할 수 있어요.

목적어가 있는 경우	주어 + (동사) + 목적어 + 동사(+ 了) + 시량보어

我 (学) 汉语 学 了 **一年**。
Wǒ (xué) Hànyǔ xué le yì nián.
나는 (배우다) 중국어를 배우다 ~했다 1년 동안

나는 **중국어를 1년 동안** 배웠어.
(→ 我(주어) + 学(동사) + 汉语(목적어) + 学(동사) + 了 + 一年(시량보어)'으로 이루어진 문장이에요. 이 경우, 앞에 있는 동사 学는 생략 가능해요.)

● 두 번째 동사 뒤에 동태조사 了가 있으면 앞의 동사를 생략하고 목적어를 시량보어 뒤에 써도 돼요. 목적어가 주로 일반명사인 경우이며 시량보어와 목적어 사이에 的를 넣을 수 있어요.

목적어를 시량보어 뒤에 쓰는 경우	주어 + 동사 + 了 + 시량보어 + (的) + 목적어(일반명사)

我 学 了 **一年** (的) 汉语。
Wǒ xué le yì nián (de) Hànyǔ.
나는 배우다 ~했다 1년 동안 (~의) 중국어를

나는 **1년 동안 중국어를** 배웠어.
(→ 동사 뒤에 동태조사 了가 있으므로, 我学汉语学了一年에서 앞의 동사 学를 생략하고, 목적어 汉语를 시량보어 一年 뒤에 썼어요.)

단어 派对 pàiduì 명 파티

- 목적어가 인칭대명사이거나 사람을 지칭하는 말일 경우에는 시량보어 앞에 올 수 있어요.

    목적어가 인칭대명사/사람인 경우   주어 + 동사 + 了 + 목적어(인칭대명사/사람) + 시량보어

    她 等 了 你 两天。
    Tā děng le nǐ liǎng tiān.
    그녀는 기다리다 ~했다 너를 이틀 동안

    그녀는 **너를 이틀 동안** 기다렸어.
    (→ 목적어인 인칭대명사 **你**(너)가 시량보어 **两天**(이틀) 앞에 왔어요.)

- 去(qù, 가다), 来(lái, 오다), 毕业(bìyè, 졸업하다), 离开(líkāi, 떠나다)와 같이 동작이 지속되지 않고 동작하는 순간 완료되는 순간동사 뒤에도 시량보어가 올 수 있어요. 이 경우에는 '~한 지 ~되었다'라는 뜻으로, 동작이 발생한 후 시간이 얼마나 지났는지를 나타내요. 이때 문장 끝에는 어기조사 **了**가 와요.

    동사가 순간동사인 경우   주어 + 순간동사 + 시량보어 + 了

    他 离开 三个月 了。
    Tā líkāi sān ge yuè le.
    그가 떠나다 3개월 되었다

    그가 **떠난 지 3개월 되었어**.

- 의문사 '**多长时间**(duō cháng shíjiān, 얼마 동안)'을 시량보어로 쓰면 동작의 지속시간을 묻는 의문문이 돼요.

    A: 你 要 留学 多长时间?
    Nǐ yào liúxué duō cháng shíjiān?
    너는 ~할 것이다 유학하다 얼마 동안

    너는 **얼마 동안** 유학할 거니?

    B: 我 要 留学 三年。
    Wǒ yào liúxué sān nián.
    나는 ~할 것이다 유학하다 3년 동안

    나는 **3년 동안** 유학할 거야.

➕ 플러스 포인트

'동사 + 了 + 시량보어 + 了'와 같이 시량보어 문장에 동태조사 **了**와 어기조사 **了**를 동시에 쓰면 '(현재까지) ~째 ~하고 있다'라는 뜻이 되어, 이전에 발생한 동작이 지금까지 지속되고 있음을 나타내요. 문장 끝에 어기조사 **了**가 없는 '동사 + 了 + 시량보어'는 동작이 과거에 발생한 사실만 나타내므로, 현재까지 지속되고 있는지는 알 수 없답니다.

他 书 看了 一个小时 了。
Tā shū kànle yí ge xiǎoshí le.
그는 책을 보았다 한 시간째 되었다

그는 책을 한 시간**째 보고 있어**.
(→ **看**(보다)이라는 행위가 과거에 발생해서 현재까지 한 시간 동안(**一个小时**) 지속되고 있음을 나타내요. 주어 **他** 다음에 동사 **看**이 생략되었어요.)

他 书 看了 一个小时。
Tā shū kànle yí ge xiǎoshí.
그는 책을 보았다 한 시간 동안

그는 책을 한 시간 **동안 봤어**.
(→ **看**(보다)이라는 행위가 과거에 발생해서 한 시간 동안(**一个小时**) 지속되었음을 나타내요. 하지만, 현재도 책을 보고 있는지 아닌지는 알 수 없어요.)

단어   等 děng ⑧ 기다리다   离开 líkāi ⑧ 떠나다   留学 liúxué ⑧ 유학하다

STEP 3
확장표현으로 중국어 자동발사

🎧 Day12_확장표현.mp3

시량표현을 통해 시량보어를 익혀보아요.

시량표현과 시량보어

四十分钟
sìshí fēnzhōng
40분 (동안)

从两点开始, 打算进行四十分钟。
Cóng liǎng diǎn kāishǐ, dǎsuan jìnxíng sìshí fēnzhōng.
2시부터 시작해서, 40분 동안 진행될 예정이에요.

三十分钟 / 半个小时
sānshí fēnzhōng/ bàn ge xiǎoshí
30분 (동안) / 반 시간 (동안)

从两点开始, 打算进行三十分钟 / 半个小时。
Cóng liǎng diǎn kāishǐ, dǎsuan jìnxíng sānshí fēnzhōng / bàn ge xiǎoshí.
2시부터 시작해서, 30분 동안 / 반 시간 동안 진행될 예정이에요.

一个小时
yí ge xiǎoshí
한 시간 (동안)

从两点开始, 打算进行一个小时。
Cóng liǎng diǎn kāishǐ, dǎsuan jìnxíng yí ge xiǎoshí.
2시부터 시작해서, 한 시간 동안 진행될 예정이에요.

十五天
shíwǔ tiān
15일 (동안)

从今天开始, 打算进行十五天。
Cóng jīntiān kāishǐ, dǎsuan jìnxíng shíwǔ tiān.
오늘부터 시작해서, 15일 동안 진행될 예정이에요.

两个星期
liǎng ge xīngqī
이주일 (동안)

从今天开始, 打算进行两个星期。
Cóng jīntiān kāishǐ, dǎsuan jìnxíng liǎng ge xīngqī.
오늘부터 시작해서, 이주일 동안 진행될 예정이에요.

三个月
sān ge yuè
3개월 (동안)

从今天开始, 打算进行三个月。
Cóng jīntiān kāishǐ, dǎsuan jìnxíng sān ge yuè.
오늘부터 시작해서, 3개월 동안 진행될 예정이에요.

一年
yì nián
1년 (동안)

从今天开始, 打算进行一年。
Cóng jīntiān kāishǐ, dǎsuan jìnxíng yì nián.
오늘부터 시작해서, 1년 동안 진행될 예정이에요.

'동사 + 了 + 시량보어 + 了'를 사용한 문장을 통해 **시량표현**을 익혀보아요.(빈칸에 아래 단어를 하나씩 넣어서 읽어보세요.)

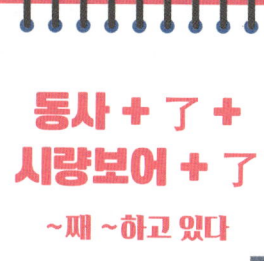

**동사 + 了 +
시량보어 + 了**
~째 ~하고 있다

A: 你学汉语学了多长时间? 중국어는 얼마 동안 공부했어요?
Nǐ xué Hànyǔ xuéle duō cháng shíjiān?

B: 我学汉语学了____了。 저 중국어 공부한 지 ____째예요.
Wǒ xué Hànyǔ xuéle ____ le.

五天
wǔ tiān
5일

三个星期
sān ge xīngqī
3주일

一个月
yí ge yuè
한 달

半年 / 六个月
bàn nián / liù ge yuè
반 년 / 6개월

两年
liǎng nián
2년

十年
shí nián
10년

DAY 12 두 시간 동안 진행될 예정이에요. 打算进行两个小时。 179

연습문제로 실력다지기 🎧 Day12_연습문제.mp3

🎧 연습문제 바로 듣기

1 문장 듣고 병음/뜻 쓰기

다음 문장을 듣고 병음과 뜻을 써보세요.

1) **문장** 打算进行两个小时。

   병음 _____

   뜻 _____

2) **문장** 我准备了一个星期。

   병음 _____

   뜻 _____

3) **문장** 我学英语学了三年了。

   병음 _____

   뜻 _____

2 문장 듣고 일치/불일치 판단하기 (HSK 3, 4급 듣기 대비 유형)

들려주는 문장의 내용과 제시된 문장의 내용이 일치하면 ✓, 불일치하면 ✗를 체크하세요.

1) 会议打算两点四十分结束。　　　　(　　)
   Huìyì dǎsuan liǎng diǎn sìshí fēn jiéshù.

2) 我汉语学了很长时间。　　　　　　(　　)
   Wǒ Hànyǔ xuéle hěn cháng shíjiān.

3 대화 듣고 질문에 알맞은 보기 고르기 (HSK 3, 4급 듣기 대비 유형)

들려주는 대화를 듣고 질문에 알맞은 보기를 고르세요.

ⓐ 两点半　　ⓑ 三点　　ⓒ 三点半

정답 p.303

4 단어 채우기 (HSK 3급 쓰기 대비 유형)

제시된 병음에 알맞은 단어를 괄호 안에 채워 문장을 완성해보세요.

1) 我相信你肯(dìng)没问题。 난 당신이 분명히 괜찮을 거라고 믿어요.
   Wǒ xiāngxìn nǐ kěn   méi wèntí.

2) 你打算用英语发(yán)，对吗? 당신이 영어로 발표하는 거, 맞아요?
   Nǐ dǎsuan yòng Yīngyǔ fā   , duì ma?

5 대화 완성하기 (HSK 3급 독해 대비 유형)

빈칸에 알맞은 문장을 채워 대화를 완성해보세요.

> 我要休息两个星期。
> Wǒ yào xiūxi liǎng ge xīngqī.

> 我学汉语学了两个星期了。
> Wǒ xué Hànyǔ xuéle liǎng ge xīngqī le.

> 别担心。
> Bié dānxīn.

1) A: 我还是没有信心。 저는 아직 자신 없어요.
   Wǒ háishi méiyǒu xìnxīn.
   B: _____ 걱정 마세요.

2) A: 你学汉语学了多长时间? 중국어는 얼마 동안 공부했어요?
   Nǐ xué Hànyǔ xuéle duō cháng shíjiān?
   B: _____ 저 중국어 공부한 지 이주일째예요.

6 문장 완성하기 (HSK 3, 4급 쓰기 대비 유형)

제시된 단어를 중국어 어순에 맞게 배열하여 문장을 완성해보세요.

1) 离开   三个月   他   了
   líkāi sān ge yuè tā le

   _____。 그가 떠난 지 3개월 되었어.

2) 看   一个小时   了   他书   了
   kàn yí ge xiǎoshí le tā shū le

   _____。 그는 책을 한 시간째 보고 있어.

간체자 쓰기

제시된 HSK 단어 및 주요 핵심 단어의 간체자와 병음을 또박또박 써보세요.

HSK 2급

别
bié
别别别别别别别
부 ~하지 마라

HSK 1급

分钟
fēn zhōng
分分分分
钟钟钟钟钟钟钟钟钟
명 분

HSK 2급

小时
xiǎo shí
小小小
时时时时时时时
명 시간

HSK 3급

还是
hái shi
还还还不不还还
是是是是是是是是
부 아직도, 변함없이

HSK 2급

开始
kāi shǐ
开开开开
始始始始始始始
동 시작하다

HSK 3급
相信 相相相相相相相相相
xiāng xìn 信信信信信信信信

동 믿다

相	信						
xiāng	xìn						

HSK 3급
担心 担担担担担担担
dān xīn 心心心心

동 걱정하다

担	心						
dān	xīn						

HSK 4급
进行 进进进进进进
jìn xíng 行行行行行行

동 진행하다

进	行						
jìn	xíng						

加油 加加加加加加
jiā yóu 油油油油油油油

동 파이팅

加	油						
jiā	yóu						

多长时间 多多多多多多
duō cháng shí jiān 长长长长
时时时时时时
间间间间间间

얼마 동안

多	长	时	间				
duō	cháng	shí	jiān				

DAY 12 두 시간 동안 진행될 예정이에요. 打算进行两个小时。

루루와 떠나는 중국 문화 여행

방이 만 개나 되는 중국집? 궁궐!

여러분은 짜장면 많이 시켜드시나요? 그렇다면 자금성이라는 중국집 이름을 한 번쯤은 들어보셨을 것 같은데요. 지금부터는 중국집 자금성이 아닌 진짜 '자금성'에 대한 얘기를 해드릴게요.

영화 <마지막 황제>의 배경으로도 나왔던 자금성(紫禁城, Zǐjìnchéng)은 한국으로 치면 경복궁에 해당하는, 중국 명청시대의 궁궐이에요. 500년이 넘는 세월동안 중국의 권력 중심지였죠.

> 자금성(紫禁城, Zǐjìnchéng)은 한국으로 치면 경복궁에 해당하는, 중국 명청시대의 궁궐이에요.

자금성의 가장 큰 특징 중 하나가 방이 만 개나 있다는 것인데, 이 궁궐을 짓기 위해 100만 명 이상이 동원되었고 14년이 걸렸어요. 방이 만 개인 만큼 규모도 엄청나서 자금성을 하루 안에 다 보는 것이 무리일 정도예요. 하지만, 자금성 전체를 한눈에 내려다볼 수 있는 장소가 있답니다. 바로 자금성 뒷문 쪽 경산공원(景山公園, Jǐngshān gōngyuán)에 있는 경산(오른쪽 사진)에 오르면 돼요. 하지만 베이징의 악명 높은 스모그 때문에

왼쪽 사진처럼 자금성 전체를 뚜렷이 볼 수 있는 날은 매우 드물어요. 놀라운 사실은 이 경산이 황제가 산책하면서 자금성을 한눈에 바라보기 위해 만든 인공산이라는 거예요. 명청시대 황제들은 경산 꼭대기에서 자금성을 바라보며 어떤 생각을 했을지 정말 궁금하네요. 자금성은 중국의 대표 관광지인 만큼 전 세계에서 아주 많은 관광객들이 와요. 그래서 아침 일찍 가지 않으면 입장권 구매가 오래 걸릴 수 있다는 거, 꼭 기억하세요!

🎧 바로 쓰는 초보 여행 중국어

자금성 관광할 때

1 지금 입장 가능해요?
现在可以进去吗?
Xiànzài kěyǐ jìnqu ma?

2 표 네 장 살게요.
我要买四张票。
Wǒ yào mǎi sì zhāng piào.

3 한 시간째 기다리고 있어요.
我等了一个小时了。
Wǒ děngle yí ge xiǎoshí le.

4 경산은 어떻게 가나요?
景山怎么走?
Jǐngshān zěnme zǒu?

🎧 바로 듣고 따라하기

DAY 13

지금 책은 이미 두 번 봤거든.
我已经看过两遍现在的书。
Wǒ yǐjing kànguo liǎng biàn xiànzài de shū.

바로 듣고 따라하기

동사 술어 다음에 동작의 횟수를 나타내는 동량보어를 사용해서 어떤 동작을 몇 번 했는지 말할 수 있어요.

한 번만 봐도 되는 책이 필요하다!

너 뭐 먹을래?
나 라면 먹을 거야.

배고파 죽겠어.
난 김치찌개 먹을게.

아, 머리 아파 죽겠어.
HSK 공부한 지 거의 두 달이 되었는데, 점수가 안 오르네.

그래? 그러면 책을 바꿔서 공부하면 어때?

좋은 생각이야.
我已经看过两遍现在的书。
Wǒ yǐjing kànguo liǎng biàn xiànzài de shū.
지금 책은 이미 두 번 봤거든.

那么吃完以后我们就去一趟书店吧。
Nàme chī wán yǐhòu wǒmen jiù qù yí tàng shūdiàn ba.
그럼 다 먹고 나서 바로 서점 한 번 다녀오자.

그러자. 오늘은 라면이 너무 짜다. 김치찌개는 맛이 어때?

오늘은 김치찌개가 너무 맵네.

🎧 초보 단어 미리보기

拉面 lāmiàn 몡 라면	差不多 chàbuduō 閈 거의	以后 yǐhòu 몡 이후
饿 è 휑 배고프다	分数 fēnshù 몡 점수	趟 tàng 얭 번, 회, 차례
…死了 …sǐle ~해 죽겠다	提高 tígāo 툉 높이다, 향상시키다	咸 xián 휑 짜다
辛奇汤 xīnqítāng 몡 김치찌개	换 huàn 툉 바꾸다	味道 wèidao 몡 맛
头疼 tóu téng 툉 머리가 아프다	已经 yǐjing 閈 이미	辣 là 휑 맵다

STEP 1

실전회화로 말문트기

🎧 Day13_실전회화_듣기/따라읽기.mp3 🎧 Day13_실전회화_드라마.mp3

듣기 mp3로 먼저 들어본 후 따라읽기 mp3로 따라서 말해보세요.

민준

你想吃什么? 我要吃拉面。
Nǐ xiǎng chī shénme? Wǒ yào chī lāmiàn.
너 뭐 먹을래? 나 라면 먹을 거야.

饿死了는 '배고파 죽겠어'라는 뜻으로 굉장히 자주 쓰는 표현이므로 꼭 알아두세요.

饿死了, 我要吃辛奇汤。
È sǐle, wǒ yào chī xīnqítāng.
배고파 죽겠어. 난 김치찌개 먹을게.

루루

민준

啊, 头疼死了。 아, 머리 아파 죽겠어.
À, tóu téng sǐle.

我学HSK 学了差不多 两个月, 分数没有提高。
Wǒ xué HSK xuéle chàbuduō liǎng ge yuè, fēnshù méiyǒu tígāo.
HSK 공부한 지 거의 두 달이 되었는데, 점수가 안 오르네.

头疼死了(머리 아파 죽겠어)도 자주 쓰이므로 꼭 알아두세요.

동사 学(공부하다) 다음에 시량보어 两个月(두 달)를 써서 '두 달 동안 공부하다'를 나타냈어요.

동사 换(바꾸다)과 学习(공부하다)를 사용한 연동문 끝에 怎么样?(~하는 것 어때?)을 써서 '바꿔서 공부하면 어때?'라는 의미를 나타냈어요.

是吗? 那换一本书学习怎么样?
Shì ma? Nà huàn yì běn shū xuéxí zěnmeyàng?
그래? 그러면 책을 바꿔서 공부하면 어때?

루루

민준

好主意。我已经看过两遍现在的书。
Hǎo zhǔyi. Wǒ yǐjing kànguo liǎng biàn xiànzài de shū.
좋은 생각이야. 지금 책은 이미 두 번 봤거든.

遍은 책을 처음부터 끝까지 모두 본 횟수를 나타내는 양사예요. 그래서 看过两遍은 책을 두 번 공부했다는 의미예요.

趟은 왕복 동작을 세는 양사예요. 그래서 去一趟书店은 서점을 한 번 다녀온다는 의미예요.

那么吃完以后我们就去一趟书店吧。
Nàme chī wán yǐhòu wǒmen jiù qù yí tàng shūdiàn ba.
그럼 다 먹고 나서 바로 서점 한 번 다녀오자.

루루

민준

好的。今天拉面太咸了。
Hǎo de. Jīntiān lāmiàn tài xián le.
그러자. 오늘은 라면이 너무 짜네.

辛奇汤味道怎么样? 김치찌개는 맛이 어때?
Xīnqítāng wèidao zěnmeyàng?

辛奇汤味道怎么样?(김치찌개는 맛이 어때?)에서 주어는 辛奇汤(김치찌개), 술어는 味道怎么样(맛이 어때)으로, 술어가 '주어(味道) + 술어(怎么样)' 형태예요.

今天辛奇汤太辣了。 오늘은 김치찌개가 너무 맵네.
Jīntiān xīnqítāng tài là le.

루루

* <중국어 말문트기 워크북>으로 말하기를 집중 훈련하면 실전회화가 저절로 자동발사돼요.

STEP 2
기초어법으로 내공쌓기
🎧 Day13_기초어법.mp3

1 동작의 횟수를 보충하는, 동량보어

민준

我已经看过两遍现在的书。
Wǒ yǐjing kànguo liǎng biàn xiànzài de shū.

지금 책은 이미 두 번 봤거든.

우리말 '난 중국에 한 번 가본 적 있어'에서 '한 번'을 사용해서 동작의 횟수를 나타낸 것처럼, 중국어에도 동작의 횟수를 세는 표현이 있어요. 위 민준이의 말에서는 동사 看(kàn, 보다) 뒤에 쓰인 两遍(liǎng biàn, 두 번)이 바로 동작의 횟수를 나타내는 말이에요. 이렇게 동사 뒤에서 동작의 횟수를 보충 설명해주는 표현을 '동량보어'라고 하고, 遍(번)과 같은 동량사 즉, 동작을 세는 양사를 사용해요.

[자주 쓰이는 동량사]

次 cì	번, 회, 차례	단순히 동작의 횟수를 세는 양사로 가장 자주 사용돼요.
遍 biàn	번, 회, 차례	처음부터 끝까지 이어지는 과정의 동작 횟수를 세는 양사예요.
趟 tàng	번, 회, 차례	왕복하는 동작을 세는 양사예요.

请 再 说 一遍。
Qǐng zài shuō yí biàn.
~해주세요 다시 말하다 한 번

(처음부터 끝까지) 다시 한 번 말씀해주세요.
(→ 说(말하다)라는 동작의 횟수를 세는 동량보어로 遍이 사용되었어요. 遍이 사용되었기 때문에 '처음부터 끝까지' 다시 한 번 말해달라는 의미가 되었어요.)

● 목적어가 일반명사일 경우에는 주로 '동사 + 동량보어 + 목적어'의 순서로 써요.

我 去了 一趟 中国。
Wǒ qùle yí tàng Zhōngguó.
나는 갔다 왔다 한 번 중국에

나는 중국에 한 번 갔다 왔어.
(→ 목적어 中国가 일반명사이므로 동량보어 一趟 다음에 왔어요.)

我 吃过 一次 他 做的 菜。
Wǒ chīguo yí cì tā zuò de cài.
나는 먹어본 적 한 번 그가 만든 요리를

나는 그가 만든 요리를 한 번 먹어본 적 있어.
(→ 목적어 菜가 일반명사이므로 동량보어 一次 다음에 왔어요. 他做的는 목적어 菜를 꾸미는 관형어예요.)

● 목적어가 대명사일 경우에는 '동사 + 대명사 + 동량보어'의 순서로 써요.

我 要 见 他 一次。
Wǒ yào jiàn tā yí cì.
나는 ~하려 하다 만나다 그를 한 번

나는 그를 한 번 만나려고 해.
(→ 목적어 他가 대명사이므로 동량보어 一次 앞에 왔어요.)

他 来过 这儿 两三次。
Tā láiguo zhèr liǎng sān cì.
그는 온 적 여기에 두세 번

그는 여기에 두세 번 온 적 있어.
(→ 목적어 这儿이 대명사이므로 동량보어 两三次 앞에 왔어요.)

단어 请 qǐng ⑧ 청하다, 부탁하다 再 zài ⑨ 다시, 재차 菜 cài ⑨ 요리

2 죽겠어, 형용사 + 死了 sǐle (~해서 죽겠다)

루루

> 饿死了。
> È sǐle.
>
> 배고파 **죽겠어**.

우리말 '배고파 죽겠어', '피곤해 죽겠어'에서 '~해서 죽겠다'라는 말로 상태를 강조하는 것처럼, 중국어에서도 형용사 뒤에 **死了**(sǐle, 죽겠다)를 붙이면 '~해서 죽겠다'라는 의미의 표현이 돼요. 위 루루의 말에서도 형용사 **饿**(è, 배고프다) 뒤에 **死了**를 사용하여 '배고파 죽겠어'라는 의미를 나타냈어요.

肚子 疼 死了。
Dùzi téng sǐle.
배가 아프다 죽겠다

배가 아파 **죽겠어**.

累 死了。
Lèi sǐle.
피곤하다 죽겠다

피곤해 **죽겠어**.

紧张 死了。
Jǐnzhāng sǐle.
긴장되다 죽겠다

긴장돼 **죽겠어**.

단어   肚子 dùzi 몡 배 疼 téng 톙 아프다 累 lèi 톙 피곤하다

확장표현으로 중국어 자동발사

🎧 Day13_확장표현.mp3

자주 쓰이는 **동사**와 **동량사** 표현을 함께 익혀보아요.

동사 + 동량사
~번 ~하다

看 / 一次
kàn / yí cì
보다 / 한 번

1 我**看**过**一次**那本书。 나는 그 책을 한 번 본 적 있어.
　Wǒ kànguo yí cì nà běn shū.
2 我**看**了**一次**那本书。 나는 그 책을 한 번 봤어.
　Wǒ kànle yí cì nà běn shū.
3 我要**看一次**那本书。 나는 그 책을 한 번 보려고 해.
　Wǒ yào kàn yí cì nà běn shū.

吃 / 一次
chī / yí cì
먹다 / 한 번

1 我**吃**过**一次**火锅。 나는 샤브샤브를 한 번 먹어본 적 있어.
　Wǒ chīguo yí cì huǒguō.
2 我**吃**了**一次**火锅。 나는 샤브샤브를 한 번 먹었어.
　Wǒ chīle yí cì huǒguō.
3 我要**吃一次**火锅。 나는 샤브샤브를 한 번 먹으려고 해.
　Wǒ yào chī yí cì huǒguō.

见 / 一次
jiàn / yí cì
만나다 / 한 번

1 我**见**过**一次**小王。 나는 샤오왕을 한 번 만난 적 있어.
　Wǒ jiànguo yí cì Xiǎo Wáng.
2 我**见**了**一次**小王。 나는 샤오왕을 한 번 만났어.
　Wǒ jiànle yí cì Xiǎo Wáng.
3 我要**见一次**小王。 나는 샤오왕을 한 번 만나려고 해.
　Wǒ yào jiàn yí cì Xiǎo Wáng.

读 / 一遍
dú / yí biàn
읽다 / 한 번

1 我**读**过**一遍**课文。 나는 본문을 한 번 읽은 적 있어.
　Wǒ dúguo yí biàn kèwén.
2 我**读**了**一遍**课文。 나는 본문을 한 번 읽었어.
　Wǒ dúle yí biàn kèwén.
3 我要**读一遍**课文。 나는 본문을 한 번 읽으려고 해.
　Wǒ yào dú yí biàn kèwén.

听 / 一遍
tīng / yí biàn
듣다 / 한 번

1 我**听**过**一遍**那个故事。 나는 그 이야기를 한 번 들어본 적 있어.
　Wǒ tīngguo yí biàn nà ge gùshi.
2 我**听**了**一遍**那个故事。 나는 그 이야기를 한 번 들었어.
　Wǒ tīngle yí biàn nà ge gùshi.
3 我要**听一遍**那个故事。 나는 그 이야기를 한 번 들으려고 해.
　Wǒ yào tīng yí biàn nà ge gùshi.

去 / 一趟
qù / yí tàng
가다(갔다 왔다) / 한 번

1 我**去**过**一趟**上海。 나는 상하이에 한 번 갔다 온 적 있어.
　Wǒ qùguo yí tàng Shànghǎi.
2 我**去**了**一趟**上海。 나는 상하이에 한 번 갔다 왔어.
　Wǒ qùle yí tàng Shànghǎi.
3 我要**去一趟**上海。 나는 상하이에 한 번 갔다 오려고 해.
　Wǒ yào qù yí tàng Shànghǎi.

* 去가 趟과 함께 쓰일 경우 '갔다 왔다'라는 뜻이 돼요.

来 / 一趟
lái / yí tàng
오다(왔다 갔다) / 한 번

1 他**来**过这儿**一趟**。 그는 여기에 한 번 왔다 간 적 있어.
　Tā láiguo zhèr yí tàng.
2 他**来**了这儿**一趟**。 그는 여기에 한 번 왔다 갔어.
　Tā láile zhèr yí tàng.
3 他要**来**这儿**一趟**。 그는 여기에 한 번 왔다 가려고 해.
　Tā yào lái zhèr yí tàng.

* 来가 趟과 함께 쓰일 경우 '왔다 갔다'라는 뜻이 돼요.

부정적인 상태 표현을 …死了(~죽겠다) 표현을 통해 익혀보아요.

부정적인 상태 표현과 …死了(~죽겠다)

饿
è
배고프다

饿死了! 배고파 죽겠어!
È sǐle!

累
lèi
피곤하다

累死了! 피곤해 죽겠어!
Lèi sǐle!

疼
téng
아프다

疼死了! 아파 죽겠어!
Téng sǐle!

困
kùn
졸리다

困死了! 졸려 죽겠어!
Kùn sǐle!

痒
yǎng
간지럽다

痒死了! 간지러워 죽겠어!
Yǎng sǐle!

冷
lěng
춥다

冷死了! 추워 죽겠어!
Lěng sǐle!

热
rè
덥다

热死了! 더워 죽겠어!
Rè sǐle!

无聊
wúliáo
심심하다

无聊死了! 심심해 죽겠어!
Wúliáo sǐle!

맛을 나타내는 표현을 익혀보아요. (빈칸에 아래 단어를 하나씩 넣어서 읽어보세요.)

맛 표현

A: 味道怎么样? 맛이 어떠니?
   Wèidao zěnmeyàng?

B: 太___了! 너무 ___!
   Tài ___ le!

咸
xián
짜다

苦
kǔ
쓰다

淡
dàn
싱겁다

辣
là
맵다

甜
tián
달다

酸
suān
시다

DAY 13 지금 책은 이미 두 번 봤거든. 我已经看过两遍现在的书。

연습문제로 실력다지기

🎧 Day13_연습문제.mp3

🎧 연습문제 바로 듣기

1 문장 듣고 병음/뜻 쓰기

다음 문장을 듣고 병음과 뜻을 써보세요.

1) **문장** 饿死了，我要吃辛奇汤。

   병음 _____

   뜻 _____

2) **문장** 我已经看过两遍现在的书。

   병음 _____

   뜻 _____

3) **문장** 那么吃完以后我们就去一趟书店吧。

   병음 _____

   뜻 _____

2 문장 듣고 일치/불일치 판단하기 (HSK 3, 4급 듣기 대비 유형)

들려주는 문장의 내용과 제시된 문장의 내용이 일치하면 ✓, 불일치하면 ✗를 체크하세요.

1) 我去了一趟中国。　　　　　（　　）
   Wǒ qùle yí tàng Zhōngguó.

2) 我见过小王。　　　　　　　（　　）
   Wǒ jiànguo Xiǎo Wáng.

3 대화 듣고 질문에 알맞은 보기 고르기 (HSK 3, 4급 듣기 대비 유형)

들려주는 대화를 듣고 질문에 알맞은 보기를 고르세요.

ⓐ 咸　　　ⓑ 辣　　　ⓒ 淡

정답 p.304

4 단어 채우기 (HSK 3급 쓰기 대비 유형)

제시된 병음에 알맞은 단어를 괄호 안에 채워 문장을 완성해보세요.

1) 肚子(téng)死了。 배가 아파 죽겠어.
   Dùzi   sǐle.

2) 请再(shuō)一遍。 (처음부터 끝까지) 다시 한 번 말씀해주세요.
   Qǐng zài   yí biàn.

5 대화 완성하기 (HSK 3급 독해 대비 유형)

빈칸에 알맞은 문장을 채워 대화를 완성해보세요.

> 我吃过一次。 我看过一次。 我去过一趟。
> Wǒ chīguo yí cì. Wǒ kànguo yí cì. Wǒ qùguo yí tàng.

1) A: 你去过上海吗? 너는 상하이에 가본 적 있니?
   Nǐ qùguo Shànghǎi ma?
   B: _____ 나는 한 번 갔다 온 적 있어.

2) A: 你吃过他做的菜吗? 너는 그가 만든 요리를 먹어본 적 있니?
   Nǐ chīguo tā zuò de cài ma?
   B: _____ 나는 한 번 먹어본 적 있어.

6 문장 완성하기 (HSK 3, 4급 쓰기 대비 유형)

제시된 단어를 중국어 어순에 맞게 배열하여 문장을 완성해보세요.

1) 课文 要 一遍 读 我
   kèwén yào yí biàn dú wǒ

   _____。 나는 본문을 한 번 읽으려고 해.

2) 这儿 过 他 一趟 来
   zhèr guo tā yí tàng lái

   _____。 그는 여기에 한 번 왔다 간 적 있어.

정답 p.304

간체자 쓰기

제시된 HSK 단어 및 주요 핵심 단어의 간체자와 병음을 또박또박 써보세요.

HSK 2급

次
cì

次次次次次次

양 번, 회, 차례

HSK 4급

遍
biàn

遍遍遍户户户肩肩肩遍遍遍

양 번, 회, 차례

HSK 4급

趟
tàng

趟趟趟趟趟走赴赴赵趟趟趟趟

양 번, 회, 차례

HSK 3급

换
huàn

换换换换换换换换换换

동 바꾸다

HSK 3급

疼
téng

疼疼广广疒疒疼疼疼疼

형 아프다

HSK 3급

甜
tián
甜甜甜甜甜甜甜甜甜
형 달다

HSK 4급

咸
xián
咸咸咸咸咸咸咸咸
형 짜다

HSK 4급

辣
là
辣辣辣辣辣辣辣辣辣辣辣辣辣
형 맵다

HSK 4급

酸
suān
酸酸酸酸酸酸酸酸酸酸酸酸酸酸
형 시다

HSK 3급

提高
tí gāo
提提提提提提提提提提
高高高高高高高高高高
동 높이다, 향상시키다

DAY 13 지금 책은 이미 두 번 봤거든. 我已经看过两遍现在的书。

루루와 떠나는 중국 문화 여행

중국의 매운맛 좀 볼까요?

여러분은 중국의 맛 하면 어떤 맛이 떠오르시나요? 향이 강한 맛? 기름진 맛? 둘 다 맞아요! 그런데 중국 음식은 이 두 가지 맛도 강하지만 매운맛도 중국의 맛 중 하나로서 맛있고 유명한 요리들이 많답니다. 매운맛은 중국어로 라(辣, là)라고 하는데, 중국은 이 매운맛의 종류가 지역마다 달라요. 매운 요리가 발달한 대표적인 지역은 쓰촨(四川, Sìchuān), 후난(湖南, Húnán), 구이저우(贵州, Guìzhōu)가 있어요.

> 쓰촨요리는 얼얼한 매운맛,
> 후난은 새콤하면서 매운맛,
> 구이저우는 고소하면서 매운맛이 나요.

쓰촨요리는 얼얼한 매운맛, 후난은 새콤하면서 매운맛, 구이저우는 고소하면서 매운맛이 나요. 이 중에서도 중국 사람들이 가장 즐기는 맛은 쓰촨의 얼얼한 매운맛이고, 이 맛을 바로 마라(麻辣, málà)라고 해요.

마라한 맛이 나는 중국의 대표적 요리에는 마라탕(麻辣烫, málàtàng)과 마라샹궈(麻辣香锅, málàxiāngguō)가 있어요. 둘 다 자기가 먹고 싶은 재료(위 사진)를 골라 넣을 수 있는데, 마라탕은 재료들을 육수에 끓여 면과 함

께 탕처럼 먹는 것이고, 마라샹궈(위 사진)는 재료를 볶아 면이나 밥과 함께 먹는 거예요. 보기에는 별로 안 매워 보이지만 먹는 순간 매움이 온 입안에 퍼진답니다. 중국 여행 중 마라한 맛을 먹어보고 싶은데 너무 매울까봐 걱정되신다고요? 그렇다면 식당에서 주문할 때 이 세 가지 단어만 기억해두세요. 덜 맵게 먹고 싶으면 웨이라(微辣, wēilà), 보통으로 맵게 먹고 싶으면 쭝라(中辣, zhōnglà), 아주 맵게 먹고 싶으면 터라(特辣, tèlà)라고 말하면서 주문하면 된답니다!

🎧 바로 쓰는 초보 여행 중국어

식당에서 요리맛에 대해 말할 때

1 덜 매운맛! (덜 맵게 해주세요!)
微辣!
Wēilà!

2 나는 아주 매운맛을 원해요.
我要特辣的。
Wǒ yào tèlà de.

3 이 요리는 너무 달아요.
这个菜太甜了。
Zhè ge cài tài tián le.

4 나는 조금 덜 짠 요리를 먹고 싶어요.
我想吃不太咸的菜。
Wǒ xiǎng chī bú tài xián de cài.

🎧 바로 듣고 따라하기

DAY 14

그러면 저도 걸어 올라갈래요.

那我也要爬上去。

Nà wǒ yě yào pá shàngqu.

바로 듣고 따라하기

동사 술어 다음에 방향보어를 써서 동작의 진행 방향을 실감나게 말할 수 있어요.

갈수록 살이 찌는 동희 씨!

초보 단어 미리보기

刚才 gāngcái 방금, 지금 막	爬 pá 오르다	胖 pàng 뚱뚱하다
位 wèi 분	楼梯 lóutī 계단	所以 suǒyǐ 그래서
总经理 zǒngjīnglǐ 사장, 최고 경영자	楼 lóu 층	运动 yùndòng 운동하다
最近 zuìjìn 최근	会 huì ~할 것이다	包 bāo 가방
电梯 diàntī 엘리베이터	越来越 yuèláiyuè 갈수록, 점점	…的时候 …de shíhou ~할 때

STEP 1
실전회화로 말문트기

🎧 Day14_실전회화_듣기/따라읽기.mp3   🎧 Day14_실전회화_드라마.mp3

듣기 mp3로 먼저 들어본 후 따라읽기 mp3로 따라서 말해보세요.

동희 씨

> 刚才跑上去的那位是谁?
> Gāngcái pǎo shàngqu de nà wèi shì shéi?
> 방금 뛰어 올라가신 저분 누구세요?

동사 跑(뛰다) 뒤에 上去(올라가다)가 쓰여 뛰는 방향을 나타냈어요.
跑上去的那位는 '뛰어 올라간 저분'이라는 뜻으로 '동사 + 的 + 명사'의 형태예요.

동사 坐(타다)가 엘리베이터를 타는 동작을 나타냈어요.
爬(오르다)는 계단이나 산처럼 경사진 곳을 걸어서 오르는 동작을 표현해요.

> 是总经理。他最近不坐电梯，爬楼梯。
> Shì zǒngjīnglǐ. Tā zuìjìn bú zuò diàntī, pá lóutī.
> 사장님이세요. 최근에 엘리베이터 안 타고, 계단으로 올라가세요.

미래 씨

동희 씨

> 是吗？那我也要爬上去。
> Shì ma? Nà wǒ yě yào pá shàngqu.
> 그래요? 그러면 저도 걸어 올라갈래요.

동사 爬(오르다) 뒤에 上去(올라가다)가 쓰여 오르는 방향을 나타냈어요.

> 我们办公室在八楼，不会累吗？
> Wǒmen bàngōngshì zài bā lóu, bú huì lèi ma?
> 우리 사무실이 8층에 있는데, 안 피곤하겠어요?

미래 씨

在가 '~에 있다'라는 뜻의 동사로 쓰였어요.

동희 씨

> 我最近越来越胖了，所以我要运动。
> Wǒ zuìjìn yuèláiyuè pàng le, suǒyǐ wǒ yào yùndòng.
> 제가 최근에 갈수록 살이 쪄서, 운동해야 해요.

越来越(갈수록)를 형용사 胖(뚱뚱하다) 앞에 사용하여 살이 점점 찌고 있음을 나타내고 있어요.

坐电梯(엘리베이터를 타다) 뒤에 上去(올라가다)가 쓰여 엘리베이터의 이동 방향을 나타냈어요.

> 我要坐电梯上去。给我你的包。
> Wǒ yào zuò diàntī shàngqu. Gěi wǒ nǐ de bāo.
> 전 엘리베이터 타고 올라갈래요. 가방 주세요.

미래 씨

동희 씨

> 谢谢！我下班的时候也要走下去！
> Xièxie! Wǒ xiàbān de shíhou yě yào zǒu xiàqu!
> 고마워요! 퇴근할 때도 걸어 내려가야겠어요!

동사 走(걷다) 뒤에 下去(내려가다)가 쓰여 걷는 방향을 나타냈어요.

• <중국어 말문트기 워크북>으로 말하기를 집중 훈련하면 실전회화가 저절로 자동발사돼요.

STEP 2
기초어법으로 내공쌓기
🎧 Day14_기초어법.mp3

1 동작의 방향을 보충하는, 방향보어

동희 씨

那我也要爬上去。 그러면 저도 걸어 올라갈래요.
Nà wǒ yě yào pá shàngqu.

우리말 '걸어 내려오다'에서 '내려오다'는 걷는 동작의 방향이 아래로 향하면서 화자에게 가까워짐을 나타내고 있어요. 중국어에서도 이처럼 동작의 진행방향을 보충해주기 위해 동사 다음에 방향보어를 사용해요. 동희 씨의 말에서도 동사 爬(pá, 오르다) 뒤에 방향보어 上去(shàngqu, 올라가다)를 써서 위로 올라가면서 멀어짐을 나타냈어요.

[자주 쓰이는 방향보어]
방향보어에는 '去/来'만 쓰는 단순방향보어와 '上/下/进/出/回/过 + 단순방향보어(去/来)'인 복합방향보어가 있어요. 두 경우 모두 동작의 방향이 화자가 있는 곳으로부터 멀어질 때에는 去, 가까워질 때에는 来를 써요. 복합방향보어에서 쓰이는 去와 来는 모두 경성으로 발음해요.

단순방향보어	去 qù 가다				来 lái 오다	
복합방향보어	上去 shàngqu 올라가다	下去 xiàqu 내려가다	进去 jìnqu 들어가다	出去 chūqu 나가다	回去 huíqu 돌아가다	过去 guòqu 건너가다
	上来 shànglai 올라오다	下来 xiàlai 내려오다	进来 jìnlai 들어오다	出来 chūlai 나오다	回来 huílai 돌아오다	过来 guòlai 건너오다

단순방향보어 这 是 你的, 你 拿去 吧。
　　　　　　Zhè shì nǐ de, nǐ náqu ba.
　　　　　　이것은 ~이다 너의 것 네가 가져 가다 ~하렴

이것은 너의 것이야, 가져 가렴. (→ 拿(가지다, 잡다)라는 동작의 방향이 화자가 있는 곳으로부터 멀어짐을 의미해요.)

　　　　　　晚饭 准备 完了, 孩子们 都 跑来 了。
　　　　　　Wǎnfàn zhǔnbèi wán le, háizimen dōu pǎolai le.
　　　　　　저녁식사가 준비하다 다 했다 아이들이 모두 뛰어 오다 ~했다

저녁식사가 다 준비되니, 아이들이 모두 뛰어 왔어. (→ 뛰는 방향이 화자가 있는 곳으로 가까워짐을 의미해요.)

복합방향보어 她 不在 咖啡厅, 已经 走回去 了。
　　　　　　Tā bú zài kāfēitīng, yǐjing zǒu huíqu le.
　　　　　　그녀는 없다 카페에 이미 걸어서 돌아가다 ~했다

그녀는 카페에 없어요, 이미 걸어서 돌아갔어요. (→ 걷는 방향이 화자가 있는 곳으로부터 멀어졌음을 의미해요.)

　　　　　　外边 下雨了, 所以 我们 都 跑进来 了。
　　　　　　Wàibian xiàyǔ le, suǒyǐ wǒmen dōu pǎo jìnlai le.
　　　　　　밖에 비가 내리다 그래서 우리는 모두 뛰어 들어오다 ~했다

밖에 비가 내려서, 우리는 모두 뛰어 들어왔어요. (→ 뛰는 방향이 화자가 있는 곳으로 가까워졌음을 의미해요.)

단어 准备 zhǔnbèi ⑧ 준비하다 孩子们 háizimen 아이들 下雨 xiàyǔ ⑧ 비가 오다

● 목적어가 장소일 때 단순방향보어의 경우 '동사 + 장소 + 단순방향보어' 형태로 쓰며, 복합방향보어의 경우 장소를 복합방향보어의 두 글자 사이에 써요.

上课了, 学生们 都 进 教室 去。
Shàngkè le, xuéshengmen dōu jìn jiàoshì qù.
수업이 시작되다 학생들이 모두 들다 교실로 가다

수업이 시작되자, 학생들이 모두 **교실로 들어가요**.
(→ 동사 进(들다)과 단순방향보어 去(가다) 사이에 목적어인 장소 **教室**(교실)을 썼어요.)

明天 我 要 走 回 家 去。
Míngtiān wǒ yào zǒu huí jiā qù.
내일 나는 ~할 것이다 걷다 돌아 집으로 가다

내일 나는 **걸어서 집으로 돌아갈** 거야.
(→ 동사 走(걷다) + 복합방향보어 回去(돌아가다)에서 복합방향보어 回去 사이에 목적어인 장소 家(집)를 썼어요.)

2 점점 더 심화될 땐, 越来越(yuèláiyuè) (갈수록)

동희 씨

我最近越来越胖了。
Wǒ zuìjìn yuèláiyuè pàng le.

제가 최근에 **갈수록** 살이 쪄요.

越来越(yuèláiyuè)는 '갈수록'이라는 뜻으로 어떤 상태가 점점 심화됨을 표현할 때 사용하는 부사로 술어 앞에서 사용해요. 동희 씨가 越来越胖(갈수록 살이 찐다)이라고 말한 것도 胖(pàng, 뚱뚱하다)를 술어로 하여 '갈수록 뚱뚱한 상태로 되어감'을 나타냈어요. 또한 문장 끝에 어기조사 了를 씀으로써 이미 살찐 상태로 변했는데 갈수록 살이 더 찌고 있음을 나타냈어요.

我 越来越 喜欢 你 了。
Wǒ yuèláiyuè xǐhuan nǐ le.
나는 갈수록 좋아하다 너를 ~하게 되다

나는 **갈수록** 네가 좋아져.
(→ 이미 좋아하는 상태로 변했는데 갈수록 더 좋아지고 있음을 의미해요.)

● 단지 심화되는 상태에 대해서만 말하고 싶을 때에는 문장 끝에 어기조사 了를 사용하지 않아요.

天气 越来越 热。
Tiānqì yuèláiyuè rè.
날씨가 갈수록 덥다

날씨가 **갈수록** 더워요.
(→ 단지 더운 상태가 심화됨을 의미해요.)

단어 上课 shàngkè 동 수업하다 教室 jiàoshì 명 교실 天气 tiānqì 명 날씨 热 rè 형 덥다

STEP 3
확장표현으로 중국어 자동발사

🎧 Day14_확장표현.mp3

자주 같이 쓰이는 **동사**와 **방향보어**를 익혀보아요. (빈칸에 아래 단어를 하나씩 넣어서 읽어보세요.)

동사와 방향보어

A: 刚才_____的那位是谁? 방금 _____ㄴ 저분 누구세요?
　　Gāngcái _____ de nà wèi shì shéi?

B: 是总经理。 사장님이세요.
　　Shì zǒngjīnglǐ.

上去
shàngqu
올라가다

跑来
pǎolai
뛰어오다

过去
guòqu
(저쪽으로) 건너가다

过来
guòlai
(이쪽으로) 건너오다

跑下去
pǎo xiàqu
뛰어 내려가다

跑上来
pǎo shànglai
뛰어 올라오다

走过去
zǒu guòqu
걸어 지나가다

走出来
zǒu chūlai
걸어 나오다

건강 관련 표현을 **越来越胖了**(갈수록 살이 찌다)와 함께 익혀보아요.

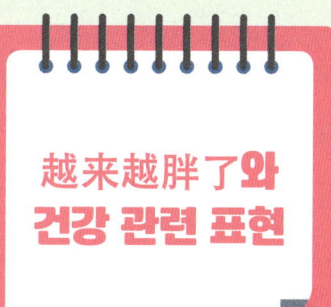

越来越胖了와 건강 관련 표현

运动
yùndòng
운동하다

我最近越来越胖了，所以我要运动。
Wǒ zuìjìn yuèláiyuè pàng le, suǒyǐ wǒ yào yùndòng.
저 최근에 갈수록 살이 쪄서, 운동해야 해요.

减肥
jiǎnféi
다이어트하다

我最近越来越胖了，所以我要减肥。
Wǒ zuìjìn yuèláiyuè pàng le, suǒyǐ wǒ yào jiǎnféi.
저 최근에 갈수록 살이 쪄서, 다이어트해야 해요.

节食
jiéshí
음식을 줄이다

我最近越来越胖了，所以我要节食。
Wǒ zuìjìn yuèláiyuè pàng le, suǒyǐ wǒ yào jiéshí.
저 최근에 갈수록 살이 쪄서, 음식을 줄여야 해요.

去健身房
qù jiànshēnfáng
헬스장에 가다

我最近越来越胖了，所以我要去健身房。
Wǒ zuìjìn yuèláiyuè pàng le, suǒyǐ wǒ yào qù jiànshēnfáng.
저 최근에 갈수록 살이 쪄서, 헬스장에 가야 해요.

做瑜伽
zuò yújiā
요가를 하다

我最近越来越胖了，所以我要做瑜伽。
Wǒ zuìjìn yuèláiyuè pàng le, suǒyǐ wǒ yào zuò yújiā.
저 최근에 갈수록 살이 쪄서, 요가를 해야 해요.

慢跑
mànpǎo
조깅을 하다

我最近越来越胖了，所以我要慢跑。
Wǒ zuìjìn yuèláiyuè pàng le, suǒyǐ wǒ yào mànpǎo.
저 최근에 갈수록 살이 쪄서, 조깅을 해야 해요.

锻炼身体
duànliàn shēntǐ
신체를 단련하다

我最近越来越胖了，所以我要锻炼身体。
Wǒ zuìjìn yuèláiyuè pàng le, suǒyǐ wǒ yào duànliàn shēntǐ.
저 최근에 갈수록 살이 쪄서, 신체를 단련해야 해요.

DAY 14 그러면 저도 걸어 올라갈래요. 那我也要爬上去。

연습문제로 실력다지기

🎧 Day14_연습문제.mp3

🎧 연습문제 바로 듣기

1 문장 듣고 병음/뜻 쓰기

다음 문장을 듣고 병음과 뜻을 써보세요.

1) **문장** 那我也要爬上去。

   병음 _____

   뜻 _____

2) **문장** 我最近越来越胖了。

   병음 _____

   뜻 _____

3) **문장** 我下班的时候也要走下去!

   병음 _____

   뜻 _____

2 문장 듣고 일치/불일치 판단하기 (HSK 3, 4급 듣기 대비 유형)

들려주는 문장의 내용과 제시된 문장의 내용이 일치하면 ✓, 불일치하면 ✗를 체크하세요.

1) 孩子们回来吃饭。　　　　(　　)
   Háizimen huílai chī fàn.

2) 最近天气很冷。　　　　(　　)
   Zuìjìn tiānqì hěn lěng.

3 대화 듣고 질문에 알맞은 보기 고르기 (HSK 3, 4급 듣기 대비 유형)

들려주는 대화를 듣고 질문에 알맞은 보기를 고르세요.

ⓐ 六楼　　　ⓑ 八楼　　　ⓒ 十楼

정답 p.305

4 단어 채우기 (HSK 3급 쓰기 대비 유형)

제시된 병음에 알맞은 단어를 괄호 안에 채워 문장을 완성해보세요.

1) 我越来越(xǐ)欢你了。   나는 갈수록 네가 좋아져.
   Wǒ yuèláiyuè   huan nǐ le.

2) (Gěi)我你的包。   가방 주세요.
   wǒ nǐ de bāo.

5 대화 완성하기 (HSK 3급 독해 대비 유형)

빈칸에 알맞은 문장을 채워 대화를 완성해보세요.

| 天气越来越热。 | 明天我要走回家去。 | 是总经理。 |
| Tiānqì yuèláiyuè rè. | Míngtiān wǒ yào zǒu huí jiā qù. | Shì zǒngjīnglǐ. |

1) A: 刚才跑下去的那位是谁?   방금 뛰어 내려가신 저분 누구세요?
   Gāngcái pǎo xiàqu de nà wèi shì shéi?
   B: _____   사장님이세요.

2) A: 最近中国的天气怎么样?   요즘 중국 날씨 어때요?
   Zuìjìn Zhōngguó de tiānqì zěnmeyàng?
   B: _____   날씨가 갈수록 더워요.

6 문장 완성하기 (HSK 3, 4급 쓰기 대비 유형)

제시된 단어를 중국어 어순에 맞게 배열하여 문장을 완성해보세요.

1) 教室   进   学生们   上课了,   都   去
   jiàoshì   jìn   xuéshengmen   shàngkè le,   dōu   qù

   _____。   수업이 시작되자, 학생들이 모두 교실로 들어가요.

2) 她不在   回去   已经   了   咖啡厅,   走
   tā bú zài   huíqu   yǐjing   le   kāfēitīng,   zǒu

   _____。   그녀는 카페에 없어요, 이미 걸어서 돌아갔어요.

정답 p.305

간체자 쓰기

제시된 HSK 단어 및 주요 핵심 단어의 간체자와 병음을 또박또박 써보세요.

HSK 3급

胖
pàng
胖胖胖胖胖胖胖胖
(형) 뚱뚱하다

HSK 3급

楼
lóu
楼楼楼楼楼楼楼楼楼楼楼楼
(양) 층

HSK 3급

电梯
diàn tī
电电电电
梯梯梯梯梯梯梯梯梯梯梯
(명) 엘리베이터

HSK 3급

锻炼
duàn liàn
锻锻锻锻锻锻锻锻锻锻锻锻锻锻
炼炼炼炼炼炼炼炼炼
(동) 단련하다

HSK 2급

身体
shēn tǐ
身身身身身身身
体体体体体体体
(명) 신체, 몸

HSK 3급

过去
guò qu

过 十 け け け け 过
去 去 去 去 去

⑧ (저쪽으로) 건너가다

过	去							
guò	qu							

进去
jìn qu

进 进 进 讲 讲 进
去 去 去 去 去

⑧ 들어가다

进	去							
jìn	qu							

出来
chū lai

出 屮 出 出 出
来 来 来 来 来 来

⑧ 나오다

出	来							
chū	lai							

回来
huí lai

回 回 回 回 回 回
来 来 来 来 来 来

⑧ 돌아오다

回	来							
huí	lai							

越来越
yuè lái yuè

越 越 越 越 越 越 越 越 越 越 越 越
来 来 来 来 来 来
越 越 越 越 越 越 越 越 越 越 越 越

⑲ 갈수록, 점점

越	来	越				
yuè	lái	yuè				

DAY 14 그러면 저도 걸어 올라갈래요. 那我也要爬上去。

루루와 떠나는 중국 문화 여행

'갈수록 태산'의 태산은 진짜 있는 산일까?!

한국에는 '태산이 높다 하되 하늘 아래 뫼이로다', '갈수록 태산' 등 태산이 들어가는 말이 있다는 것을 한국인 친구로부터 들었어요. 친구는 태산이 진짜 있는 산인지 궁금해하던데.. 여러분은 어떻게 생각하시나요?

> 태산(泰山, Tàishān)은
> 실제로 중국에 있는 산이고,
> 중국의 5대 명산(名山) 중에 하나예요!

태산(泰山, Tàishān)은 실제로 중국에 있는 산이고, 중국의 5대 명산(名山) 중에 하나예요! '태산'이라는 이름 때문에 엄청 높은 산일 것 같지만 사실 한국의 설악산(1,707m)보다도 낮은 1,532m랍니다. 정말 의외죠? 태산은 주로 계단길로 이루어져 있는데, 그 이유는 가마에 황제를 태워 정상까지 잘 모시기 위해서 그렇게 만들었기 때문이에요. 초입부터 정상 근처의 '남천문'(南天门)까지 8,800개의 계단이 있답니다. 재밌는 것은 계단길을 싫어하는 한국인 등산객을 위해 2013년에 흙길과 바윗길 등산로를 개통했다는 거예요.
태산에 오를 때 볼 수 있는 두 가지 광경이 있는데 하나는 50kg이 넘는 짐을 메고 오르는 일꾼들의 모습이고, 또 하나는 가마에 승객을 태우고 오르는 가마꾼들의 모습이에요. 그냥 올라도 힘든 산을 이렇게 오르는 사람들의 모습을 보면 쉽게 힘들다고 할 수가 없답니다.

그렇지만 중국 여행 중에 태산에 오르는데 다리가 너무 아프면 가마(위 사진)를 타야겠죠? 가마는 산 정상까지 태워다 주는데, 거리가 짧으면 50위안(8,600원), 길면 200위안(34,000원) 정도예요. 중국에서만 할 수 있는 특별한 경험을 해보세요.

🎧 바로 쓰는 초보 여행 중국어

가마를 타려 할 때

1. 올라가요? 올라가요?
   上去? 上去?
   Shàngqu? Shàngqu?

2. 가마 타고 싶은데, 얼마인가요?
   我想坐轿, 多少钱?
   Wǒ xiǎng zuò jiào, duōshao qián?

3. 나는 못 올라 가겠어요, 가마 탈래요.
   我不能爬上去, 要坐轿。
   Wǒ bù néng pá shàngqu, yào zuò jiào.

🎧 바로 듣고 따라하기

DAY 15

그가 뭐라고 말하는지 못 알아듣겠어요.

我听不懂他说什么。
Wǒ tīng bu dǒng tā shuō shénme.

동사의 가능이나 불가능을 나타내는 가능보어를 익혀서 어떤 일이 가능 또는 불가능한지를 말할 수 있어요.

이해할 수 없는 그 남자의 목소리

초보 단어 미리보기

听不懂 tīng bu dǒng 통 알아듣지 못하다

卖 mài 통 팔다

吵 chǎo 형 시끄럽다

清楚 qīngchu 형 분명하다

听不清楚 tīng bu qīngchu 잘 안 들리다

行李箱 xínglǐxiāng 명 트렁크

听得懂 tīng de dǒng 통 알아들을 수 있다

仔细 zǐxì 형 자세하다

价格 jiàgé 명 가격

受不了 shòu bu liǎo 통 참을 수 없다

STEP 1
실전회화로 말문트기

🎧Day15_실전회화_듣기/따라읽기.mp3   🎧Day15_실전회화_드라마.mp3

듣기 mp3로 먼저 들어본 후 따라읽기 mp3로 따라서 말해보세요.

동희 씨

我听不懂他说什么, 그가 뭐라고 말하는지 못 알아듣겠는데,
Wǒ tīng bu dǒng tā shuō shénme,

你可以问他这个怎么卖吗?
nǐ kěyǐ wèn tā zhè ge zěnme mài ma?
당신이 그에게 이거 어떻게 파는지 물어봐 주실 수 있나요?

听不懂은 '알아들을 수 없다'라는 뜻으로, 특히 외국인이 하는 말을 못 알아 들을 때 굉장히 자주 사용해요.

听不清楚는 '잘 안 들린다'라는 뜻으로, 주변이 시끄러워 듣는데 방해를 받아 잘 안 들리는 것을 의미해요.

你说什么? 这儿太吵了, 我听不清楚。
Nǐ shuō shénme? Zhèr tài chǎo le, wǒ tīng bu qīngchu.
뭐라고요? 여기 너무 시끄러워서 잘 안 들려요.

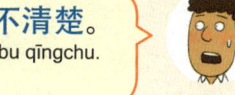
현지 직원

동희 씨

我想买那个行李箱, 但是我听不懂他说什么。
Wǒ xiǎng mǎi nà ge xínglǐxiāng, dànshì wǒ tīng bu dǒng tā shuō shénme.
저는 저 트렁크 사고 싶어요, 그런데 그가 뭐라고 말하는지 못 알아듣겠어요.

상대가 무슨 말을 하는지 알아들었을 때는 听得懂(알아들을 수 있다)이라고 말해요.

啊, 我听得懂。他说八百块钱。
À, wǒ tīng de dǒng. Tā shuō bābǎi kuài qián.
아, 저는 알아들을 수 있어요. 그가 800위안이라 말하네요.

현지 직원

동희 씨

太贵了。 너무 비싸요.
Tài guì le.

你仔细地看一下别的行李箱的价格, 好吗?
Nǐ zǐxì de kàn yíxià biéde xínglǐxiāng de jiàgé, hǎo ma?
다른 트렁크 가격 좀 자세히 봐 주시는 것, 어때요?

형용사 仔细(자세하다) 다음에 地를 써서 仔细地(자세히)라는 부사어를 만들었어요.

受不了는 동사 受(참다) 다음에 不了(할 수 없다)를 써서 '참을 수 없다'라는 뜻을 나타냈어요. 여기서 了는 le가 아니라 liǎo로 발음해야 해요.

这里太吵了, 我受不了。
Zhèlǐ tài chǎo le, wǒ shòu bu liǎo.
여기 너무 시끄러워서, 참을 수가 없어요.

현지 직원

동희 씨

你说什么? 我听不懂。 뭐라고요? 저 못 알아들었어요.
Nǐ shuō shénme? Wǒ tīng bu dǒng.

'집에 가다'라는 말은 去家가 아니라 回家로 말해요.

我想回家! 저 집에 가고 싶어요!
Wǒ xiǎng huíjiā!

현지 직원

* <중국어 말문트기 워크북>으로 말하기를 집중 훈련하면 실전회화가 저절로 자동발사돼요.

STEP 2
기초어법으로 내공쌓기 🎧 Day15_기초어법.mp3

1 술어에 가능/불가능을 보충하는, 가능보어

현지 직원: 啊，我听得懂。 아, 저는 알아들을 수 있어요.
À, wǒ tīng de dǒng.

동사 술어와 결과보어 또는 방향보어 사이에 구조조사 得(de)를 추가하면 동사에 가능/불가능의 의미를 보태주는 가능보어가 돼요. 위 현지 직원의 말 중 听得懂(tīng de dǒng, 알아들을 수 있다)도 听懂(듣고 이해하다)의 결과보어 懂 앞에 得를 추가하여 가능보어 得懂을 만든 형태예요.

동사 + 결과/방향보어	동사 + 得 + 결과/방향보어 (가능보어)
做完 다 하다 zuò wán	做得完 다 할 수 있다 zuò de wán
看懂 보고 이해하다 kàn dǒng	看得懂 보고 이해할 수 있다 kàn de dǒng
上去 올라가다 shàngqu	上得去 올라갈 수 있다 shàng de qù
进来 들어오다 jìnlai	进得来 들어올 수 있다 jìn de lái

我们 今天 做 得 完。   우리는 오늘 다 할 수 있어요.
Wǒmen jīntiān zuò de wán.
우리는 오늘 하다 ~할 수 있다 끝내다

她 看 得 懂 汉语。   그녀는 중국어를 보고 이해할 수 있어요.
Tā kàn de dǒng Hànyǔ.
그녀는 보다 ~할 수 있다 이해하다 중국어를

현지 직원: 我听不清楚。 잘 안 들려요.
Wǒ tīng bu qīngchu.

가능보어의 부정형은 得(de) 대신 不(bù, 아니)를 사용하면 돼요.

긍정문 他 买 得 到。 그는 살 수 있어요. 부정문 他 买 不 到。 그는 살 수 없어요.
       Tā mǎi de dào.   Tā mǎi bu dào.
       그는 사다 ~할 수 있다 달성하다   그는 사다 ~할 수 없다 달성하다

긍정문 她 进 得 来。 그녀는 들어올 수 있어요. 부정문 她 进 不 来。 그녀는 들어올 수 없어요.
       Tā jìn de lái.   Tā jìn bu lái.
       그녀는 들다 ~할 수 있다 오다   그녀는 들다 ~할 수 없다 오다

● 가능보어의 정반의문문은 긍정형과 부정형을 나란히 쓰면 된답니다.

A: 你 听 得 清楚 听 不 清楚?
Nǐ tīng de qīngchu tīng bu qīngchu?
당신은 듣다 ~할 수 있다 분명하다 듣다 ~할 수 없다 분명하다

당신은 **분명히 들을 수 있어요 없어요**?

B: 我 听 得 清楚。
Wǒ tīng de qīngchu.
나는 듣다 ~할 수 있다 분명히

저는 분명히 들을 **수 있어요**.

我 听 不 清楚。
Wǒ tīng bu qīngchu.
나는 듣다 ~할 수 없다 분명히

저는 분명히 들을 **수 없어요**.

我受不了。
Wǒ shòu bu liǎo.

참을 수가 없어요.

동사 다음에 得了(de liǎo)와 不了(bu liǎo)만 붙여도 가능/불가능의 의미를 보태주는 가능보어가 돼요. 이 경우 得나 不 다음에 결과보어가 없으므로 동작의 결과는 알 수 없어요. 위 현지 직원의 말에서도 동사 受(shòu, 참다) 다음에 不了(할 수 없다)를 사용하여 참는 것이 불가능함을 나타냈어요. 得了와 不了의 了는 le가 아닌 liǎo로 발음해야 한답니다.

A: 明天 你 去 得了 百货大楼 吗?
Míngtiān nǐ qù de liǎo bǎihuòdàlóu ma?
내일 너는 가다 ~할 수 있다 백화점에 ~니?

내일 너는 백화점에 갈 **수** 있니?

B: 我 可能 明天 去 不了。
Wǒ kěnéng míngtiān qù bu liǎo.
나는 아마도 내일 가다 ~할 수 없다

나는 아마도 내일 갈 **수 없**을 거야.

A: 你 做 得了 这件事 吗?
Nǐ zuò de liǎo zhè jiàn shì ma?
너는 하다 ~할 수 있다 이 일을 ~니?

너는 이 일을 할 **수** 있니?

B: 我 做 不了。
Wǒ zuò bu liǎo.
나는 하다 ~할 수 없다

나는 할 **수 없**어.

단어 清楚 qīngchu 휑 분명하다 百货大楼 bǎihuòdàlóu 휑 백화점 件 jiàn 휑 건, 개

기초어법으로 내공쌓기

2 형용사를 부사로 만들어 주는 구조조사 地

동희 씨

你仔细地看一下别的行李箱的价格，好吗?
Nǐ zǐxì de kàn yíxià biéde xínglǐxiāng de jiàgé, hǎo ma?
다른 트렁크 가격 좀 자세히 봐 주시는 것, 어때요?

위 동희 씨의 말에서 地(de)가 형용사 仔细(zǐxì, 자세하다) 다음에 쓰여 仔细地(자세히)라는 부사어를 만들어 줬어요. 이처럼 地는 형용사와 동사 사이에 쓰여 형용사를 부사어로 만들어 주는 구조조사예요. 특히, 형용사 중첩 다음에 地를 쓰는 경우가 많답니다.

东喜 正在 非常 努力地 做 资料。
Dōngxǐ zhèngzài fēicháng nǔlì de zuò zīliào.
동희 씨는 ~하는 중이다 매우 열심히 만들다 자료를

동희 씨는 매우 열심히 자료를 만드는 중이에요.

我们 慢慢儿地 走 路, 好吗?
Wǒmen mànmānr de zǒu lù, hǎo ma?
우리는 천천히 걷다 길을 어때요?

우리 천천히 길을 걷는 게, 어때요?

➕ 플러스 포인트

발음이 같은 세 개의 구조조사 的, 得, 地를 다음과 같이 구별하여 알아두세요.

구분	문장구조	예문
的 de	명사/대명사/형용사/동사 + 的 + 명사	他 的 手机 그의 휴대폰 tā de shǒujī 干净 的 房间 깨끗한 방 gānjìng de fángjiān 睡觉 的 时间 잠자는 시간 shuìjiào de shíjiān
得 de	동사/형용사 + 得 + 정도/결과/방향보어	吃 得 很香 (음식을) 맛있게 먹다 chī de hěn xiāng 听 得 清楚 분명히 들을 수 있다 tīng de qīngchu
地 de	형용사 + 地 + 동사	努力 地 学习 열심히 공부하다 nǔlì de xuéxí 认真 地 工作 진지하게 일하다 rènzhēn de gōngzuò

단어 地 de 조 ~하게, ~히 努力 nǔlì 동 노력하다 资料 zīliào 자료 走路 zǒulù 길을 걷다 香 xiāng 형 맛있다 认真 rènzhēn 형 진지하다
工作 gōngzuò 동 일하다

3 问 + A + B (A에게 B를 묻다)

동희 씨

你可以问他这个怎么卖吗?
Nǐ kěyǐ wèn tā zhè ge zěnme mài ma?
당신이 그에게 이거 어떻게 파는지 물어봐 주실 수 있나요?

问(wèn)은 목적어를 두 개 취하여 '~에게 ~을 묻다'라는 뜻으로 사용되는 동사예요. 동희 씨의 말에서도 他(tā, 그)와 这个怎么卖(zhè ge zěnme mài, 이거 어떻게 파는지)라는 두 개의 목적어가 사용되어 '그에게 이거 어떻게 파는지를 묻다'라는 의미가 되었어요. 참고로 这个怎么卖는 '这个(이거, 주어) + 怎么(어떻게, 부사어) + 卖(팔다, 술어)' 형태가 목적어로 쓰인 경우예요.

东喜 问 我 她的 名字。
Dōngxǐ wèn wǒ tā de míngzi.
동희가 묻다 나에게 그녀의 이름을
동희가 **나에게 그녀의 이름을** 물어요.

爷爷 问 我 今年 多大。
Yéye wèn wǒ jīnnián duō dà.
할아버지가 묻다 나에게 올해 몇 살인지를
할아버지가 **저에게 올해 몇 살인지** 물으세요.

⊕ 플러스 포인트

问(wèn)과 같이 목적어를 두 개 취하는 동사로 给(gěi, ~에게 ~를 주다), 送(sòng, ~에게 ~를 선물하다), 教(jiāo, ~에게 ~를 가르치다)를 함께 알아두세요.

姐姐 给 我 一件 衣服。
Jiějie gěi wǒ yí jiàn yīfu.
언니는 주다 나에게 한 벌의 옷을
언니가 **나에게 옷 한 벌을** 줘요.

我 打算 送 我妈妈 一个 钱包。
Wǒ dǎsuan sòng wǒ māma yí ge qiánbāo.
나는 ~할 계획이다 선물하다 우리 엄마에게 한 개의 지갑을
나는 **우리 엄마에게 지갑 하나를** 선물하려고 해요.

李老师 教 我们 汉语。
Lǐ lǎoshī jiāo wǒmen Hànyǔ.
이 선생님은 가르치다 우리에게 중국어를
이 선생님은 **우리에게 중국어를** 가르치세요.

단어 名字 míngzi 명 이름 钱包 qiánbāo 명 지갑 教 jiāo 동 ~에게 ~를 가르치다 汉语 Hànyǔ 고유 중국어

STEP 3
확장표현으로 중국어 자동발사

🎧 Day15_확장표현.mp3

가능보어와 자주 사용하는 동사 표현을 함께 익혀보아요.

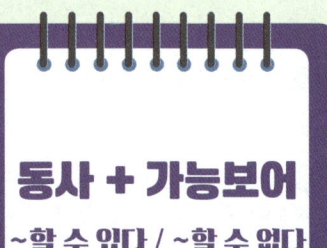
동사 + 가능보어
~할 수 있다 / ~할 수 없다

听得懂 / 听不懂
tīng de dǒng / tīng bu dǒng
알아들을 수 있다 / 알아들을 수 없다

1 我听得懂。 저는 알아들을 수 있어요.
　Wǒ tīng de dǒng.
2 我听不懂。 저는 알아들을 수 없어요.
　Wǒ tīng bu dǒng.
3 你听得懂听不懂? 당신은 알아들을 수 있어요 없어요?
　Nǐ tīng de dǒng tīng bu dǒng?

看得见 / 看不见
kàn de jiàn / kàn bu jiàn
보이다(볼 수 있다) / 보이지 않다(볼 수 없다)

1 我看得见。 저는 보여요.
　Wǒ kàn de jiàn.
2 我看不见。 저는 보이지 않아요.
　Wǒ kàn bu jiàn.
3 你看得见看不见? 당신은 보여요 안 보여요?
　Nǐ kàn de jiàn kàn bu jiàn?

听得见 / 听不见
tīng de jiàn / tīng bu jiàn
들리다(들을 수 있다) / 들리지 않다(들을 수 없다)

1 我听得见。 저는 들려요.
　Wǒ tīng de jiàn.
2 我听不见。 저는 들리지 않아요.
　Wǒ tīng bu jiàn.
3 你听得见听不见? 당신은 들려요 안 들려요?
　Nǐ tīng de jiàn tīng bu jiàn?

买得起 / 买不起
mǎi de qǐ / mǎi bu qǐ
살 수 있다 / 살 수 없다

1 我买得起。 저는 살 수 있어요.
　Wǒ mǎi de qǐ.
2 我买不起。 저는 살 수 없어요.
　Wǒ mǎi bu qǐ.
3 你买得起买不起? 당신은 살 수 있어요 없어요?
　Nǐ mǎi de qǐ mǎi bu qǐ?

去得了 / 去不了
qù de liǎo / qù bu liǎo
갈 수 있다 / 갈 수 없다

1 我去得了。 저는 갈 수 있어요.
　Wǒ qù de liǎo.
2 我去不了。 저는 갈 수 없어요.
　Wǒ qù bu liǎo.
3 你去得了去不了? 당신은 갈 수 있어요 없어요?
　Nǐ qù de liǎo qù bu liǎo?

做得了 / 做不了
zuò de liǎo / zuò bu liǎo
할 수 있다 / 할 수 없다

1 我做得了。 저는 할 수 있어요.
　Wǒ zuò de liǎo.
2 我做不了。 저는 할 수 없어요.
　Wǒ zuò bu liǎo.
3 你做得了做不了? 당신은 할 수 있어요 없어요?
　Nǐ zuò de liǎo zuò bu liǎo?

吃得了 / 吃不了
chī de liǎo / chī bu liǎo
먹을 수 있다 / 먹을 수 없다

1 我吃得了。 저는 먹을 수 있어요.
　Wǒ chī de liǎo.
2 我吃不了。 저는 먹을 수 없어요.
　Wǒ chī bu liǎo.
3 你吃得了吃不了? 당신은 먹을 수 있어요 없어요?
　Nǐ chī de liǎo chī bu liǎo?

구조조사 地와 자주 사용하는 **형용사/형용사 중첩** 표현을 익혀보아요.

형용사/형용사 중첩 + 地
~하게

仔细地
zǐxì de
자세히

我们 仔细地 看别的价格，好吗? 우리 다른 거 가격 좀 자세히 보는 게, 어때요?
Wǒmen zǐxì de kàn biéde jiàgé, hǎo ma?

努力地
nǔlì de
열심히

我们 努力地 学习汉语，好吗?
Wǒmen nǔlì de xuéxí Hànyǔ, hǎo ma?
우리 중국어를 열심히 공부하는 게, 어때요?

认真地
rènzhēn de
진지하게

我们 认真地 听他的话，好吗?
Wǒmen rènzhēn de tīng tā de huà, hǎo ma?
우리 그의 말을 진지하게 듣는 게, 어때요?

好好儿地
hǎohāor de
잘

你 好好儿地 休息，好吗? 당신 잘 쉬는 게, 어때요?
Nǐ hǎohāor de xiūxi, hǎo ma?

愉快地
yúkuài de
즐겁게

我们 愉快地 聊天，好吗? 우리 즐겁게 이야기하는 게, 어때요?
Wǒmen yúkuài de liáotiān, hǎo ma?

开开心心地
kāikaixīnxīn de
즐겁게

我们 开开心心地 玩儿游戏，好吗?
Wǒmen kāikaixīnxīn de wánr yóuxì, hǎo ma?
우리 즐겁게 게임하는 게, 어때요?

慢慢儿地
mànmānr de
천천히

你 慢慢儿地 开车，好吗? 당신 천천히 차를 모는 게, 어때요?
Nǐ mànmānr de kāichē, hǎo ma?

干干净净地
gānganjìngjìng de
깨끗하게

我们 干干净净地 打扫，好吗?
Wǒmen gānganjìngjìng de dǎsǎo, hǎo ma?
우리 깨끗하게 청소하는 게, 어때요?

清清楚楚地
qīngqingchǔchǔ de
명확하게

我们 清清楚楚地 说明，好吗?
Wǒmen qīngqingchǔchǔ de shuōmíng, hǎo ma?
우리 명확하게 설명하는 게, 어때요?

DAY 15 그가 뭐라고 말하는지 못 알아듣겠어요. 我听不懂他说什么.

연습문제로 실력다지기

🎧 Day15_연습문제.mp3

🎧 연습문제 바로 듣기

1 문장 듣고 병음/뜻 쓰기

다음 문장을 듣고 병음과 뜻을 써보세요.

1) **문장** 你可以问他这个怎么卖吗?

   병음 _____

   뜻 _____

2) **문장** 这里太吵了, 我受不了。

   병음 _____

   뜻 _____

3) **문장** 我想回家!

   병음 _____

   뜻 _____

2 문장 듣고 일치/불일치 판단하기 (HSK 3, 4급 듣기 대비 유형)

들려주는 문장의 내용과 제시된 문장의 내용이 일치하면 ✓, 불일치하면 ✗를 체크하세요.

1) 我正在做作业。   (   )
   Wǒ zhèngzài zuò zuòyè.

2) 东喜问我她的名字。   (   )
   Dōngxǐ wèn wǒ tā de míngzi.

3 대화 듣고 질문에 알맞은 보기 고르기 (HSK 3, 4급 듣기 대비 유형)

들려주는 대화를 듣고 질문에 알맞은 보기를 고르세요.

ⓐ 行李箱   ⓑ 手机   ⓒ 电脑

정답 p.306

4 단어 채우기 (HSK 3급 쓰기 대비 유형)

제시된 병음에 알맞은 단어를 괄호 안에 채워 문장을 완성해보세요.

1) 我打算(sòng)我妈妈一个钱包。
   Wǒ dǎsuan　　　　wǒ māma　yí ge qiánbāo.
   나는 우리 엄마에게 지갑 하나를 선물하려고 해요.

2) 我们慢慢儿(de)走路，好吗？
   Wǒmen mànmānr　　　zǒulù,　hǎo ma?
   우리 천천히 길을 걷는 게, 어때요?

5 대화 완성하기 (HSK 3급 독해 대비 유형)

빈칸에 알맞은 문장을 채워 대화를 완성해보세요.

| 明天你去得了百货大楼吗？ | 你买得起买不起？ | 你做得了这件事吗？ |
| Míngtiān nǐ qù de liǎo bǎihuòdàlóu ma? | Nǐ mǎi de qǐ mǎi bu qǐ? | Nǐ zuò de liǎo zhè jiàn shì ma? |

1) A: _____
   너는 이 일을 할 수 있니?

   B: 我做不了。
   Wǒ zuò bu liǎo.
   나는 할 수 없어.

2) A: _____
   내일 너는 백화점에 갈 수 있니?

   B: 我可能明天去得了。
   Wǒ kěnéng míngtiān qù de liǎo.
   나는 아마도 내일 갈 수 있을 거야.

6 문장 완성하기 (HSK 3, 4급 쓰기 대비 유형)

제시된 단어를 중국어 어순에 맞게 배열하여 문장을 완성해보세요.

1) 做　　我们今天　　完　　得
   zuò　　wǒmen jīntiān　　wán　　de

   _____。 우리는 오늘 다 할 수 있어요.

2) 清楚　　你听　　不清楚　　得　　听
   qīngchu　　nǐ tīng　　bu qīngchu　　de　　tīng

   _____？ 당신은 분명히 들을 수 있어요 없어요?

정답 p.306

간체자 쓰기

제시된 HSK 단어 및 주요 핵심 단어의 간체자와 병음을 또박또박 써보세요.

HSK 3급

地
de
地地地地地
㈜ ~하게, ~히

HSK 3급

教
jiāo
教教教教教教教教教
㈜ ~에게 ~를 가르치다

HSK 4급

价格
jià gé
价价价价价价
格格格格格格格格格
㈜ 가격

HSK 3급

努力
nǔ lì
努努努努努努努
力力
㈜ 노력하다

HSK 3급

认真
rèn zhēn
认认认认
真真真真真真真真真
㈜ 진지하다

HSK 4급
仔细 zǐ xì
仔仔仔仔仔
细细细细细细细
형 자세하다

HSK 3급
行李箱 xíng lǐ xiāng
行行行行行行
李李李李李李李
箱箱箱箱箱箱箱箱箱箱箱
명 트렁크

听得懂 tīng de dǒng
听听听听听听
得得得得得得得得
懂懂懂懂懂懂懂懂懂懂懂
동 알아들을 수 있다

买不起 mǎi bu qǐ
买买买买买买
不不不不
起起起起起起起起
동 살 수 없다

HSK 4급
受不了 shòu bu liǎo
受受受受受受受受
不不不不
了了
동 참을 수 없다

DAY 15 그가 뭐라고 말하는지 못 알아듣겠어요. 我听不懂他说什么.

루루와 떠나는 중국 문화 여행

중국에 가면 만만디(慢慢儿地)하게!

만만디(慢慢儿地, mànmānr de), 혹은 만만라이(慢慢儿来, mànmānr lái)라는 말을 들어보신 적 있나요? 이 두 가지는 중국인들이 자주 하는 말인데, 慢이 '느리다'라는 뜻이어서 만만디(慢慢儿地, mànmānr de)는 '느리게', 만만라이(慢慢儿来, mànmānr lái)는 '느리게 하다'라는 뜻이 돼요. 그런데 뜻이 이렇다고 해서 꼭 느리게 또는 천천히 하라는 말은 아니에요.

적 조건에서 비롯되었어요. 또한 추수를 위해 일 년 내내 공을 들여야 하는 농업사회를 오랜 기간 겪으면서 자연스럽게 만만디의 문화가 생겨나게 되었어요.

비즈니스가 아닌 일상생활에서는 만만디(慢慢儿地, mànmānr de) 보다는 만만라이(慢慢儿来, mànmānr lái)라는 말을 더 자주 사용해요. 중국 여행 중에 식당이나 쇼핑센터에서 직원이 허둥지둥하는 모습을 보게 된다면 꼭 "만만라이~!"라고 말해주세요!

만만디는 일을 서두르지 말고 차근차근 하라는 의미예요. 중국 사람들과 비즈니스를 하게 되면 특히 자주 듣게 되는 말인데, 속도를 천천히 하라는 것이라기보다는 빠지는 사항 없이 모든 부분을 다 검토하라는 거예요. 만만디하지 않으면 두 번 일을 하게 되어 그만큼 시간과 비용을 낭비하게 되니까요.

> " 속도를 천천히 하라는 것이라기보다는 빠지는 사항 없이 모든 부분을 다 검토하라는 거예요. "

이 '만만디'라는 말은 중국 땅이 넓어서 서두른다고 해도 공간적으로 멀다는 것을 해결할 수 없는 중국의 공간

🎧 바로 쓰는 초보 여행 중국어

식당에서 요리가 늦게 나올 때

1 요리가 언제 다 되나요?
菜什么时候做得完?
Cài shénme shíhou zuò de wán?

2 30분이 지났는데 요리가 아직 안 왔어요.
过了三十分钟，菜还没来。
Guòle sānshí fēnzhōng, cài hái méi lái.

3 아직 안 됐나요? 그러면 천천히 하세요!
还没做吗? 那慢慢儿来吧!
Hái méi zuò ma? Nà mànmānr lái ba!

🎧 바로 듣고 따라하기

DAY 16

사장님이 저에게 이 서류를 복사하라고 시키셨어요.

总经理让我复印这个文件。

Zǒngjīnglǐ ràng wǒ fùyìn zhè ge wénjiàn.

바로 듣고 따라하기

겸어문을 사용하여 누군가에게 무엇을 하도록 시키거나 요청하는 것을 표현할 수 있어요.

동희 씨가 일을 하게 하는 전략

[1컷]
- 동희 씨, 나랑 같이 자료 좀 만들어요.
- 죄송합니다, 总经理让我复印这个文件, zǒngjīnglǐ ràng wǒ fùyìn zhè ge wénjiàn, 사장님이 저에게 이 서류를 복사하라고 시키셔서요. 저는 바쁩니다.

[2컷]
- 내가 오늘 이거 못 끝낼 것 같아요. 동희 씨가 도와줘야 돼요.
- 그거 미래 씨 일 아닌가요?

[3컷]
- 맞아요, 不过总经理刚才叫她参加研讨会。búguò zǒngjīnglǐ gāngcái jiào tā cānjiā yántǎohuì. 그런데 사장님이 방금 그녀에게 세미나 참석하라고 하셨어요.
- 어떡하지? 이 일 오늘 꼭 끝내야 하는데….

[4컷]
- 지금 점심식사 아직 안 먹었죠? 내가 스파게티 살게요.
- 그럼…… 어쩔 수 없네요. 사장님도 아마 잊어버리셨을 거예요.

성공!

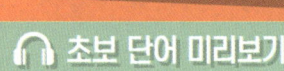
초보 단어 미리보기

资料 zīliào 몡 자료	得 děi 조동 ~해야 한다	研讨会 yántǎohuì 몡 세미나
让 ràng 동 ~하도록 시키다	不过 búguò 접 그런데	怎么办 zěnme bàn 어떡하지?
复印 fùyìn 동 복사하다	刚才 gāngcái 몡 방금	没办法了 méi bànfǎ le 어쩔 수 없네요
文件 wénjiàn 몡 서류	叫 jiào 동 ~하도록 하다	也许 yěxǔ 부 아마
恐怕 kǒngpà 부 아마 ~할 것 같다	参加 cānjiā 동 참가하다, 참석하다	忘记 wàngjì 동 잊어버리다

STEP 1
실전회화로 말문트기

🎧 Day16_실전회화_듣기/따라읽기.mp3 🎧 Day16_실전회화_드라마.mp3

듣기 mp3로 먼저 들어본 후 따라읽기 mp3로 따라서 말해보세요.

장 과장: 东喜，跟我一起做一下资料吧。
Dōngxǐ, gēn wǒ yìqǐ zuò yíxià zīliào ba.
동희 씨, 나랑 같이 자료 좀 만들어요.

> 做一下는 '좀 만들다'라는 뜻으로, 동사 做(하다) 뒤에 一下(좀 ~하다)를 써서 부드러운 청유의 어조를 나타냈어요.

동희 씨: 不好意思，죄송합니다,
Bù hǎo yìsi,
总经理让我复印这个文件，我很忙。
zǒngjīnglǐ ràng wǒ fùyìn zhè ge wénjiàn, wǒ hěn máng.
사장님이 저에게 이 서류를 복사하라고 시키셔서요, 저는 바쁩니다.

> 동사 让(~하도록 시키다)의 목적어 我(나)가 동사 复印(복사하다)의 주어 역할을 겸하고 있어요.

장 과장: 我恐怕今天做不完。你得帮我。
Wǒ kǒngpà jīntiān zuò bu wán. Nǐ děi bāng wǒ.
내가 오늘 이거 못 끝낼 것 같아요. 동희 씨가 도와줘야 돼요.

> 做不完에서 不完은 결과보어 完(다 끝내다) 앞에 不를 써서 불가능함을 나타낸 가능보어예요.

동희 씨: 那不是美来的工作吗? 그거 미래 씨 일 아닌가요?
Nà bú shì Měilái de gōngzuò ma?

> 不是…吗?는 '~ 아닌가요?'라는 의미의 반어문이에요.

장 과장: 是，不过总经理刚才叫她参加研讨会。
Shì, búguò zǒngjīnglǐ gāngcái jiào tā cānjiā yántǎohuì.
맞아요, 그런데 사장님이 방금 그녀에게 세미나 참석하라고 하셨어요.

> 동사 叫(~하도록 하다)의 목적어 她(그녀)가 동사 参加(참석하다)의 주어 역할을 겸하고 있어요.

동희 씨: 怎么办? 这件事我今天得做完……。
Zěnme bàn? Zhè jiàn shì wǒ jīntiān děi zuò wán……
어떡하지? 이 일 오늘 꼭 끝내야 하는데….

> 동사 술어 做 앞에 쓰인 得(děi)는 '~해야 한다'라는 뜻의 조동사예요. 구조조사 得(de)와 뜻과 발음과 쓰임을 구별해서 알아두어야 해요.

장 과장: 现在你还没吃午饭吧? 지금 점심식사 아직 안 먹었죠?
Xiànzài nǐ hái méi chī wǔfàn ba?
我请你吃意大利面。 내가 스파게티 살게요.
Wǒ qǐng nǐ chī yìdàlìmiàn.

> 동사 请(~하도록 청하다)의 목적어 你(너)가 동사 吃(먹다)의 주어 역할을 겸하고 있어요.

동희 씨: 那么……没办法了。总经理也许忘记了。
Nàme…… méi bànfǎ le. Zǒngjīnglǐ yěxǔ wàngjile.
그럼…… 어쩔 수 없네요. 사장님도 아마 잊어버리셨을 거예요.

* <중국어 말문트기 워크북>으로 말하기를 집중 훈련하면 실전회화가 저절로 자동발사돼요.

DAY 16 사장님이 저에게 이 서류를 복사하라고 시키셨어요. 总经理让我复印这个文件。

STEP 2
기초어법으로 내공쌓기
🎧 Day16_기초어법.mp3

1 목적어가 주어를 겸하는, 겸어문

동희 씨

总经理**让我复印**这个文件，我很忙。
Zǒngjīnglǐ ràng wǒ fùyìn zhè ge wénjiàn, wǒ hěn máng.

사장님이 저에게 이 서류를 복사하라고 시키셔서요, 저는 바쁩니다.

겸어문이란 하나의 문장에서 앞 동사의 목적어가 뒤 동사의 주어 역할을 겸하는 문장을 말해요. 그래서 겸어문에는 다른 사람에게 어떤 행동을 하도록 시키는 뜻을 지닌 让(ràng, ~하도록 시키다), 叫(jiào, ~하도록 하다), 请(qǐng, ~하도록 청하다)과 같은 동사가 자주 쓰여요. 동희 씨의 말에서도 동사 让이 사용되어 让의 목적어인 我(wǒ, 나)가 뒤 동사 复印(fùyìn, 복사하다)의 주어 역할을 겸하고 있어요.

겸어문   주어1 + 동사1 + 목적어1 / 주어2 + 동사2 + (목적어2)
↓
겸어

(주어1)이 (목적어1(주어2))에게 (동사2)하도록 (동사1)하다.

总经理 让 我 准备 资料。
Zǒngjīnglǐ ràng wǒ zhǔnbèi zīliào.
사장님이 ~하도록 시키다 나에게 준비하다 서류를

사장님이 저에게 서류를 준비하라고 시키셨어요.
(→ 我가 동사 让의 목적어이면서 准备의 주어예요.)

张科长 让 我 写 报告。
Zhāng kēzhǎng ràng wǒ xiě bàogào.
장 과장님이 ~하도록 시키다 나에게 작성하다 보고서를

장 과장님이 저에게 보고서를 작성하라고 시키셨어요.
(→ 我가 동사 让의 목적어이면서 写의 주어예요.)

老师 叫 我 做 作业。
Lǎoshī jiào wǒ zuò zuòyè.
선생님이 ~하도록 하다 나에게 하다 숙제를

선생님이 저에게 숙제를 하라고 했어요.
(→ 我가 동사 叫의 목적어이면서 做의 주어예요.)

妈妈 叫 我 洗 衣服。
Māma jiào wǒ xǐ yīfu.
엄마가 ~하도록 하다 나에게 세탁하다 옷을

엄마가 저에게 옷을 세탁하라고 했어요.
(→ 我가 동사 叫의 목적어이면서 洗의 주어예요.)

我 请 你 吃 饭。
Wǒ qǐng nǐ chī fàn.
나는 ~하도록 청하다 너에게 먹다 밥을

내가 너에게 밥을 먹도록 청했어요. (내가 너에게 밥 살게.)
(→ 你가 동사 请의 목적어이면서 吃의 주어예요.)

我 请 她 帮 我。
Wǒ qǐng tā bāng wǒ.
나는 ~하도록 청하다 그녀에게 돕다 나를

나는 그녀에게 나를 도와달라고 청했어요.
(→ 她가 동사 请의 목적어이면서 帮의 주어예요.)

단어 资料 zīliào 몡 자료   报告 bàogào 몡 보고서   衣服 yīfu 몡 옷   帮 bāng 동 돕다

➕ **플러스 포인트**

겸어가 연속으로 이어지는 두 동작을 하게 될 경우 연동문과 함께 쓰일 수 있어요.

我哥哥 让 我 去 图书馆 学习。
Wǒ gēge ràng wǒ qù túshūguǎn xuéxí.
우리 오빠가 ~하도록 시키다 나에게 가다 도서관에 공부하다

우리 오빠가 저에게 도서관 **가서 공부하라고 시켰어요**.
(→ 겸어인 我(나)가 去(가다)와 学习(공부하다)를 연이어 해야 하는 연동문이에요.)

(我) 请 你 帮 我 拍 一下 照片。
(Wǒ) qǐng nǐ bāng wǒ pāi yíxià zhàopiàn.
(나는) ~하도록 청하다 당신이 돕다 나를 찍다 좀 ~하다 사진을

당신이 저를 **도와서 사진 좀 찍어주세요**.
(→ 겸어인 你(당신)가 帮(돕다)와 拍(찍다)를 연이어 해야 하는 연동문이에요.)

2 명백한 사실을 강조하는, 不是…吗? (~이 아니니?)
bú shì ma

동희 씨

那不是美来的工作吗? 그거 미래 씨 일 **아닌가요**?
Nà bú shì Měilái de gōngzuò ma?

是자문의 부정문인 不是(bú shì, 아니다)을 사용한 문장 끝에 어기조사 吗(ma, ~니?)를 붙이면 '~이 아닌가요?'라는 뜻이 돼요. 부정의 형식으로 물어봄으로써 명백한 사실을 한 번 더 확인하면서 강조하는 의도를 나타내요.

这本 书 不是 你的 吗?
Zhè běn shū bú shì nǐ de ma?
이 책은 ~이 아니다 너 ~의 것 ~니?

이 책은 너의 것**이 아니니**?
(→ 이 책은 너의 것임을 확인하면서 강조해요.)

明天 不是 你的 生日 吗?
Míngtiān bú shì nǐ de shēngrì ma?
내일 ~이 아니다 너의 생일 ~니?

내일 너의 생일**이 아니니**?
(→ 내일이 너의 생일임을 확인하면서 강조해요.)

那 不是 你 已经 说的 吗?
Nà bú shì nǐ yǐjing shuō de ma?
그것은 ~이 아니다 네가 이미 말한 것 ~니?

그건 네가 이미 말한 것**이 아니니**?
(→ 네가 이미 말한 것임을 확인하면서 강조해요.)

단어 拍 pāi 동 찍다 照片 zhàopiàn 명 사진 本 běn 양 권 已经 yǐjing 부 이미

기초어법으로 내공쌓기

3 못 할까봐 걱정돼! 恐怕 (아마 ~할 것 같다)

장 과장

我恐怕今天做不完。　　내가 오늘 이거 못 끝낼 것 같아요.
Wǒ kǒngpà jīntiān zuò bu wán.

恐怕(kǒngpà)는 '아마 ~할 것 같다'라는 의미의 부사예요. 주로 안 좋은 결과를 예상하고 이를 걱정하는 뉘앙스로 쓰인답니다.

我　很忙，　恐怕　明天　不能　去。　　나는 바빠서, 아마 내일 못 갈 것 같아.
Wǒ　hěn máng,　kǒngpà　míngtiān　bù néng　qù.
나는　바쁘다　아마 ~할 것 같다　내일　~할 수 없다　가다

菜　太多了，　我　恐怕　吃　不　完。　　음식이 너무 많아서, 나는 아마 다 못 먹을 것 같아.
Cài　tài duō le,　wǒ　kǒngpà　chī　bu　wán.
음식이　너무 많다　나는　아마 ~할 것 같다　먹다　~할 수 없다　끝내다

4 반드시 해야 한다면! 조동사 得(déi)(~해야 한다)

동희 씨

这件事我今天得做完……。 이 일 오늘 꼭 끝내야 하는데….
Zhè jiàn shì wǒ jīntiān děi zuò wán…….

조동사 得(děi)는 '~해야 한다'라는 뜻으로, 동사 술어 앞에 사용되어서 어떤 행위 또는 동작을 해야 한다는 강한 당위성이나 의무를 나타내요. 동희 씨도 동사 술어 做(zuò, 하다) 앞에 得를 써서 일을 해야 한다는 강한 당위성을 나타냈어요. 동사 앞에 쓰이는 조동사 得는 děi로 발음해야 하며, 동사와 정도보어 사이에 쓰이는 구조조사 得(de)와 발음과 쓰임을 혼동하지 않도록 주의해야 해요.

의무 因为 我 是 学生, 我 得 去 学校。 나는 학생이니까, 학교에 가야 해.
Yīnwèi wǒ shì xuésheng, wǒ děi qù xuéxiào.
~때문에 나 ~이다 학생 나는 ~해야 한다 가다 학교에

당위 家里 没有 米, 我 得 去 超市 买。 집에 쌀이 없어서, 나는 슈퍼에 사러 가야 해.
Jiāli méiyǒu mǐ, wǒ děi qù chāoshì mǎi.
집에 없다 쌀이 나는 ~해야 한다 가다 슈퍼에 사다

● 의무나 당위성을 나타내는 조동사 得의 부정형은 不用(bú yòng, ~할 필요가 없다)이에요. 不得(bù dé)를 쓰면 '~해서는 안 된다'라는 의미로 금지의 뉘앙스가 강해지고, bù děi가 아닌 bù dé로 읽어야 해요.

今天 星期日, 我 不用 去 学校。 오늘은 일요일이니, 나는 학교에 갈 필요가 없어.
Jīntiān xīngqī rì, wǒ bú yòng qù xuéxiào.
오늘은 일요일 나는 ~할 필요가 없다 가다 학교에

上课 的时候 不得 玩儿 手机。 수업할 때에는 핸드폰을 가지고 놀아서는 안 돼.
Shàngkè de shíhou bù dé wánr shǒujī.
수업 ~할 때 ~해서는 안 된다 가지고 놀다 핸드폰을

단어 米 mǐ 쌀 超市 chāoshì 슈퍼마켓

STEP 3
확장표현으로 중국어 자동발사

🎧 Day16_확장표현.mp3

사역동사 让(ràng, ~하도록 시키다), 叫(jiào, ~하도록 하다)를 사용한 겸어문으로 **회사 업무 표현**을 익혀보아요.

회사 업무 표현과 让, 叫를 사용한 겸어문

写报告
xiě bàogào
보고서를 작성하다

总经理让我写报告。
Zǒngjīnglǐ ràng wǒ xiě bàogào.
사장님이 나에게 보고서를 작성하라고 시키셨어요.

总经理叫我写报告。
Zǒngjīnglǐ jiào wǒ xiě bàogào.
사장님이 나에게 보고서를 작성하라고 하셨어요.

复印文件
fùyìn wénjiàn
문서를 복사하다

总经理让我复印文件。
Zǒngjīnglǐ ràng wǒ fùyìn wénjiàn.
사장님이 나에게 문서를 복사하라고 시키셨어요.

总经理叫我复印文件。
Zǒngjīnglǐ jiào wǒ fùyìn wénjiàn.
사장님이 나에게 문서를 복사하라고 하셨어요.

发电子邮件
fā diànzǐyóujiàn
이메일을 보내다

总经理让我发电子邮件。
Zǒngjīnglǐ ràng wǒ fā diànzǐyóujiàn.
사장님이 나에게 이메일을 보내라고 시키셨어요.

总经理叫我发电子邮件。
Zǒngjīnglǐ jiào wǒ fā diànzǐyóujiàn.
사장님이 나에게 이메일을 보내라고 하셨어요.

安排时间
ānpái shíjiān
시간을 안배하다, 스케줄을 짜다

总经理让我安排时间。
Zǒngjīnglǐ ràng wǒ ānpái shíjiān.
사장님이 나에게 스케줄을 짜라고 시키셨어요.

总经理叫我安排时间。
Zǒngjīnglǐ jiào wǒ ānpái shíjiān.
사장님이 나에게 스케줄을 짜라고 하셨어요.

见顾客
jiàn gùkè
고객을 만나다

总经理让我见顾客。
Zǒngjīnglǐ ràng wǒ jiàn gùkè.
사장님이 나에게 고객을 만나라고 시키셨어요.

总经理叫我见顾客。
Zǒngjīnglǐ jiào wǒ jiàn gùkè.
사장님이 나에게 고객을 만나라고 하셨어요.

사역동사 让(ràng, ~하도록 시키다), 叫(jiào, ~하도록 하다), 请(qǐng, ~하도록 청하다)을 사용한 겸어문으로 회사 모임 표현을 익혀보아요.

회사 모임과 让, 叫, 请을 사용한 겸어문

聚餐
jùcān
회식

科长让我参加聚餐。
Kēzhǎng ràng wǒ cānjiā jùcān.
과장님이 나에게 회식에 참석하라고 시키셨어요.

科长叫我参加聚餐。
Kēzhǎng jiào wǒ cānjiā jùcān.
과장님이 나에게 회식에 참석하라고 하셨어요.

我请科长参加聚餐。
Wǒ qǐng kēzhǎng cānjiā jùcān.
제가 과장님에게 회식에 참석해달라고 청했어요.

欢送会
huānsònghuì
송별회

总经理让我参加欢送会。
Zǒngjīnglǐ ràng wǒ cānjiā huānsònghuì.
사장님이 나에게 송별회에 참석하라고 시키셨어요.

总经理叫我参加欢送会。
Zǒngjīnglǐ jiào wǒ cānjiā huānsònghuì.
사장님이 나에게 송별회에 참석하라고 하셨어요.

我请总经理参加欢送会。
Wǒ qǐng zǒngjīnglǐ cānjiā huānsònghuì.
제가 사장님에게 송별회에 참석해달라고 청했어요.

研讨会
yántǎohuì
세미나

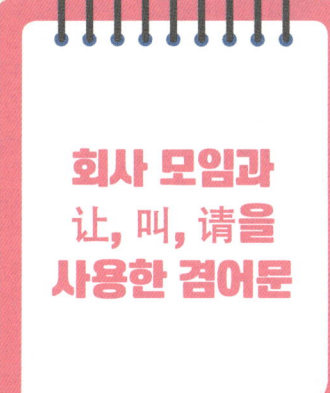

总经理让我参加研讨会。
Zǒngjīnglǐ ràng wǒ cānjiā yántǎohuì.
사장님이 나에게 세미나에 참석하라고 시키셨어요.

总经理叫我参加研讨会。
Zǒngjīnglǐ jiào wǒ cānjiā yántǎohuì.
사장님이 나에게 세미나에 참석하라고 하셨어요.

我请总经理参加研讨会。
Wǒ qǐng zǒngjīnglǐ cānjiā yántǎohuì.
제가 사장님에게 세미나에 참석해달라고 청했어요.

年会
niánhuì
송년회

同事让我参加年会。
Tóngshì ràng wǒ cānjiā niánhuì.
직장 동료가 나에게 송년회에 참석하라고 시켰어요.

同事叫我参加年会。
Tóngshì jiào wǒ cānjiā niánhuì.
직장 동료가 나에게 송년회에 참석하라고 했어요.

我请同事参加年会。
Wǒ qǐng tóngshì cānjiā niánhuì.
내가 직장 동료에게 송년회에 참석해달라고 청했어요.

欢迎会
huānyínghuì
환영회

科长让我参加欢迎会。
Kēzhǎng ràng wǒ cānjiā huānyínghuì.
과장님이 나에게 환영회에 참석하라고 시키셨어요.

科长叫我参加欢迎会。
Kēzhǎng jiào wǒ cānjiā huānyínghuì.
과장님이 나에게 환영회에 참석하라고 하셨어요.

我请科长参加欢迎会。
Wǒ qǐng kēzhǎng cānjiā huānyínghuì.
제가 과장님에게 환영회에 참석해달라고 청했어요.

DAY 16 사장님이 저에게 이 서류를 복사하라고 시키셨어요. 总经理让我复印这个文件。

연습문제로 실력다지기 🎧 Day16_연습문제.mp3

🎧 연습문제 바로 듣기

1 문장 듣고 **병음/뜻 쓰기**

다음 문장을 듣고 병음과 뜻을 써보세요.

1) **문장** 总经理让我复印这个文件。

   병음 _____

   뜻 _____

2) **문장** 我请你吃意大利面。

   병음 _____

   뜻 _____

3) **문장** 这件事我今天得做完……。

   병음 _____

   뜻 _____

2 문장 듣고 **일치/불일치 판단하기** (HSK 3, 4급 듣기 대비 유형)

들려주는 문장의 내용과 제시된 문장의 내용이 일치하면 ✓, 불일치하면 ✗를 체크하세요.

1) 总经理正在准备资料。   (   )
   Zǒngjīnglǐ zhèngzài zhǔnbèi zīliào.

2) 我要去超市。   (   )
   Wǒ yào qù chāoshì.

3 대화 듣고 **질문에 알맞은 보기 고르기** (HSK 3, 4급 듣기 대비 유형)

들려주는 대화를 듣고 질문에 알맞은 보기를 고르세요.

ⓐ 报告   ⓑ 复印   ⓒ 做资料

정답 p.307

4 단어 채우기 (HSK 3급 쓰기 대비 유형)

제시된 병음에 알맞은 단어를 괄호 안에 채워 문장을 완성해보세요.

1) 老师(jiào)我做作业。　　선생님이 저에게 숙제를 하라고 했어요.
   Lǎoshī　　wǒ zuò zuòyè.

2) 我(qǐng)她帮我。　　나는 그녀에게 나를 도와달라고 청했어요.
   Wǒ　　tā bāng wǒ.

5 대화 완성하기 (HSK 3급 독해 대비 유형)

빈칸에 알맞은 문장을 채워 대화를 완성해보세요.

> 上课的时候不得玩儿手机。
> Shàngkè de shíhou bù dé wánr shǒujī.
>
> 那是露露的。
> Nà shì Lùlu de.
>
> 那么……没办法了。
> Nàme…… méi bànfǎ le.

1) A: _____　　수업할 때에는 핸드폰을 가지고 놀아서는 안 돼.

   B: 老师会生气。　　선생님이 화내실거야.
      Lǎoshī huì shēngqì.

2) A: 这本书不是你的吗?　　이 책은 너의 것이 아니니?
      Zhè běn shū bú shì nǐ de ma?

   B: _____　　그것은 루루의 것이야.

6 문장 완성하기 (HSK 3, 4급 쓰기 대비 유형)

제시된 단어를 중국어 어순에 맞게 배열하여 문장을 완성해보세요.

1) 衣服　妈妈　洗　叫我
   yīfu　māma　xǐ　jiào wǒ

   _____。　　엄마가 저에게 옷을 세탁하라고 했어요.

2) 那　已经　你　吗　不是　说的
   nà　yǐjing　nǐ　ma　bú shì　shuō de

   _____?　　그건 네가 이미 말한 것이 아니니?

정답 p.307

간체자 쓰기

제시된 HSK 단어 및 주요 핵심 단어의 간체자와 병음을 또박또박 써보세요.

HSK 2급
让 ràng
让让让让让
동 ~하도록 시키다

HSK 1급
请 qǐng
请请请请请请请请请请
동 ~하도록 청하다

HSK 3급
发 fā
发发发发发
동 보내다, 발송하다

HSK 3급
刚才 gāng cái
刚刂冂冈冈刚刚
才才才
명 방금

HSK 4급
复印 fù yìn
复复复复复复复复复
印印印印印
동 복사하다

HSK 3급
参加
cān jiā
参参参参参参参参
加加加加加加
동 참가하다, 참석하다

HSK 3급
忘记
wàng jì
忘忘忘忘忘忘忘
记记记记记
동 잊어버리다

HSK 1급
衣服
yī fu
衣衣衣衣衣衣
服服服服服服服服
명 옷

HSK 4급
恐怕
kǒng pà
恐恐恐恐恐恐恐恐恐恐
怕怕怕怕怕怕怕怕
부 아마 ~할 것 같다

HSK 3급
电子邮件
diàn zǐ yóu jiàn
电电电电电
子子子
邮邮邮邮邮邮邮
件件件件件件
명 이메일

DAY 16 사장님이 저에게 이 서류를 복사하라고 시키셨어요. **总经理让我复印这个文件。**

루루와 떠나는 중국 문화 여행

중국인들에게 10월 1일은?

한국의 경복궁 입구는 광화문이죠? 중국의 자금성 입구는 바로 천안문(天安门, Tiān'ānmén)이에요. 그런데 매년 10월 1일에 천안문에 가면 발 디딜 틈 없이 사람들로 꽉 차요. 왜 그럴까요?

그 이유는 바로 10월 1일이 중화인민공화국(中华人民共和国)이 수립된 날이기 때문이에요. 그래서 중화인민공화국의 초대 주석인 마오쩌둥(毛泽东, Máo Zédōng)이 수립을 공표한 장소인 천안문 광장 앞에 모여 이를 기념하는 거예요.

> 그 이유는 바로 10월 1일이 중화인민공화국(中华人民共和国)이 수립된 날이기 때문이에요.

위 천안문 사진 중앙에 마오쩌둥의 초상화가 보이죠? 어떤 사람들은 이 초상화가 사진을 확대해서 걸어놓은 것이 아닌가라고도 생각하지만, 이것은 유화물감으로 그린 그림이에요. 그런데 혹시 아시나요? 이 초상화가 매년 새로운 것으로 교체된다는 사실을요!!! 매년 10월 1일에 맞춰서 8월 말부터 새 초상화를 그리기 시작해서

9월 27일 밤에 교체 행사를 진행한답니다.
10월 1일은 국가가 수립된 날이기에 중국 사람들은 이 날 전후로 일주일 정도 국경절(国庆节, Guóqìngjié) 연휴를 보내요. 그래서 이 기간 동안 한국에 오는 중국 관광객들이 많답니다.
중국 베이징으로 여행을 간다면 천안문은 꼭 봐야겠죠? 사진에서 보는 것과 실제 크기가 얼마나 다른지도 직접 확인해보고요.

🎧 바로 쓰는 초보 여행 중국어

천안문을 배경으로 사진 요청할 때

1 사진! 사진! (사진 좀 찍어주세요!)
照片！照片！
Zhàopiàn! Zhàopiàn!

2 천안문! 사진 찍어주세요!
天安门！帮我拍照！
Tiān'ānmén! Bāng wǒ pāizhào!

3 실례지만, 사진 좀 찍어주세요!
不好意思，请你帮我拍照！
Bù hǎo yìsi, qǐng nǐ bāng wǒ pāizhào!

🎧 바로 듣고 따라하기

DAY 17

내 HSK 점수가 지난번보다 50점 높아!

我的汉语水平考试成绩比上次的高五十分!

Wǒ de Hànyǔ Shuǐpíng Kǎoshì chéngjì bǐ shàngcì de gāo wǔshí fēn!

바로 듣고 따라하기

비교문으로 두 대상을 비교하는 말을 할 수 있어요.

🎧 초보 단어 미리보기

汉语水平考试 Hànyǔ Shuǐpíng Kǎoshì 고유 HSK	恭喜 gōngxǐ 동 축하하다	水平 shuǐpíng 명 실력, 수준
成绩 chéngjì 명 점수, 성적	以前 yǐqián 명 예전	还是 háishi 부 그래도
比 bǐ 전 ~보다, ~에 비하여	更 gèng 부 더	没有 méiyǒu 동 ~만큼 ~않다
上次 shàngcì 명 지난번	在……期间 zài……qījiān ~ 동안	可是 kěshì 접 그렇지만, 하지만
	积极 jījí 형 열정적이다, 적극적이다	其实 qíshí 부 사실

실전회화로 말문트기

🎧 Day17_실전회화_듣기/따라읽기.mp3   🎧 Day17_실전회화_드라마.mp3

듣기 mp3로 먼저 들어본 후 따라읽기 mp3로 따라서 말해보세요.

민준: 露露,
Lùlu,
루루야,

我的汉语水平考试成绩比上次的高五十分！
wǒ de Hànyǔ Shuǐpíng Kǎoshì chéngjì bǐ shàngcì de gāo wǔshí fēn!
내 HSK 점수가 지난번보다 50점 높아!

比는 '~보다'라는 뜻의 전치사로 비교할 때 사용해요.

루루: 真的吗？恭喜恭喜！ 你是怎么做到的？
Zhēn de ma? Gōngxǐ gōngxǐ! Nǐ shì zěnme zuò dào de?
정말? 축하해! 너 어떻게 해낸 거니?

做到(해내다)에서 到(달성하다)는 결과보어예요.
是怎么做到的는 방법을 강조하는 是…的 강조구문이에요.

민준: 我用了比以前更好的书，
Wǒ yòngle bǐ yǐqián gèng hǎo de shū,
예전보다 더 좋은 책을 써서

在一个月期间每天多学习了一个小时。
zài yí ge yuè qījiān měitiān duō xuéxíle yí ge xiǎoshí.
한 달 동안 매일 한 시간 더 공부했어.

比…更은 '~보다 더'라는 뜻으로 비교의 정도를 더 강조해요.
多(~만큼 더 ~하다)를 써서 '한 시간 (만큼) 더 공부했다'라는 의미를 나타냈어요.

루루: 你太积极了！
Nǐ tài jījí le!
너 진짜 열정적이다!

민준: 我的汉语水平还是没有你高。
Wǒ de Hànyǔ shuǐpíng háishi méiyǒu nǐ gāo.
내 중국어 실력은 그래도 너만큼 높지는 않아.

没有는 '~만큼 ~않다'라는 의미로, 비교문을 부정하는 부정문이에요.

对…来说는 '~에게 있어, ~의 입장에서 보면'이라는 의미로 이 문장에서는 한국인의 입장에서 말하는 의미로 사용했어요.

루루: 可是你的成绩对韩国人来说是挺高的。
Kěshì nǐ de chéngjì duì Hánguó rén lái shuō shì tǐng gāo de.
그렇지만 너의 성적은 한국인치고 꽤 높지.

민준: 其实我正在打算下个月就要去留学了。
Qíshí wǒ zhèngzài dǎsuan xià ge yuè jiùyào qù liúxué le.
사실 다음 달에 바로 유학 가려고 계획 중이야.

就要…了는 '바로 ~하려고 하다'라는 의미예요. 下个月(다음 달)와 함께 사용해서 다음 달에 바로 유학 갈 것임을 나타냈어요.

快要…了는 정확히 언제일지는 모르지만 곧 일어날 것 같은 느낌을 표현하는 말이에요.

루루: 快要走了！
Kuàiyào zǒu le!
곧 떠나는구나!

* <중국어 말문트기 워크북>으로 말하기를 집중 훈련하면 실전회화가 저절로 자동발사돼요.

STEP 2
기초어법으로 내공쌓기 🎧 Day17_기초어법.mp3

1 ~보다 比 비교문

민준

露露，我的汉语水平考试成绩比上次的高五十分！
Lùlu, wǒ de Hànyǔ Shuǐpíng Kǎoshì chéngjì bǐ shàngcì de gāo wǔshí fēn!

루루야, 내 HSK 점수가 지난번**보다** 50점 높아!

우리말의 '나는 그보다'를 중국어로 말할 때에는 전치사 比(bǐ, ~보다)를 사용하여 我比他(wǒ bǐ tā)라고 해요. 이처럼 중국어에서는 比가 비교 대상 바로 앞에 사용된답니다. 민준이의 말에서도 比가 비교 대상인 上次的(shàngcì de, 지난번의 것) 바로 앞에 사용되어 HSK 점수가 지난번 성적과 비교할 때 50점 높아졌음을 알 수 있어요.

| 比 비교문 | A + 比 + B + 형용사 술어 + (수량의 차이) | A가 B보다 ~하다(수량의 차이만큼) |

今天 比 昨天 冷。
Jīntiān bǐ zuótiān lěng.
오늘은 ~보다 어제 춥다

오늘은 어제**보다** 추워요.

我 比 你 高 五厘米。
Wǒ bǐ nǐ gāo wǔ límǐ.
나는 ~보다 너 (키가) 크다 5cm

나는 너**보다** (키가) 5cm 커.

● 비교문에는 정도부사 很, 非常, 太 등을 사용할 수 없어요. 비교의 정도를 더 강조하려면 형용사 술어 앞에 '더'라는 의미의 부사 更 또는 还를 써줘요.

今天 比 昨天 更 冷。
Jīntiān bǐ zuótiān gèng lěng.
오늘은 ~보다 어제 더 춥다

오늘은 어제**보다 더** 추워요.

我 比 你 还 高 五厘米。
Wǒ bǐ nǐ hái gāo wǔ límǐ.
나는 ~보다 너 더 (키가) 크다 5cm

나는 너**보다** (키가) 5cm **더** 커.

● 比비교문을 부정문으로 만들 때에는 比를 빼고 没有를 사용하며, 따라서 没有는 '~만큼 ~않다'라는 의미가 돼요. 比 앞에 부정부사 不를 쓸 수도 있는데, 이 경우에는 '~보다 ~않다'라는 의미가 돼요.

今天 没有 昨天 冷。
Jīntiān méiyǒu zuótiān lěng.
오늘은 ~만큼 ~않다 어제 춥다

오늘은 어제**만큼** 춥지 **않아요**.

我 不比 你 高 五厘米。
Wǒ bùbǐ nǐ gāo wǔ límǐ.
나는 ~보다 ~않다 너 (키가) 크다 5cm

나는 너**보다** (키가) 5cm 크지 **않아**.
(→ 나는 너보다 키가 5cm 작다는 의미예요.)

단어 更 gèng 〖부〗더, 훨씬 还 hái 〖부〗더, 또

2 임박했어, 要…了 (곧 ~하려고 하다)

민준

其实我正在打算下个月就要去留学了。
Qíshí wǒ zhèngzài dǎsuan xià ge yuè jiùyào qù liúxué le.

사실 다음 달에 **바로** 유학 가**려고** 계획 중이야.

要…了(yào…le)는 '곧 ~하려고 하다'라는 뜻으로 조동사 要(~하려 하다)와 변화를 나타내는 어기조사 了가 만나 곧 발생하려 하는 임박한 상황을 나타내요.

天 阴了, 要 下雨 了。
Tiān yīn le, yào xiàyǔ le.
날씨가 흐려졌다 ~하려 하다 비가 오다 ~되었다

날씨가 흐려요, **곧** 비가 오**려고 해요**.

● 要(yào, ~하려 하다) 앞에 부사 就(jiù, 바로) 또는 快(kuài, 곧)를 사용하여 발생이 임박했음을 강조할 수 있어요. 就要…了는 이미 정해진 시간 내에 곧 발생하려는 상황을 나타내며 따라서 시간명사와 함께 자주 쓰여요. 快要…了는 화자가 주관적으로 곧 발생할 것 같다고 느끼는 상황을 나타내므로 시간을 특정하는 시간명사가 앞에 올 수 없어요.

我 明天 就要 考试 了。
Wǒ míngtiān jiùyào kǎoshì le.
나는 내일 바로~하려 하다 시험을 치다 ~되었다

나는 내일 **바로** 시험을 칠 **거야**.
(→ 就를 쓰면 要…了 보다 더 임박한 상황을 나타내며, 시간명사 明天이 앞에 쓰여 내일이 바로 시험임을 알 수 있어요.)

我 快要 出国 了。
Wǒ kuàiyào chūguó le.
나는 곧~하려 하다 출국하다 ~되었다

나는 **곧** 출국**하려 해**.
(→ 언제 출국할지는 정확히 알 수 없으나, 화자가 빠른 시일 내에 출국하려 한다는 것을 알 수 있어요.)

我明天快要出国了。 (X)

나는 **내일 곧** 출국**하려 해**.
(→ 화자가 주관적으로 출국이 얼마 남지 않았다고 느끼는 것이므로 시간명사 明天(내일)을 사용할 수 없어요.)

3 누구의 입장으로 말하는가! 对…来说 (~에게 있어, ~의 입장에서 보면)

루루

可是你的成绩对韩国人来说是挺高的。
Kěshì nǐ de chéngjì duì Hánguó rén lái shuō shì tǐng gāo de.

그렇지만 너의 성적은 한국인**치고** 꽤 높지.

对…来说(duì…lái shuō)는 '~에게 있어, ~의 입장에서 보면'이라는 의미로 对와 来说 사이에 사람을 지칭하는 말이 와서 어떤 사람의 입장 또는 관점을 나타낼 수 있어요.

这次 研讨会 对 科长 来说 很重要。
Zhècì yántǎohuì duì kēzhǎng lái shuō hěn zhòngyào.
이번 세미나는 ~에게 과장님 있어 중요하다

이번 세미나는 과장님**에게 있어** 중요해요.

这件 衣服 对 中国人 来说 很特别。
Zhè jiàn yīfu duì Zhōngguó rén lái shuō hěn tèbié.
이 옷은 ~에게 중국인 있어 특별하다

이 옷은 중국인**에게 있어** 특별해요.

단어 出国 chūguó 통 출국하다 研讨会 yántǎohuì 명 세미나 重要 zhòngyào 형 중요하다 特别 tèbié 형 특별하다

STEP 3
확장표현으로 중국어 자동발사

🎧 Day17_확장표현.mp3

비교문으로 다양한 성격 표현을 익혀보아요.

성격 표현과 비교문

冷静
lěngjìng
침착하다, 냉정하다

我比他冷静。 나는 그보다 침착해.
Wǒ bǐ tā lěngjìng.

我比他更冷静。 나는 그보다 더 침착해.
Wǒ bǐ tā gèng lěngjìng.

我没有他冷静。 나는 그만큼 침착하지 않아.
Wǒ méiyǒu tā lěngjìng.

我不比他冷静。 나는 그보다 침착하지 않아.
Wǒ bù bǐ tā lěngjìng.

积极
jījí
적극적이다, 열정적이다

我比他积极。 나는 그보다 적극적이야.
Wǒ bǐ tā jījí.

我比他更积极。 나는 그보다 더 적극적이야.
Wǒ bǐ tā gèng jījí.

我没有他积极。 나는 그만큼 적극적이지 않아.
Wǒ méiyǒu tā jījí.

我不比他积极。 나는 그보다 적극적이지 않아.
Wǒ bù bǐ tā jījí.

马虎
mǎhu
조심성이 없다, 부주의하다

我比他马虎。 나는 그보다 조심성이 없어.
Wǒ bǐ tā mǎhu.

我比他更马虎。 나는 그보다 더 조심성이 없어.
Wǒ bǐ tā gèng mǎhu.

我没有他马虎。 나는 그만큼 조심성이 없지 않아.
Wǒ méiyǒu tā mǎhu.

我不比他马虎。 나는 그보다 조심성이 없지 않아.
Wǒ bù bǐ tā mǎhu.

幽默
yōumò
유머러스하다

我比他幽默。 나는 그보다 유머러스해.
Wǒ bǐ tā yōumò.

我比他更幽默。 나는 그보다 더 유머러스해.
Wǒ bǐ tā gèng yōumò.

我没有他幽默。 나는 그만큼 유머러스하지 않아.
Wǒ méiyǒu tā yōumò.

我不比他幽默。 나는 그보다 유머러스하지 않아.
Wǒ bù bǐ tā yōumò.

热情
rèqíng
열정적이다, 친절하다

我比他热情。 나는 그보다 열정적이야.
Wǒ bǐ tā rèqíng.

我比他更热情。 나는 그보다 더 열정적이야.
Wǒ bǐ tā gèng rèqíng.

我没有他热情。 나는 그만큼 열정적이지 않아.
Wǒ méiyǒu tā rèqíng.

我不比他热情。 나는 그보다 열정적이지 않아.
Wǒ bù bǐ tā rèqíng.

형용사와 **对…来说**(~에게 있어, ~의 입장에서 보면)를 사용한 문장을 익혀보아요.

형용사와
对…来说
~에게 있어,
~의 입장에서 보면

特别
tèbié
특별하다

这件事对我来说很特别。 이 일은 나에게 있어 특별해요.
Zhè jiàn shì duì wǒ lái shuō hěn tèbié.

重要
zhòngyào
중요하다

这件事对我来说很重要。 이 일은 나에게 있어 중요해요.
Zhè jiàn shì duì wǒ lái shuō hěn zhòngyào.

满意
mǎnyì
만족하다, 만족스럽다

这件事对我来说很满意。 이 일은 나에게 있어 만족스러워요.
Zhè jiàn shì duì wǒ lái shuō hěn mǎnyì.

一般
yìbān
보통이다, 일반적이다

这件事对我来说很一般。 이 일은 나에게 있어 보통이에요.
Zhè jiàn shì duì wǒ lái shuō hěn yìbān.

新鲜
xīnxiān
신선하다

这件事对我来说很新鲜。 이 일은 내 입장에서 보면 신선해요.
Zhè jiàn shì duì wǒ lái shuō hěn xīnxiān.

简单
jiǎndān
간단하다

这件事对我来说很简单。 이 일은 내 입장에서 보면 간단해요.
Zhè jiàn shì duì wǒ lái shuō hěn jiǎndān.

合适
héshì
적합하다

这件事对我来说很合适。 이 일은 나에게 있어 적합해요.
Zhè jiàn shì duì wǒ lái shuō hěn héshì.

DAY 17 내 HSK 점수가 지난번보다 50점 높아! 我的汉语水平考试成绩比上次的高五十分！

연습문제로 실력다지기

🎧 Day17_연습문제.mp3

🎧 연습문제 바로 듣기

1 문장 듣고 병음/뜻 쓰기

다음 문장을 듣고 병음과 뜻을 써보세요.

1) **문장** 你是怎么做到的?

   병음 _____

   뜻 _____

2) **문장** 我的汉语水平还是没有你高。

   병음 _____

   뜻 _____

3) **문장** 其实我正在打算下个月就要去留学了。

   병음 _____

   뜻 _____

2 문장 듣고 일치/불일치 판단하기 (HSK 3, 4급 듣기 대비 유형)

들려주는 문장의 내용과 제시된 문장의 내용이 일치하면 ✓, 불일치하면 ✗를 체크하세요.

1) 今天比昨天冷。　　　　　(　　)
   Jīntiān bǐ zuótiān lěng.

2) 我比哥哥高。　　　　　　(　　)
   Wǒ bǐ gēge gāo.

3 대화 듣고 질문에 알맞은 보기 고르기 (HSK 3, 4급 듣기 대비 유형)

들려주는 대화를 듣고 질문에 알맞은 보기를 고르세요.

ⓐ 50分　　ⓑ 55分　　ⓒ 60分

정답 p.308

4 단어 채우기 (HSK 3급 쓰기 대비 유형)

제시된 병음에 알맞은 단어를 괄호 안에 채워 문장을 완성해보세요.

1) 我(kuài)要出国了。
   Wǒ　　　yào chūguó le.
   나는 곧 출국하려 해.

2) 今天比昨天(hái)冷。
   Jīntiān bǐ zuótiān　　lěng.
   오늘은 어제보다 더 추워요.

5 대화 완성하기 (HSK 3급 독해 대비 유형)

빈칸에 알맞은 문장을 채워 대화를 완성해보세요.

| 天阴了，要下雨了。 | 他比我冷静。 | 我的成绩比上次的高。 |
| Tiān yīn le, yào xiàyǔ le. | Tā bǐ wǒ lěngjìng. | Wǒ de chéngjì bǐ shàngcì de gāo. |

1) A: _____
   날씨가 흐려졌어, 곧 비가 오려 하네.

   B: 你带雨伞了吗?
   Nǐ dài yǔsǎn le ma?
   너는 우산 챙겼어?

2) A: 他的性格怎么样?
   Tā de xìnggé zěnmeyàng?
   그의 성격은 어때?

   B: _____
   그는 나보다 침착해.

6 문장 완성하기 (HSK 3, 4급 쓰기 대비 유형)

제시된 단어를 중국어 어순에 맞게 배열하여 문장을 완성해보세요.

1) 研讨会　很重要　对科长　来说　这次
   yántǎohuì　hěn zhòngyào　duì kēzhǎng　lái shuō　zhècì

   _____。
   이번 세미나는 과장님에게 있어 중요해요.

2) 没有　幽默　我　他
   méiyǒu　yōumò　wǒ　tā

   _____。
   나는 그만큼 유머러스하지 않아.

간체자 쓰기

제시된 HSK 단어 및 주요 핵심 단어의 간체자와 병음을 또박또박 써보세요.

HSK 2급

比 bǐ
比比比比
전 ~보다, ~에 비하여

HSK 3급

更 gèng
更更更更更更更
부 더

HSK 3급

以前 yǐ qián
以以以以
前前前前前前前前前
명 예전

HSK 3급

成绩 chéng jì
成成成成成
绩绩绩绩绩绩绩绩
명 점수, 성적

HSK 3급

水平 shuǐ píng
水水水水
平平平平平
명 실력, 수준

HSK 3급

热情 rè qíng — 热热热热热热热热热 / 情情情情情情情情情情情 — 형 열정적이다, 친절하다

特别 tè bié — 特特特特特特特特特 / 别别别别别别别 — 형 특별하다

重要 zhòng yào — 重重重重重重重重重 / 要要要要要要要要要 — 형 중요하다

满意 mǎn yì — 满满满满满满满满满满满满满 / 意意意意意意意意意意意意意 — 형 만족하다, 만족스럽다

新鲜 xīn xiān — 新新新新新新新新新新 / 鲜鲜鲜鲜鲜鲜鲜鲜鲜鲜 — 형 신선하다

루루와 떠나는 중국 문화 여행

한국은 추석에 송편을, 중국은?

중국도 한국처럼 음력 8월 15일에 추석을 지내는데요, 중국에서는 이날을 중추절(中秋节, Zhōngqiūjié)이라고 한답니다. 한국 사람들은 추석에 송편을 먹는데 중국 사람들은 무엇을 먹을까요? 바로 월병(月饼, yuèbǐng)을 먹어요.

중추절이 되면 중국 전 지역에서 만들어 내는 월병만 25톤이 넘어요. 스케일이 정말 어마어마하죠? 가족끼리 모이면 월병을 직접 만들어 먹기도 해요.

월병은 중추절에 주로 먹지만 중국에서는 중추절이 아닌 다른 날에도 월병을 판매해요. 중국 여행 중에 마트나 슈퍼에 가면 월병을 구경할 수 있어요. 여러 가지 맛을 사서 꼭 드셔 보세요!

> 월병의 이름에서 알 수 있듯이
> 월병은 '달'을 상징하는 음식이에요.

월병의 이름에서 알 수 있듯이 월병은 '달'을 상징하는 음식이에요. 그래서 모양도 보름달처럼 둥글어요. 월병의 색깔이나 식감은 파이와 비슷하고, 안에는 호두, 해바라기씨, 참깨, 밤, 과일 등 다양한 앙금이 들어가요. 중추절에 월병을 먹게 된 것은 명(明)나라 때부터예요. 명나라를 세운 주원장(朱元璋)은 음력 8월 15일을 원(元)나라와의 전쟁날로 잡았어요. 주원장은 이 날짜를 한족들에게 알리기 위해 월병 속에 날짜가 써 있는 쪽지를 숨겨 전달했어요. 결국 이 전략은 성공하게 되었고, 이때부터 월병은 명나라의 승리를 기념하는 음식으로 중국 전 지역에 알려지게 되었어요.

🎧 바로 쓰는 초보 여행 중국어

월병을 살 때

🎧 바로 듣고 따라하기

1. 월병, 있나요?
   月饼，有吗?
   Yuèbǐng, yǒu ma?

2. 이거 월병이에요?
   这是月饼吗?
   Zhè shì yuèbǐng ma?

3. 이 월병은 무슨 맛이에요?
   这个月饼是什么味道?
   Zhè ge yuèbǐng shì shénme wèidao?

4. 이거보다 더 큰 월병 있어요?
   比这个更大的月饼，有吗?
   Bǐ zhè ge gèng dà de yuèbǐng, yǒu ma?

DAY 18

오늘의 기온이 어제의 기온과 똑같이 높아요.

今天的气温跟昨天的气温一样高。

Jīntiān de qìwēn gēn zuótiān de qìwēn yíyàng gāo.

바로 듣고 따라하기

'A跟B一样(A와 B는 같다)'을 사용해서 두 대상을 비교한 결과가 같음을 말할 수 있어요.

초보 단어 미리보기

办公室 bàngōngshì 명 사무실	**更** gèng 부 더, 더욱	**生病** shēngbìng 동 병이 나다
有点 yǒudiǎn 부 조금, 약간	**夏天** xiàtiān 명 여름	**教** jiāo 동 가르치다
觉得 juéde 동 ~라고 생각하다	**身体** shēntǐ 명 몸	**空调** kōngtiáo 명 에어컨
天气预报 tiānqìyùbào 명 일기예보	**不舒服** bù shūfu 형 (몸이) 안 좋다	**温度** wēndù 명 온도
气温 qìwēn 명 기온	**发烧** fāshāo 동 열이 나다	**度** dù 양 도

실전회화로 말문트기

🎧 Day18_실전회화_듣기/따라읽기.mp3 🎧 Day18_실전회화_드라마.mp3

듣기 mp3로 먼저 들어본 후 따라읽기 mp3로 따라서 말해보세요.

장 과장

今天办公室有点冷吧?
Jīntiān bàngōngshì yǒudiǎn lěng ba?
오늘 사무실이 조금 춥지 않아요?

A跟B一样(A와 B는 같다)를 써서 어제와 똑같아서 춥지 않다는 의미를 나타냈어요. 跟 앞에 今天(오늘)이 생략된 형태예요.

我觉得跟昨天一样!
Wǒ juéde gēn zuótiān yíyàng!
저는 어제랑 똑같은 것 같습니다!

동희 씨

장 과장

是吗? 听天气预报说, 그래요? 일기예보에 따르면
Shì ma? Tīng tiānqìyùbào shuō,

今天的气温跟昨天的气温一样高,
jīntiān de qìwēn gēn zuótiān de qìwēn yíyàng gāo,
오늘의 기온이 어제의 기온과 똑같이 높은데

我为什么觉得更冷? 난 왜 더 추운 것 같지?
wǒ wèishénme juéde gèng lěng?

A跟B一样 뒤에 형용사 高가 사용되어 '오늘의 기온이 어제의 기온과 똑같이 높다'라는 구체적인 비교 결과를 나타냈어요.

现在是夏天, 您身体不舒服吗?
Xiànzài shì xiàtiān, nín shēntǐ bù shūfu ma?
지금은 여름인데, 몸이 안 좋으세요?

동희 씨

장 과장

我身体很好, 也没有发烧。
Wǒ shēntǐ hěn hǎo, yě méiyǒu fāshāo.
나 몸은 괜찮고, 열도 없는데.

我身体很好(나 몸은 괜찮아)에서 주어는 我(나)이고 술어는 身体很好(몸은 괜찮아)예요. 술어 身体很好는 주어(身体)와 술어(很好)로 구성된 주술술어문이에요.

您不能生病, 아프시면 안됩니다.
Nín bù néng shēngbìng,

除了您以外, 没有会教我的人。
chúle nín yǐwài, méiyǒu huì jiāo wǒ de rén.
과장님 외에는 저를 가르쳐 줄 사람이 없습니다.

동희 씨

除了…以外는 '~ 이외에'라는 뜻이에요. 会教我的(나를 가르쳐 줄)은 会教(가르쳐 줄 수 있다, 동사 술어) + 我(나를, 목적어)가 的 앞에서 관형어로 쓰인 형태예요.

장 과장

空调温度是十八度呀! 에어컨 온도가 18도야!
Kōngtiáo wēndù shì shíbā dù ya!

怪不得(어쩐지)는 회화에서 자주 쓰이는 표현이니 꼭 알아두세요.

怪不得我也觉得很冷。 어쩐지 저도 춥다 했어요.
Guàibude wǒ yě juéde hěn lěng.

동희 씨

STEP 2
기초어법으로 내공쌓기
🎧 Day18_기초어법.mp3

1 A는 B와 같다 A跟B一样

장 과장

今天的气温跟昨天的气温一样高。
Jīntiān de qìwēn gēn zuótiān de qìwēn yíyàng gāo.

오늘의 기온이 어제의 기온과 **똑같이** 높아요.

'A跟B一样'은 'A는 B와 같다'라는 의미로, '~와'라는 의미를 가진 전치사 跟(gēn)과 '같다'라는 의미를 가진 형용사 一样(yíyàng)을 써서 두 대상을 비교한 결과가 동일함을 나타내요. 비교 결과를 구체적으로 나타낼 때에는 뒤에 형용사를 추가하면 돼요. 장 과장의 말에서도 'A跟B一样 + 형용사' 형태의 구문을 사용하여 '오늘의 기온이 어제의 기온과 똑같이 높다'라고 표현했어요.

| A 跟 B 一样 (+ 형용사) |

A는 B와 똑같다,
A는 B와 똑같이 (형용사)하다

我的 衣服 跟 她的 衣服 一样。
Wǒ de yīfu gēn tā de yīfu yíyàng.
나의 옷은 ~과 그녀의 옷 같다

나의 옷은 그녀의 옷**과 같아요**.
(→ 옷이 똑같다는 의미예요.)

我的 衣服 跟 她的 衣服 一样 大。
Wǒ de yīfu gēn tā de yīfu yíyàng dà.
나의 옷은 ~과 그녀의 옷 같다 크기가

나의 옷은 그녀의 옷**과** 크기가 **같아요**.
(→ 一样 뒤에 형용사 大(크다)를 써서 옷의 크기가 같다는 것을 나타냈어요.)

● 'A跟B一样'을 부정문으로 만들 때에는 一样 앞에 부정부사 不(아니)를 붙여요.

부정문 我的 衣服 跟 她的 衣服 不一样。
Wǒ de yīfu gēn tā de yīfu bù yíyàng.
나의 옷은 ~과 그녀의 옷 같지 않다

나의 옷은 그녀의 옷**과 같지 않아요**.

부정문 我的 衣服 跟 她的 衣服 不一样 大。
Wǒ de yīfu gēn tā de yīfu bù yíyàng dà.
나의 옷은 ~과 그녀의 옷 같지 않다 크기가

나의 옷은 그녀의 옷과 크기가 **같지 않아요**.

단어 一样 yíyàng 톙 같다 大 dà 톙 크다

2 접속사 除了A以外 (A 이외에)
chúle   yǐwài

동희 씨

除了您以外, 没有会教我的人。 당신(과장님) **외에는** 저를 가르쳐 줄 사람이 없습니다.
Chúle nín yǐwài, méiyǒu huì jiāo wǒ de rén.

除了A以外는 'A 이외에'라는 의미의 접속사예요. A를 제외한다는 의미이므로 제외하고 싶은 대상을 除了(chúle)와 以外(yǐwài) 사이에 넣어주면 돼요. 이때, 以外는 생략할 수 있어요.

除了 他 (以外), 没有 会 说 汉语 的 人。 그 **외에는** 중국어를 말할 줄 아는 사람이
Chúle tā (yǐwài), méiyǒu huì shuō Hànyǔ de rén. 없어요.
~이외에 그 (~이외에) 없다 ~할 줄 알다 말하다 중국어를 ~한 사람

➕ 플러스 포인트

除了A以外 뒤에는 都(dōu, 모두), 还(hái, ~도), 也(yě, ~도)가 자주 사용돼요. A를 제외한 전부를 말하고 싶다면 '除了A以外, 都…(A 이외에, 모두 ~하다)'를, A 이외에 다른 것을 더하는 경우엔 '除了A以外, 也/还B(A 이외에, 또한 B도)'를 사용해요.

除了A以外, 都…   除了 我 以外, 他们 都 喜欢 运动。
(A 이외에, 모두 ~하다)   Chúle wǒ yǐwài, tāmen dōu xǐhuan yùndòng.
~이외에 나 ~이외에 그들은 모두 좋아하다 운동을
나 **이외에**, 그들은 **모두** 운동을 좋아해요. (→ 나만 운동을 싫어해요.)

除了 她, 我们 都 有 电脑。
Chúle tā, wǒmen dōu yǒu diànnǎo.
~이외에 그녀 우리는 모두 가지고 있다 컴퓨터를
그녀 **이외에**, 우리는 **모두** 컴퓨터를 가지고 있어요. (→ 그녀만 컴퓨터가 없어요.)

除了A以外, 还/也B   我 除了 小狗 以外, 还 喜欢 兔子。
(A 이외에, 또한 B도)   Wǒ chúle xiǎogǒu yǐwài, hái xǐhuan tùzi.
나는 ~이외에 강아지 ~이외에 또한 좋아하다 토끼
나는 강아지 **이외에**, **또한** 토끼도 좋아해요. (→ 나는 강아지와 토끼를 다 좋아해요.)

这儿 除了 有 汉堡包, 也 有 比萨饼。
Zhèr chúle yǒu hànbǎobāo, yě yǒu bǐsàbǐng.
여기에는 ~이외에 있다 햄버거 또한 있다 피자
여기에는 햄버거 **이외에**, **또한** 피자도 있어요. (→ 여기에는 햄버거와 피자가 다 있어요.)

단어   小狗 xiǎogǒu 몡 강아지   兔子 tùzi 몡 토끼   这儿 zhèr 때 여기, 이곳

DAY 18 오늘의 기온이 어제의 기온과 똑같이 높아요. 今天的气温跟昨天的气温一样高。

기초어법으로 내공쌓기

3 '주어 + 술어'가 술어가 되는 주술술어문

장 과장

我 身体很好, 也没有发烧。 나 몸은 괜찮고, 열도 없는데.
Wǒ shēntǐ hěn hǎo, yě méiyǒu fāshāo.

문장의 술어가 '주어 + 술어'의 구조를 가진 문장을 주술술어문이라고 해요. 장 과장의 말에서 **身体很好**(shēntǐ hěn hǎo, 몸은 괜찮다)가 주어 我(wǒ, 나)의 술어가 되는데, 이 술어가 다시 주어 身体(몸)와 술어 很好(괜찮다)로 구성되어 주술술어문이 되었어요.

| 주술술어문 | 주어1 + 술어1
↓
주어2 + 술어2 | (주어1)은 (주어2)가 (술어2)하다. |

긍정문　他　性格　很幽默。　그는 성격이 유머러스해요.
　　　　　Tā　xìnggé　hěn yōumò.　(→ 문장의 주어가 他(그)이고 술어가 性格幽默(성격이 유머러스해요)예요.
　　　　　그는　성격이　유머러스하다　　性格(성격)가 주어, 幽默(유머러스하다)가 술어인 주술술어문이에요.)

● 주술술어문의 부정문을 만들 때에는 술어2 앞에 부정부사 不(bù, 아니)를 붙이고, 의문문을 만들 때에는 문장 끝에 吗?(ma, ~니?)를 붙이면 돼요.

부정문　今天　天气　不　好。　오늘은 날씨가 좋지 않아요.
　　　　　Jīntiān　tiānqì　bù　hǎo.
　　　　　오늘은　날씨가　아니　좋다

의문문　你　工作　忙　吗?　당신은 일이 바쁜가요?
　　　　　Nǐ　gōngzuò　máng　ma?
　　　　　당신은　일이　바쁘다　~인가요?

● 주술술어문의 정반의문문을 만들 때에는 술어2를 '술어不술어' 형태로 사용하면 돼요.

정반의문문　他　个子　高不高?　그는 키가 큰가요 안 큰가요?
　　　　　　Tā　gèzi　gāo bu gāo?
　　　　　　그는　키가　큰가요 안 큰가요?

단어　性格 xìnggé [명] 성격　幽默 yōumò [형] 유머러스하다　个子 gèzi [명] (사람의) 키

4 어쩐지, 그럴 줄 알았어! 怪不得(어쩐지)
guàibude

동희 씨

怪不得我也觉得很冷。 어쩐지 저도 춥다 했어요.
Guàibude wǒ yě juéde hěn lěng.

怪不得(guàibude)는 '어쩐지'라는 뜻의 부사로, 문장의 맨 앞에 오거나 단독으로 사용되어, 마음속으로 짐작했던 일이 그대로 일어났음을 나타내고자 할 때 사용해요.

문장 맨 앞에 사용될 경우

A: 我 发烧了。
　　Wǒ fāshāo le.
　　나는 열이 난다

나는 열이 나.

B: 怪不得 你 没有 来 上课。
　　Guàibude nǐ méiyǒu lái shàngkè.
　　어쩐지 네가 ~않다 오다 수업을 듣다

어쩐지 네가 수업을 들으러 안 왔다 했어.

단독으로 사용될 경우

A: 你 今天 真 安静!
　　Nǐ jīntiān zhēn ānjìng!
　　너는 오늘 정말 조용하다

너 오늘 정말 조용하네!

B: 我 头 疼。
　　Wǒ tóu téng.
　　나는 머리가 아프다

나는 머리가 아파.

A: 怪不得。
　　Guàibude.
　　어쩐지

어쩐지.

단어 发烧 fāshāo 통 열이 나다　上课 shàngkè 통 수업을 듣다　安静 ānjìng 형 조용하다　头疼 tóu téng 통 머리가 아프다

DAY 18 오늘의 기온이 어제의 기온과 똑같이 높아요. 今天的气温跟昨天的气温一样高。

STEP 3
확장표현으로 중국어 자동발사

🎧 Day18_확장표현.mp3

'A跟B一样(A와 B는 같다)' 형태로 **사계절 표현**과 그와 어울리는 **날씨 표현**도 함께 익혀보아요. (빈칸에 아래 단어를 하나씩 넣어서 읽어보세요.)

사계절 표현/ 날씨 표현과 A 跟 B 一样
A와 B는 같다

A: 我觉得今年_____跟去年一样_____。
Wǒ juéde jīnnián _____ gēn qùnián yíyàng _____.
저는 올해 _____이 작년과 똑같이 _____고 생각해요.

B: 是吗?
Shì ma?
그래?

春天  暖和
chūntiān　　　　　　nuǎnhuo
봄　　　　　　　　따뜻하다

夏天  热
xiàtiān　　　　　　rè
여름　　　　　　　덥다

秋天  凉快
qiūtiān　　　　　　liángkuai
가을　　　　　　　시원하다

冬天  冷
dōngtiān　　　　　　lěng
겨울　　　　　　　춥다

건강 상태를 묻고 답하는 문장으로 **아픈 증상 표현**을 익혀보아요. (빈칸에 아래 단어를 하나씩 넣어서 읽어보세요.)

아픈 증상 표현

A: 您身体不舒服吗? 당신은 몸이 안 좋으신가요?
Nín shēntǐ bù shūfu ma?

B: 我身体不好，我_____。 나는 몸이 안 좋아요, 나는 _____(해)요.
Wǒ shēntǐ bù hǎo, wǒ _____.

头疼
tóu téng
머리가 아프다

牙疼
yá téng
이가 아프다

嗓子疼
sǎngzi téng
목이 아프다

腰疼
yāo téng
허리가 아프다

肚子疼
dùzi téng
배가 아프다

腿疼
tuǐ téng
다리가 아프다

感冒了
gǎnmào le
감기에 걸리다

发烧了
fāshāo le
열이 나다

DAY 18 오늘의 기온이 어제의 기온과 똑같이 높아요. 今天的气温跟昨天的气温一样高.

연습문제로 실력다지기 🎧 Day18_연습문제.mp3

🎧 연습문제 바로 듣기

1 문장 듣고 병음/뜻 쓰기

다음 문장을 듣고 병음과 뜻을 써보세요.

1) **문장** 今天的气温跟昨天的气温一样高。

   병음 _____

   뜻 _____

2) **문장** 我身体很好，也没有发烧。

   병음 _____

   뜻 _____

3) **문장** 除了您以外，没有会教我的人。

   병음 _____

   뜻 _____

2 문장 듣고 일치/불일치 판단하기 (HSK 3, 4급 듣기 대비 유형)

들려주는 문장의 내용과 제시된 문장의 내용이 일치하면 ✓, 불일치하면 ✗를 체크하세요.

1) 露露没有电脑。　　　　　　(　　)
   Lùlu méiyǒu diànnǎo.

2) 我喜欢运动。　　　　　　　(　　)
   Wǒ xǐhuan yùndòng.

3 대화 듣고 질문에 알맞은 보기 고르기 (HSK 3, 4급 듣기 대비 유형)

들려주는 대화를 듣고 질문에 알맞은 보기를 고르세요.

ⓐ 冷　　　ⓑ 热　　　ⓒ 暖和

정답 p.309

4 단어 채우기 (HSK 3급 쓰기 대비 유형)

제시된 병음에 알맞은 단어를 괄호 안에 채워 문장을 완성해보세요.

1) 他性(gé)很幽默。 그는 성격이 유머러스해요.
   Tā xìng   hěn yōumò.

2) (Guài)不得你没有来上课。 어쩐지 네가 수업을 들으러 안 왔다 했어.
   bude nǐ méiyǒu lái shàngkè.

5 대화 완성하기 (HSK 3급 독해 대비 유형)

빈칸에 알맞은 문장을 채워 대화를 완성해보세요.

| 你今天真安静。 | 我肚子疼。 | 我觉得跟昨天一样。 |
| Nǐ jīntiān zhēn ānjìng. | Wǒ dùzi téng. | Wǒ juéde gēn zuótiān yíyàng. |

1) A: 今天办公室有点冷吧? 오늘 사무실이 조금 춥지 않아요?
   Jīntiān bàngōngshì yǒudiǎn lěng ba?
   B: _____ 저는 어제랑 똑같은 것 같습니다.

2) A: 你身体不舒服吗? 몸이 안 좋으세요?
   Nǐ shēntǐ bù shūfu ma?
   B: _____ 배가 아파요.

6 문장 완성하기 (HSK 3, 4급 쓰기 대비 유형)

제시된 단어를 중국어 어순에 맞게 배열하여 문장을 완성해보세요.

1) 不   她的衣服   我的   一样   衣服跟   大
   bù   tā de yīfu   wǒ de   yíyàng   yīfu gēn   dà

   _____。 나의 옷은 그녀의 옷과 크기가 같지 않아요.

2) 更   冷   觉得   我为什么
   gèng   lěng   juéde   wǒ wèishénme

   _____? 난 왜 더 추운 것 같지?

정답 p.309

DAY 18 오늘의 기온이 어제의 기온과 똑같이 높아요. 今天的气温跟昨天的气温一样高。

간체자 쓰기

제시된 HSK 단어 및 주요 핵심 단어의 간체자와 병음을 또박또박 써보세요.

HSK 3급

空调
kōng tiáo
空空空空空空空空
调调调调调调调调调
명 에어컨

HSK 3급

一样
yí yàng
一
样样样样样样样样样样
형 같다

HSK 2급

生病
shēng bìng
生生生生生
病病病病病病病病病病
동 병이 나다

头疼
tóu téng
头头头头头
疼疼疼疼疼疼疼疼疼疼
형 머리가 아프다

HSK 3급

感冒
gǎn mào
感感感感感感感感感感感感
冒冒冒冒冒冒冒冒冒
동 감기에 걸리다

HSK 3급

发烧
fā shāo
发发发发发
烧烧烧烧烧烧烧烧烧烧
동 열이 나다

春天
chūn tiān
春春春春春春春春春
天天天天
명 봄

夏天
xià tiān
夏夏夏夏夏夏夏夏夏夏
天天天天
명 여름

秋天
qiū tiān
秋秋秋秋秋秋秋秋秋
天天天天
명 가을

冬天
dōng tiān
冬冬冬冬冬
天天天天
명 겨울

DAY 18 오늘의 기온이 어제의 기온과 똑같이 높아요. 今天的气温跟昨天的气温一样高。

루루와 떠나는 중국 문화 여행

짓는 데만 2,000년이 걸린 만리장성!

중국 베이징을 가면 꼭 보고 와야 하는 곳 중 하나는 바로 '만리장성'(万里长城, Wànlǐchángchéng)이에요.

만리장성은 진나라의 시황제 때부터 본격적으로 짓기 시작했는데, 이 거대한 장성을 짓게 된 이유는 활을 잘 쏘고 말을 잘 타는 흉노족의 침입을 막기 위해서예요. 이렇게 높은 돌산에 2,000년의 시간을 들여 성을 지을 정도면 흉노족의 위력이 정말 대단했었나 봐요.

> 이 거대한 장성을 짓게 된 이유는
> 활을 잘 쏘고 말을 잘 타는
> 흉노족의 침입을 막기 위해서예요.

만리장성을 직접 보고 싶은데, 높은 돌산에 있다 하니 걸어 올라가기가 너무 힘들 것 같은가요? 걱정 마세요. 관광 가능한 구간까지 케이블카를 타고 오른 후, 거기서부터 15~20분만 걸어 올라가면 되거든요! 하지만 걸어 오르는 구간의 경사가 많이 가파르니 꼭 조심하셔야 해요!

'만리장성'이라는 이름에 걸맞게 길이가 2,700KM로 매우 긴데, 중간중간의 지선들까지 합치면 5,000KM가 넘어요. 그러니 '10,000리 장성'이 맞다는 게 증명이 된답니다!

이렇게나 긴 만리장성이 달에서 보일까요 안 보일까요? 만리장성이 길긴 하지만 달은 지구에서 꽤 멀리 있기 때문에 보이지 않는답니다. 그래도 비행기에서는 보이니까 베이징행 비행기에서 꼭 한번 만리장성을 찾아보세요!

🎧 바로 쓰는 초보 여행 중국어

만리장성 오를 때

1 케이블카 어디에 있어요?
缆车在哪儿？
Lǎnchē zài nǎr?

2 만리장성에 화장실 있어요?
万里长城里有卫生间吗？
Wànlǐchánglǐ yǒu wèishēngjiān ma?

3 오를 때 힘든가요?
爬的时候累吗？
Pá de shíhou lèi ma?

4 너무 힘들고, 다리도 아파요.
我很累，腿也疼。
Wǒ hěn lèi, tuǐ yě téng.

🎧 바로 듣고 따라하기

DAY 19

지난주에 내가 너에게 이메일 보냈었는데.
上周我把电子邮件发给你了。
Shàng zhōu wǒ bǎ diànzǐyóujiàn fā gěi nǐ le.

🎧 바로 듣고 따라하기

把자문을 사용해서 목적어를 처리한 결과를 강조할 수 있어요.

해야 할 일을 했을 뿐인 민준이!

🎧 초보 단어 미리보기

上周 shàng zhōu 몡 지난주	生活 shēnghuó 툉 생활하다, 살다	风 fēng 몡 바람
把 bǎ 젠 ~를	有意思 yǒu yìsi 재미있다	…的话 …de huà ~라면
电子邮件 diànzǐyóujiàn 몡 이메일	不过 búguò 쩝 그런데	决定 juédìng 툉 결정하다
发 fā 툉 보내다	连 lián 젠 ~조차도	罢了 bàle 죄 단지 ~일 뿐이다
打开 dǎkāi 툉 열다	不敢 bù gǎn 감히 ~하지 못하다	厉害 lìhai 혱 대단하다

STEP 1
실전회화로 말문트기

🎧 Day19_실전회화_듣기/따라읽기.mp3　🎧 Day19_실전회화_드라마.mp3

듣기 mp3로 먼저 들어본 후 따라읽기 mp3로 따라서 말해보세요.

민준

露露, 好久不见！
Lùlu, hǎojiǔ bú jiàn!
루루야, 오랜만이야!

전치사 把(~를)를 사용해 목적어 电子邮件(이메일)을 동사 发(보내다)보다 먼저 말함으로써 이메일을 보냈다는 처리 결과를 강조했어요.

是啊！上周我把电子邮件发给你了。
Shì a! Shàng zhōu wǒ bǎ diànzǐyóujiàn fā gěi nǐ le.
그러게! 지난주에 내가 너에게 이메일 보냈었는데.

루루

민준

上周我太忙了，没能把电子邮件打开看。
Shàng zhōu wǒ tài máng le, méi néng bǎ diànzǐyóujiàn dǎkāi kàn.
지난주에는 내가 너무 바빠서, 이메일을 열어볼 수 없었어.

동사 打开(열다)와 看(보다)을 打开看(열어보다)으로 사용한 연동문이에요.

这样啊(그랬구나, 그렇구나)는 회화에서 자주 쓰이니 꼭 알아두세요.

这样啊，在北京生活得怎么样？
Zhèyàng a, zài Běijīng shēnghuó de zěnmeyàng?
그랬구나. 북경 생활은 어때?

루루

민준

非常有意思，不过最近太冷了，连门都不敢出去。
Fēicháng yǒu yìsi, búguò zuìjìn tài lěng le, lián mén dōu bù gǎn chūqu.
정말 재밌어. 그런데 요즘은 너무 추워서 문조차도 나갈 수 없어.

北京的冬天冷是冷，可是没有风的话还好。
Běijīng de dōngtiān lěng shì lěng, kěshì méiyǒu fēng de huà hái hǎo.
북경의 겨울이 춥긴 춥지, 그런데 바람이 안 불면 괜찮아.

'술어(去) + 목적어(那家公司)' 형태의 去那家公司(그 회사에 가다)가 동사 决定(결정하다)의 목적어로 사용되었어요.

听说你决定去那家公司了？
Tīngshuō nǐ juédìng qù nà jiā gōngsī le?
듣자 하니 너 그 회사에 가기로 결정되었다며?

루루

민준

嗯，我只是认真地学习罢了。
Èng, wǒ zhǐshì rènzhēn de xuéxí bàle.
응, 나는 단지 열심히 공부했을 뿐인데 말야.

只是…罢了는 '단지 ~할 뿐이다'라는 뜻이에요.
认真地는 형용사 认真(착실하다)에 地를 붙여 '열심히, 착실하게'라는 뜻의 부사어가 된 거예요.

真的很은 '정말, 진짜'라는 뜻으로 다음에 나오는 형용사의 정도를 크게 강조하는 회화 표현이에요.

真的很厉害！
Zhēn de hěn lìhai!
정말로 대단하다!

루루

* <중국어 말문트기 워크북>으로 말하기를 집중 훈련하면 실전회화가 저절로 자동발사돼요.

STEP 2
기초어법으로 내공쌓기 🎧 Day19_기초어법.mp3

1 목적어를 동사보다 먼저 써버리는 把자문(bǎ)

루루

上周我把电子邮件发给你了。
Shàng zhōu wǒ bǎ diànzǐyóujiàn fā gěi nǐ le.

지난주에 내가 너에게 이메일을 보냈었는데.

전치사 把(bǎ, ~를)를 사용해서 '주어 + 把 + 목적어 + 동사 + 기타성분' 형태로 목적어를 동사보다 먼저 말할 수 있어요. 이러한 문장을 '把자문'이라고 해요. 把자문은 목적어 즉, 특정 대상의 처리 결과를 강조하기 위해 사용되며, 따라서 동사 뒤에 了나 보어와 같은 기타성분을 반드시 써서 동작의 결과를 나타내야 해요. 위에서 루루는 把자문을 사용하여 发给你了 (fā gěi nǐ le, 너에게 보냈다)라는 이메일의 발송 처리 결과를 강조했어요.

일반문	주어 + 동사(+ 기타성분) + 목적어	(주어)가 (목적어)를 (동사 + 기타성분)했다.
把자문	주어 + 把 + 목적어 + 동사 + 기타성분	(주어)가 (목적어)를 (동사 + 기타성분)했다. → '(동사 + 기타성분)했다'라는 처리 결과를 강조해요.

일반문 我 看 完了 那本书。
　　　　Wǒ kàn wán le nà běn shū.
　　　　나는 보다 끝냈다 그 책을

나는 그 책을 다 봤어요.
(→ 그 책을 다 봤다는 사실을 전달해요.)

把자문 我 把 那本书 看 完了。
　　　　Wǒ bǎ nà běn shū kàn wán le.
　　　　나는 ~을 그 책 보다 끝냈다

나는 그 책을 다 봤어요.
(→ "너는 그 책을 다 안 봤지?"와 같은 질문의 답변으로서 看完了 (다 봤다)라는 동작의 처리 결과를 강조하는 의미를 나타내요.)

● 把자문에서 기타성분으로는 동태조사 了나 결과/방향/정도/수량보어 등이 올 수 있어요.

他 把 护照 丢 了。
Tā bǎ hùzhào diū le.
그는 ~을 여권 잃어버리다 ~했다

그는 여권을 잃어버렸어요.
(→ 기타성분으로 동작의 완료를 나타내는 동태조사 了가 사용되었고, 잃어버린 동작의 결과를 강조했어요.)

我 把 那本书 带 来了。
Wǒ bǎ nà běn shū dài lai le.
내가 ~을 그 책 가지다 왔다

제가 그 책을 가져왔어요.
(→ 기타성분으로 방향보어 来(오다)와 동태조사 了가 사용되었고, 가져왔다는 동작의 결과를 강조했어요.)

我 把 这个钱包 送 给你。
Wǒ bǎ zhè ge qiánbāo sòng gěi nǐ.
내가 ~을 이 지갑 선물하다 너에게

내가 이 지갑을 너에게 선물할게.
(→ 기타성분으로 전치사 결과보어 给你(너에게)가 사용되었고, 선물하는 동작의 결과를 강조했어요.)

단어 护照 hùzhào 명 여권　丢 diū 통 잃어버리다　送 sòng 통 선물하다, 주다

- 把자문은 동작의 처리 결과를 강조하므로 구체적인 행위를 나타내는 동사를 사용해야 해요. 따라서 **是**(shì, ~이다), **有**(yǒu, 있다), **知道**(zhīdào, 알다), **喜欢**(xǐhuan, 좋아하다) 등처럼 판단이나 상태를 나타내는 동사는 把자문에 사용할 수 없어요.

  我 把 他做的菜 喜欢。(X)
  Wǒ bǎ tā zuò de cài xǐhuan.
  나는 ~를 그가 만든 요리 좋아하다

  나는 그가 만든 요리를 **좋아해**.
  (→ 喜欢(좋아하다)은 구체적인 행위를 나타내는 동사가 아니기 때문에 把자문에서 동사로 사용할 수 없어요.)

  我 把 他做的菜 吃 光了。
  Wǒ bǎ tā zuò de cài chī guāng le.
  나는 ~를 그가 만든 요리 먹다 싹 비웠다

  나는 그가 만든 요리를 **다 먹어치웠어**.
  (→ 把자문으로 다 먹어치웠다는 결과를 강조했어요.)

- 把자문은 특정 대상을 어떻게 처리했는지를 강조하는 문장이기 때문에, 화자와 청자가 모두 이미 알고 있는 구체적인 대상을 목적어로 써야 해요.

  她 把 一杯牛奶 喝 完了。(X)
  Tā bǎ yì bēi niúnǎi hē wán le.
  그녀는 ~를 우유 한 잔 마시다 끝냈다

  그녀는 **우유 한 잔**을 다 마셨어요.
  (→ 一杯牛奶(우유 한 잔)라고 하면 특정 우유를 지칭하는 말이 아니기 때문에 把자문에서는 사용할 수 없어요.)

  她 把 我的牛奶 喝 完了。
  Tā bǎ wǒ de niúnǎi hē wán le.
  그녀는 ~를 나의 우유 마시다 끝냈다

  그녀가 **나의 우유**를 다 마셨어요.
  (→ 我的牛奶(나의 우유)는 화자와 청자가 모두 알고 있는 구체적인 대상이에요.)

- 把자문에서 부정부사, 조동사와 같은 부사어는 把 앞에 사용하면 돼요.

  我们 没 把 作业 做 完。
  Wǒmen méi bǎ zuòyè zuò wán.
  우리는 않았다 ~를 숙제 하다 끝내다

  우리는 숙제를 다 끝내지 **않았어요**.

  你 要 把 你的房间 打扫得 很干净。
  Nǐ yào bǎ nǐ de fángjiān dǎsǎo de hěn gānjìng.
  너는 ~해야 한다 ~을 너의 방 청소하다 깨끗하다

  너는 네 방을 깨끗하게 청소**해야 해**.

단어 杯 bēi 명 잔, 컵   牛奶 niúnǎi 명 우유   打扫 dǎsǎo 동 청소하다

기초어법으로 내공쌓기

2 무엇조차도, 连…都/也… (~조차도)

민준

连门都不敢出去。 문조차도 나갈 수 없어.
Lián mén dōu bù gǎn chūqu.

连(lián)은 '~조차도'라는 의미의 전치사로, 부사 都(dōu, ~조차도) 또는 也(yě, ~도)와 함께 '连…都/也…(~조차도)'의 형태로 주로 쓰여요. 이때 都는 '모두'가 아닌 '~조차도'의 뜻으로 사용됨을 알아두세요.

我 连 水 都 不能 喝。 나는 물조차도 못 마시겠어.
Wǒ lián shuǐ dōu bù néng hē.
나는 ~조차도 물 ~조차도 ~할 수 없다 마시다

连 看 手机 的 时间 也 没有。 휴대폰 볼 시간조차도 없어.
Lián kàn shǒujī de shíjiān yě méiyǒu.
~조차도 보다 휴대폰을 ~한 시간 ~도 없다

3 그건 그렇지, A是A (A하긴 A하다)

루루

北京的冬天冷是冷，可是没有风的话还好。 북경의 겨울이 춥긴 춥지,
Běijīng de dōngtiān lěng shì lěng, kěshì méiyǒu fēng de huà hái hǎo. 그런데 바람이 안 불면 괜찮아.

'A是A'는 'A하긴 A하다'라는 인정 또는 동의를 나타내는 표현으로, A에는 보통 동사나 형용사가 와요. 문맥상 'A是A' 뒤에는 반전을 나타내는 但是/可是(그런데, 그러나)과 같은 접속사가 주로 옵니다.

好吃是好吃，但是 太辣了。 맛있긴 맛있어요, 그런데 너무 매워요.
Hǎochī shì hǎochī, dànshì tài là le.
맛있긴 맛있다 그런데 너무 맵다

鸡蛋 有是有，可是 不 新鲜。 달걀이 있긴 있어요, 그러나 신선하지 않아요.
Jīdàn yǒu shì yǒu, kěshì bù xīnxiān.
달걀이 있긴 있다 그러나 아니 신선하다

단어 辣 là 휑 맵다 鸡蛋 jīdàn 휑 달걀 新鲜 xīnxiān 휑 신선하다

4 단지 열심히 했을 뿐이야! 只是/只不过…罢了 (단지 ~일/할 뿐이다)
zhǐshì / zhǐbúguò ... bàle

민준

我**只是**认真地学习**罢了**。　　나는 단지 열심히 공부했을 뿐인데 말야.
Wǒ zhǐshì rènzhēn de xuéxí bàle.

只是(zhǐshì)/只不过(zhǐbúguò)는 '단지, 그저'라는 뜻의 부사이고, 罢了(bàle)는 '~일/할 뿐이다'라는 뜻의 어기조사로, 함께 짝을 이루어 '只是/只不过…罢了(단지 ~일/할 뿐이다)'의 형태로 자주 쓰여요. 민준이도 '只是…罢了'를 사용하여 '단지 열심히 공부했을 뿐이다'라는 의미를 나타냈어요.

我　**只是**　说说　**罢了**。　　　나는 **단지** 한번 말해봤을 **뿐이야**.
Wǒ　zhǐshì　shuōshuo　bàle.
나는　단지　한번 말해보다　~할 뿐이다

我　**只不过**　想帮你　**罢了**。　　나는 **그저** 너를 돕고 싶을 **뿐이야**.
Wǒ　zhǐbúguò　xiǎng bāng nǐ　bàle.
나는　그저　너를 돕고 싶다　~할 뿐이다

단어　帮 bāng 동 돕다

STEP 3
확장표현으로 중국어 자동발사

把자문과 자주 쓰이는 동사 + 기타성분 표현을 함께 익혀보아요.

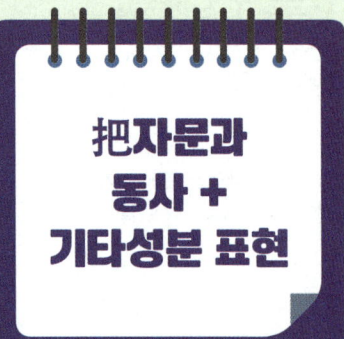

把자문과
동사 +
기타성분 표현

把……弄坏了
bǎ……nòng huài le
~를 망가뜨렸다

我把电脑弄坏了。 제가 컴퓨터를 망가뜨렸어요.
Wǒ bǎ diànnǎo nòng huài le.

把……做完了
bǎ……zuò wán le
~를 다 끝냈다

我把今天的作业做完了。 저는 오늘의 숙제를 다 끝냈어요.
Wǒ bǎ jīntiān de zuòyè zuò wán le.

把……吃光了
bǎ……chī guāng le
~를 다 먹어치웠다

我把你做的菜吃光了。
Wǒ bǎ nǐ zuò de cài chī guāng le.
제가 당신이 만든 요리를 다 먹어치웠어요.

把……搬到那儿了
bǎ……bān dào nàr le
~를 저기로 옮겼다

我把行李箱搬到那儿了。 제가 트렁크를 저기로 옮겼어요.
Wǒ bǎ xínglǐxiāng bān dào nàr le.

把……放在桌子上了
bǎ……fàng zài zhuōzi shang le
~를 책상 위에 두었다

我把它放在桌子上了。 제가 그것을 책상 위에 두었어요.
Wǒ bǎ tā fàng zài zhuōzi shang le.

把……送给他了
bǎ……sòng gěi tā le
~를 그에게 선물했다

我把那本书送给他了。 저는 그 책을 그에게 선물했어요.
Wǒ bǎ nà běn shū sòng gěi tā le.

把……借给她了
bǎ……jiè gěi tā le
~를 그녀에게 빌려주었다

我把我的裙子借给她了。
Wǒ bǎ wǒ de qúnzi jiè gěi tā le.
저는 제 치마를 그녀에게 빌려주었어요.

把……打开
bǎ……dǎkāi
~를 펴다

大家把书打开。 모두들 책을 펴세요.
Dàjiā bǎ shū dǎkāi.

把……丢了
bǎ……diū le
~를 잃어버렸다

我把我的手机丢了。 저는 제 휴대폰을 잃어버렸어요.
Wǒ bǎ wǒ de shǒujī diū le.

把……关了
bǎ……guān le
~를 껐다

我把电视关了。 제가 TV를 껐어요.
Wǒ bǎ diànshì guān le.

把……带来了
bǎ……dàilai le
~를 가져왔다

我把你的礼物带来了。 제가 당신의 선물을 가져왔어요.
Wǒ bǎ nǐ de lǐwù dàilai le.

把……拿走了
bǎ……názǒu le
~를 가져갔다

他把我的书拿走了。 그가 저의 책을 가져갔어요.
Tā bǎ wǒ de shū názǒu le.

把……拿出来了
bǎ……ná chūlai le
~를 꺼냈다

我把护照拿出来了。 저는 여권을 꺼냈어요.
Wǒ bǎ hùzhào ná chūlai le.

把……打扫得很干净
bǎ……dǎsǎo de hěn gānjìng
~를 깨끗하게 청소했다

我们把教室打扫得很干净。 저희가 교실을 깨끗하게 청소했어요.
Wǒmen bǎ jiàoshì dǎsǎo de hěn gānjìng.

把……读了一遍
bǎ……dúle yí biàn
~를 한 번 읽었다

我把那本小说读了一遍。 저는 그 소설을 한 번 읽었어요.
Wǒ bǎ nà běn xiǎoshuō dúle yí biàn.

DAY 19 지난주에 내가 너에게 이메일 보냈었는데. 上周我把电子邮件发给你了。

연습문제로 실력다지기

🎧 Day19_연습문제.mp3

🎧 연습문제 바로 듣기

1 문장 듣고 병음/뜻 쓰기

다음 문장을 듣고 병음과 뜻을 써보세요.

1) **문장** 上周我把电子邮件发给你了。

   병음 _____

   뜻 _____

2) **문장** 连门都不敢出去。

   병음 _____

   뜻 _____

3) **문장** 鸡蛋有是有，可是不新鲜。

   병음 _____

   뜻 _____

2 문장 듣고 일치/불일치 판단하기 (HSK 3, 4급 듣기 대비 유형)

들려주는 문장의 내용과 제시된 문장의 내용이 일치하면 ✓, 불일치하면 ✗를 체크하세요.

1) 我看完了那本书。　　　　　　(　　)
   Wǒ kàn wán le nà běn shū.

2) 老师打扫了教室。　　　　　　(　　)
   Lǎoshī dǎsǎole jiàoshì.

3 대화 듣고 질문에 알맞은 보기 고르기 (HSK 3, 4급 듣기 대비 유형)

들려주는 대화를 듣고 질문에 알맞은 보기를 고르세요.

ⓐ 上海　　　ⓑ 首尔　　　ⓒ 北京

정답 p.310

4 단어 채우기 (HSK 3급 쓰기 대비 유형)

제시된 병음에 알맞은 단어를 괄호 안에 채워 문장을 완성해보세요.

1) 我把电视(guān)了。 제가 TV를 껐어요.
   Wǒ bǎ diànshì   le.

2) 我只不(guò)想帮你罢了。 나는 그저 너를 돕고 싶을 뿐이야.
   Wǒ zhǐbú   xiǎng bāng nǐ bàle.

5 대화 완성하기 (HSK 3급 독해 대비 유형)

빈칸에 알맞은 문장을 채워 대화를 완성해보세요.

> 我连水都不能喝。 好吃是好吃，但是太辣了。 我只是认真地学习罢了。
> Wǒ lián shuǐ dōu bù néng hē. Hǎochī shì hǎochī, dànshì tài là le. Wǒ zhǐshì rènzhēn de xuéxí bàle.

1) A: _____ 나는 단지 열심히 공부했을 뿐인데 말야.

   B: 真的很厉害！ 정말로 대단하다!
      Zhēn de hěn lìhai!

2) A: 这个炒年糕味道怎么样? 이 떡볶이 맛이 어때요?
      Zhè ge chǎoniángāo wèidao zěnmeyàng?

   B: _____ 맛있긴 맛있어요, 그런데 너무 매워요.

6 문장 완성하기 (HSK 3, 4급 쓰기 대비 유형)

제시된 단어를 중국어 어순에 맞게 배열하여 문장을 완성해보세요.

1) 了   它   把   我   放在桌子上
   le   tā   bǎ   wǒ   fàng zài zhuōzi shang

   _____。 저는 그것을 책상 위에 두었어요.

2) 我   了   把   行李箱   搬到   那儿
   wǒ   le   bǎ   xínglǐxiāng   bān dào   nàr

   _____。 제가 트렁크를 저기로 옮겼어요.

간체자 쓰기

제시된 HSK 단어 및 주요 핵심 단어의 간체자와 병음을 또박또박 써보세요.

HSK 3급

把
bǎ
把 把 把 扣 把 把

(전) ~를

HSK 4급

连
lián
连 连 车 车 连 连 连

(전) ~조차도

HSK 3급

借
jiè
借 借 借 借 借 借 借 借 借 借

(동) 빌려주다, 빌리다

HSK 3급

搬
bān
搬 搬 搬 搬 搬 搬 搬 搬 搬 搬 搬 搬 搬

(동) 옮기다

HSK 3급

关
guān
关 关 关 关 关 关

(동) 끄다, 닫다

弄坏
nòng huài

弄弄弄弄弄弄
坏坏坏坏坏坏

동 망가뜨리다, 망치다

决定 (HSK 3급)
jué dìng

决决决决决决
定定定定定定定定

동 결정하다

护照 (HSK 3급)
hù zhào

护护护护护护护
照照照照照照照照照照

명 여권

牛奶 (HSK 2급)
niú nǎi

牛牛牛牛
奶奶奶奶奶

명 우유

鸡蛋 (HSK 2급)
jī dàn

鸡鸡鸡鸡鸡鸡鸡
蛋蛋蛋蛋蛋蛋蛋蛋蛋

명 달걀

DAY 19 지난주에 내가 너에게 이메일 보냈었는데. 上周我把电子邮件发给你了.

루루와 떠나는 중국 문화 여행

우산은 이별의 선물?

여러분은 어떤 선물을 받는 게 제일 좋나요? 저는 쿠션이나 인형을 너무너무 좋아해서 이런 선물들을 받을 때가 제일 행복해요. 사람들은 누구나 선물을 주고받는 것을 좋아하는데요, 중국 사람들도 마찬가지예요. 그런데 중국 사람들과 선물을 주고받을 때 지켜야 할 예의가 몇 가지 있답니다!

물을 준 사람의 체면을 존중하지 않는 것이라고 생각하거든요. 중국인으로부터 선물을 받으면 궁금해도 조금만 참아주세요!

중국 사람들이 한국에 오면 제일 많이 사 가는 것 중 하나가 화장품인데, 이를 보면 알 수 있듯이 중국 사람들은 화장품이나 건강식품, 차, 술 선물을 좋아해요. 혹시 중국인 친구에게 선물을 할 계획이 있다면 참고하세요!

> 금기되는 선물은 우산이에요.
> 우산의 산(伞, sǎn)과 흩어지다(散, sàn)의
> 발음이 같아서요.

한국은 설이나 추석 명절에 배를 많이 선물하던데요, 중국에서는 배를 선물하지 않아요. 배(梨, lí)의 발음이 이별하다(离, lí)의 발음과 같거든요. 또 한 가지 금기되는 선물은 우산이에요. 우산의 산(伞, sǎn)과 흩어지다(散, sàn)의 발음이 같아서요. 포장을 할 때도 주의해야 하는데, 흰색이나 검은색은 불행을 상징하기 때문에 붉은색이나 금색으로 포장하는 것이 좋아요.
선물을 받을 때 받자마자 풀어보는 것은 실례예요. 선

🎧 바로 쓰는 초보 여행 중국어

백화점이나 면세점에서 선물 살 때

1. 선물! 선물! (선물용으로 사려고요!)
   礼物！礼物！
   Lǐwù!   Lǐwù!

2. 중국 친구에게 선물할 거예요.
   我要送给中国朋友。
   Wǒ yào sòng gěi Zhōngguó péngyou.

3. 중국인은 어떤 선물을 좋아하나요?
   中国人喜欢什么样的礼物？
   Zhōngguó rén xǐhuan shénmeyàng de lǐwù?

4. 선물을 금색으로 포장해주세요.
   请把礼物用金色包装吧。
   Qǐng bǎ lǐwù yòng jīnsè bāozhuāng ba.

🎧 바로 듣고 따라하기

DAY 20

🎧 바로 듣고 따라하기

다음 달에 회사에 의해 중국 본사로 가게 되었어요.
下个月我被公司调到中国总公司。
Xià ge yuè wǒ bèi gōngsī diào dào Zhōngguó zǒnggōngsī.

被자문을 사용하여 주어가 행위를 당하는 대상이 되는 피동문을 말할 수 있어요.

> 기쁨과 감동은 동희 씨의 몫

동희 씨, 매우 즐거워 보이네요. 무슨 좋은 일 있어요?

下个月我被公司调到中国总公司。
Xià ge yuè wǒ bèi gōngsī diào dào Zhōngguó zǒnggōngsī.
다음 달에 회사에 의해 중국 본사로 가게 되었어요.

아 그래요? 정말 잘 됐네요!

과장님께 감사하다고 말하고 싶어요.
听说我是被您推荐的。
Tīngshuō wǒ shì bèi nín tuījiàn de.
제가 과장님의 추천을 받았다고 들었습니다.

내가? 난 기억 안 나는데. 동희 씨의 노력이 회사의 인정을 받은 거라고 생각해요.

그렇게 얘기해 주셔서 감사합니다.
我被感动了。
Wǒ bèi gǎndòngle.
저 감동 받았어요.

하는 일이 모두 잘 되길 바랄게요.

저에게 지금까지 가르쳐 주신 모든 것을 영원히 기억하겠습니다.

🎧 초보 단어 미리보기

看上去 kàn shàngqu 동 ~해 보이다
被 bèi 전 ~에 의해
调 diào 동 옮기다, 파견하다
总公司 zǒnggōngsī 명 본사
推荐 tuījiàn 동 추천하다

记得 jìde 동 기억하고 있다
得到 dédào 동 받다, 얻다
肯定 kěndìng 동 인정, 긍정
感谢 gǎnxiè 동 고맙다, 감사하다
感动 gǎndòng 동 감동하다

一路顺风 yílùshùnfēng
성 하는 일이 모두 잘 되길 바랄게요
永远 yǒngyuǎn 부 영원히
记住 jìzhu 동 기억해두다
一切 yíqiè 대 모든 것, 전부

STEP 1
실전회화로 말문트기

🎧 Day20_실전회화_듣기/따라읽기.mp3 🎧 Day20_실전회화_드라마.mp3

듣기 mp3로 먼저 들어본 후 따라읽기 mp3로 따라서 말해보세요.

 장 과장

东喜，你看上去挺开心的。
Dōngxǐ, nǐ kàn shàngqu tǐng kāixīn de.
동희 씨, 매우 즐거워 보이네요.

你有什么好事吗？ 무슨 좋은 일 있어요?
Nǐ yǒu shénme hǎo shì ma?

전치사 被(~에 의해)를 사용해서 公司 (회사)에 의해 我(나)가 중국 본사로 가게 되었다는 피동의 의미를 나타냈어요.

下个月我被公司调到中国总公司。
Xià ge yuè wǒ bèi gōngsī diào dào Zhōngguó zǒnggōngsī.
다음 달에 회사에 의해 중국 본사로 가게 되었어요.

 동희 씨

啊，是吗？太好了！ 아 그래요? 정말 잘 됐네요!
À, shì ma? Tài hǎo le!

 장 과장

전치사 被(~에 의해)를 사용해서 您(당신)에 의해 我(나)가 추천 받았다는 피동의 의미를 나타냈어요.

是과 的을 써서 사이에 있는 被您推荐(당신에 의해 추천을 받았다)을 강조했어요.

我想跟您说谢谢。 과장님께 감사하다고 말하고 싶어요.
Wǒ xiǎng gēn nín shuō xièxie.

听说我是被您推荐的。
Tīngshuō wǒ shì bèi nín tuījiàn de.
제가 과장님의 추천을 받았다고 들었습니다.

 동희 씨

是我？我不记得了。 내가? 난 기억 안 나는데.
Shì wǒ? Wǒ bú jìde le.

我觉得你的努力得到了公司的肯定。
Wǒ juéde nǐ de nǔlì dédàole gōngsī de kěndìng.
동희 씨의 노력이 회사의 인정을 받은 거라고 생각해요.

你的努力~肯定(당신의 노력이 회사의 인정을 받았다)이 동사 觉得(생각하다)의 목적어예요.

 장 과장

我(나)를 감동시킨 주체가 너무 명확하여 被 다음에 행위의 주체 您을 생략했어요.

感谢您这么说。 그렇게 얘기해 주셔서 감사합니다.
Gǎnxiè nín zhème shuō.

我被感动了。 저 감동 받았어요.
Wǒ bèi gǎndòngle.

 동희 씨

祝你一路顺风。 하는 일이 모두 잘 되길 바랄게요.
Zhù nǐ yílùshùnfēng.

一路顺风은 '하는 일이 모두 다 잘 되기를 바란다' 라는 축복의 의미로 자주 쓰는 사자성어예요.

 장 과장

'到现在(지금까지, 부사어) + 您(당신이, 주어) + 教(가르치다, 동사) + 我(나를, 목적어)'가 一切(모든 것)를 꾸미는 관형어예요.

我会永远记住到现在您教我的一切。
Wǒ huì yǒngyuǎn jìzhu dào xiànzài nín jiāo wǒ de yíqiè.
저에게 지금까지 가르쳐 주신 모든 것을 영원히 기억하겠습니다.

 동희 씨

* <중국어 말문트기 워크북>으로 말하기를 집중 훈련하면 실전회화가 저절로 자동발사돼요.

STEP 2
기초어법으로 내공쌓기 🎧 Day20_기초어법.mp3

1 주어가 당했다, 被자문(피동문)

동희 씨

下个月我被公司调到中国总公司。
Xià ge yuè wǒ bèi gōngsī diào dào Zhōngguó zǒnggōngsī.
다음 달에 회사에 의해 중국 본사로 가게 되었어요.

전치사 被(bèi, ~에 의해)를 사용해서 '주어 + 被 + 행위의 주체 + 동사 + 기타성분' 형태로 피동의 의미를 나타낼 수 있어요. 이러한 문장을 '被자문'이라고 하며, 주어가 행위의 주체에 의해 동작의 대상이 되었음을 나타내요. 被자문도 把자문처럼 동사 뒤에 기타성분을 써서 동작의 결과를 나타내요. 동희 씨도 '我(주어) + 被 + 公司(행위의 주체) + 调(동사) + 到中国总公司(기타성분)' 형태의 被자문을 사용하여 我(wǒ, 나)가 公司(gōngsī, 회사)에 의해 중국 본사로 보내지게 되었음을 나타냈어요.

| 일반문 | 주어 + 동사(+ 기타성분) + 목적어 | (주어)가 (목적어)를 (동사 + 기타성분)했다. |
| 被자문 | 주어 + 被 + 행위의 주체 + 동사 + 기타성분 | (주어)가 (행위의 주체)에 의해 (동사 + 기타성분)당했다. |

일반문
我妈妈 批评 了 我。
Wǒ māma pīpíng le wǒ.
우리 엄마가 / 꾸짖다 / ~했다 / 나를

우리 엄마가 나를 꾸짖으셨어.
(→ 주어 我妈妈(우리 엄마)가 목적어 我(나)를 꾸짖었다는 능동의 의미를 나타내요.)

被자문
我 被 我妈妈 批评 了。
Wǒ bèi wǒ māma pīpíng le.
나는 / ~에 의해 / 우리 엄마 / 꾸짖다 / ~했다

나는 우리 엄마에 의해 꾸지람 들었어.
(→ 주어 我(나)가 행위의 주체인 我妈妈(우리 엄마)에 의해 꾸짖음을 당했다는 피동의 의미를 나타내요.)

● 被자문에서 기타성분으로는 동태조사 了(le, ~했다), 过(guo, ~한 적 있다)나 보어가 올 수 있어요.

冰淇淋 被 她 吃 了。
Bīngqílín bèi tā chī le.
아이스크림은 / ~에 의해 / 그녀 / 먹다 / ~했다

아이스크림은 그녀가 먹었어요.
(→ 기타성분으로 동작의 완료를 나타내는 동태조사 了가 사용되었어요.)

这本书 被 他 读 过。
Zhè běn shū bèi tā dú guo.
이 책은 / ~에 의해 / 그 / 읽다 / ~적 있다

이 책은 그가 읽은 적 있어요.
(→ 기타성분으로 동작의 경험을 나타내는 동태조사 过가 사용되었어요.)

妹妹的衣服 被 我 洗 得 很干净。
Mèimei de yīfu bèi wǒ xǐ de hěn gānjìng.
여동생의 옷은 / ~에 의해 / 나 / 빨다 / / 깨끗하다

여동생의 옷은 제가 깨끗하게 빨았어요.
(→ 기타성분으로 정도보어 很干净(깨끗하다)이 사용되었어요.)

那个牛奶 昨天 被 我妹妹 喝 光了。
Nà ge niúnǎi zuótiān bèi wǒ mèimei hē guāng le.
그 우유는 / 어제 / ~에 의해 / 내 여동생 / 마시다 / 싹 비웠다

그 우유는 어제 내 여동생이 다 마셨어.
(→ 기타성분으로 결과보어 光了(싹 비웠다)가 사용되었어요.)

단어 批评 pīpíng 图 꾸짖다, 나무라다

- 被자문에서 행위의 주체가 누구인지 알 수 없거나 말할 필요가 없을 때에는 人(rén, 사람)을 쓰거나 아예 被만 쓸 수 있어요.

那本书 被 人 借 走了。
Nà běn shū bèi rén jiè zǒu le.
그 책은 ~에 의해 누군가 빌리다 갔다

그 책은 **누군가** 빌려갔어.
(→ 被 뒤에 행위의 주체로 人을 사용해서 '누군가' 빌려갔음을 나타냈어요.)

我的钱包 被 偷 走了。
Wǒ de qiánbāo bèi tōu zǒu le.
나의 지갑은 ~에 의해 훔치다 갔다

내 지갑은 **(누군가)** 훔쳐갔어.
(→ 지갑을 훔쳐간 사람을 굳이 말할 필요가 없으므로 被 뒤의 행위의 주체를 생략했어요.)

- 被자문에서 부정부사, 조동사와 같은 부사어는 被 앞에 사용하면 돼요.

你的雨伞 没 被 人 拿 走。
Nǐ de yǔsǎn méi bèi rén ná zǒu.
너의 우산은 않다 ~에 의해 누군가 들다 가다

너의 우산은 누구도 **안** 들고갔어.
(= 너의 우산은 누군가에 의해 들고가지지 않았다.)

我的车 能 被 他 修 好。
Wǒ de chē néng bèi tā xiū hǎo.
내 차는 ~할 수 있다 ~에 의해 그 수리하다 잘

내 차는 그가 잘 수리**할 수 있어요**.
(= 내 차는 그에 의해 잘 수리될 수 있다.)

➕ 플러스 포인트

회화에서는 被 대신 让(ràng, ~에 의해), 叫(jiào, ~에 의해)를 자주 사용하며, 피동의 의미는 동일해요. 단, 이 경우에는 행위의 주체가 누구인지 알 수 없거나 말할 필요가 없을 때에도 반드시 人을 써줘야 해요.

你的自行车 让 你弟弟 骑 走了。
Nǐ de zìxíngchē ràng nǐ dìdi qí zǒu le.
네 자전거는 ~에 의해 네 남동생 타다 갔다

네 자전거는 네 남동생**이** 타고 갔어.
(= 네 자전거는 네 남동생에 의해 타고가졌다.)

昨天买的手机 叫 人 偷 走了。
Zuótiān mǎi de shǒujī jiào rén tōu zǒu le.
어제 산 휴대폰이 ~에 의해 누군가 훔치다 갔다

어제 산 휴대폰을 누군**가** 훔쳐갔어.
(= 어제 산 휴대폰이 누군가에 의해 훔쳐가졌다.)

단어 借 jiè 동 빌리다   偷 tōu 동 훔치다   修 xiū 동 수리하다   骑 qí 동 타다

DAY 20 다음 달에 회사에 의해 중국 본사로 가게 되었어요. 下个月我被公司调到中国总公司。

기초어법으로 내공쌓기

2 보이는 대로, 看上去 (kàn shàngqu) (~해 보이다)

장 과장

你看上去挺开心的。 매우 즐거워 **보이네요**.
Nǐ kàn shàngqu tǐng kāixīn de.

看上去(kàn shàngqu)는 '~해 보이다'라는 뜻의 동사로, 눈으로 확인되는 어떤 대상의 상태나 상황을 묘사할 때 사용해요. 장 과장의 말에서도 看上去를 사용해서 동희 씨의 모습이 즐거워 보인다는 것을 표현했어요.

你的妈妈 看上去 很年轻。　　　　너희 어머니는 젊어 **보이신다**.
Nǐ de māma　kàn shàngqu　hěn niánqīng.
네 어머니는　~해 보이다　젊다

今天 你 看上去 身体 不舒服。　　오늘 너는 몸이 안 좋아 **보인다**.
Jīntiān nǐ kàn shàngqu shēntǐ bù shūfu.
오늘　너는　~해 보이다　몸이　편치 않다

단어　年轻 niánqīng 졩 젊다, 어리다　不舒服 bù shūfu 졩 (몸이) 아프다, 편치 않다

3 记得(기억하고 있다), 记住(기억해두다)
jìde / jìzhu

장 과장

我不记得了。
Wǒ bú jìde le.

난 기억 안 나는데.

동희 씨

我会永远记住到现在您教我的一切。
Wǒ huì yǒngyuǎn jìzhu dào xiànzài nín jiāo wǒ de yíqiè.

저에게 지금까지 가르쳐 주신 모든 것을 영원히 **기억하겠습니다**.

장 과장의 말에서 사용된 **记得**(jìde)와 동희 씨의 말에서 사용된 **记住**(jìzhu)는 모두 '기억하다'라는 기본 의미를 갖고 있는 동사예요. 단, **记得**는 '기억하고 있다'라는 의미로 과거의 어떤 것을 떠올리거나 기억하고 있음을 나타내고, **记住**는 '기억해 두다'라는 의미로 어떤 것을 머리에 새겨 기억하는 행위를 나타내요. 이 두 단어의 뉘앙스 차이를 잘 구분할 수 있어야 해요.

你 都 记得 学过的 内容 吗?
Nǐ dōu jìde xuéguo de nèiróng ma?
너는 / 모두 / 기억하고 있다 / 배웠던 / 내용을 / ~인가요?

당신은 배운 내용을 모두 **기억하고 있나요**?

你 要 记住 学过的 内容。
Nǐ yào jìzhu xuéguo de nèiróng.
너는 / ~해야 하다 / 기억해두다 / 배웠던 / 내용을

당신은 배운 내용을 **기억해두어**야 해요.

단어 内容 nèiróng 명 내용

STEP 3
확장표현으로 중국어 자동발사

🎧 Day20_확장표현.mp3

被자문과 자주 쓰이는 동사 + 기타성분 표현을 함께 익혀보아요.

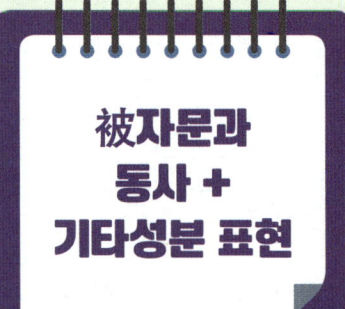

被자문과 동사 + 기타성분 표현

被······偷走了
bèi······tōu zǒu le
~가 훔쳐갔다

我的雨伞被人偷走了。 내 우산은 누군가 훔쳐갔어. (= 내 우산은 누군가에 의해 훔쳐졌다.)
Wǒ de yǔsǎn bèi rén tōu zǒu le.

被······借走了
bèi······jiè zǒu le
~가 빌려갔다

那本书被人借走了。
Nà běn shū bèi rén jiè zǒu le.
그 책은 누군가 빌려갔어. (= 그 책은 누군가에 의해 빌려가졌다.)

被······拿走了
bèi······ná zǒu le
~가 가져갔다

你的铅笔被他拿走了。
Nǐ de qiānbǐ bèi tā ná zǒu le.
네 연필은 그가 가져갔어. (= 네 연필은 그에 의해 가져가졌다.)

被······批评了
bèi······pīpíngle
~에 의해 혼이 났다

我们被老师批评了。 우리는 선생님에 의해 혼이 났어.
Wǒmen bèi lǎoshī pīpíngle.

被······调到(지명)
bèi······diào dào
~에 의해 (지명)으로 전근 가다

我被公司调到首尔。 나는 회사에 의해 서울로 전근 가.
Wǒ bèi gōngsī diào dào Shǒu'ěr.

被······感动了
bèi······gǎndòngle
~에 의해 감동받았다

我们被他的话感动了。 우리는 그의 말에 의해 감동받았어.
Wǒmen bèi tā de huà gǎndòngle.

被······推荐了
bèi······tuījiànle
~에 의해 추천받았다

他被张科长推荐了。 그는 장 과장에 의해 추천받았어.
Tā bèi Zhāng kēzhǎng tuījiànle.

축하/축복 표현을 익혀보아요.

축하/축복 표현

新年快乐!
Xīnnián kuàilè!
새해 복 많이 받으세요!

(祝你)生日快乐!
(Zhù nǐ) shēngrì kuàilè!
생일 축하해요!

圣诞节快乐!
Shèngdànjié kuàilè!
메리 크리스마스!

恭喜恭喜!
Gōngxǐ gōngxǐ!
축하해요!

祝贺您!
Zhùhè nín!
축하드립니다!

祝你好运!
Zhù nǐ hǎo yùn!
행운을 빕니다!

(祝你)一路顺风!
(Zhù nǐ) yílùshùnfēng!
하는 일이 모두 다 잘 되길 바랄게요!

연습문제로 실력다지기 🎧 Day20_연습문제.mp3

🎧 연습문제 바로 듣기

1 문장 듣고 병음/뜻 쓰기

다음 문장을 듣고 병음과 뜻을 써보세요.

1) **문장** 听说我是被您推荐的。

   병음 _____

   뜻 _____

2) **문장** 我不记得了。

   병음 _____

   뜻 _____

3) **문장** 祝你一路顺风。

   병음 _____

   뜻 _____

2 문장 듣고 일치/불일치 판단하기 (HSK 3, 4급 듣기 대비 유형)

들려주는 문장의 내용과 제시된 문장의 내용이 일치하면 ✓, 불일치하면 ✗를 체크하세요.

1) 我妹妹昨天没喝牛奶。　　　(　　)
   Wǒ mèimei zuótiān méi hē niúnǎi.

2) 我的钱包没有了。　　　(　　)
   Wǒ de qiánbāo méiyǒu le.

3 대화 듣고 질문에 알맞은 보기 고르기 (HSK 3, 4급 듣기 대비 유형)

들려주는 대화를 듣고 질문에 알맞은 보기를 고르세요.

ⓐ 明年　　　ⓑ 下个星期　　　ⓒ 下个月

정답 p.311

4 단어 채우기 (HSK 3급 쓰기 대비 유형)

제시된 병음에 알맞은 단어를 괄호 안에 채워 문장을 완성해보세요.

1) 你的雨伞(méi)被人拿走。 너의 우산은 누구도 안 들고갔어.
   Nǐ de yǔsǎn   bèi rén ná zǒu.

2) 你要记(zhu)学过的内容。 당신은 배운 내용을 기억해두어야 해요.
   Nǐ yào jì   xuéguo de nèiróng.

5 대화 완성하기 (HSK 3급 독해 대비 유형)

빈칸에 알맞은 문장을 채워 대화를 완성해보세요.

> 感谢您这么说。 祝你生日快乐。 祝你好运。
> Gǎnxiè nín zhème shuō. Zhù nǐ shēngrì kuàilè. Zhù nǐ hǎo yùn.

1) A: 我觉得你的努力得到了公司的肯定。 나는 당신의 노력이 회사의 인정을 받은 거라고 생각해요.
   Wǒ juéde nǐ de nǔlì dédàole gōngsī de kěndìng.

   B: _____ 그렇게 말씀해주셔서 감사합니다.

2) A: 明天我有重要的发言。 내일 저는 중요한 발표가 있어요.
   Míngtiān wǒ yǒu zhòngyào de fāyán.

   B: _____ 행운을 빕니다.

6 문장 완성하기 (HSK 3, 4급 쓰기 대비 유형)

제시된 단어를 중국어 어순에 맞게 배열하여 문장을 완성해보세요.

1) 批评   我   了   我妈妈   被
   pīpíng wǒ le   wǒ māma bèi

   _____ 。 나는 우리 엄마에 의해 꾸지람 들었어.

2) 不舒服   看上去   身体   今天你
   bù shūfu kàn shàngqu shēntǐ jīntiān nǐ

   _____ 。 오늘 너는 몸이 안 좋아 보인다.

정답 p.311

간체자 쓰기

제시된 HSK 단어 및 주요 핵심 단어의 간체자와 병음을 또박또박 써보세요.

HSK 3급

被 bèi 被被被被被被被被被 ㊀ ~에 의해

HSK 3급

骑 qí 骑骑骑骑骑骑骑骑骑骑骑 ㊁ 타다

HSK 4급

永远 yǒng yuǎn 永永永永 远远远远远远远 ㊂ 영원히

HSK 3급

记得 jì de 记记记记记 得得得得得得得得得得 ㊁ 기억하고 있다

得到 dé dào 得得得得得得得得得得 到到到到到到到到 ㊁ 받다, 얻다

HSK 4급

感谢
gǎn xiè

感感感感感感感感感
谢谢谢谢谢谢谢谢谢谢

동 고맙다, 감사하다

感 谢
gǎn xiè

HSK 4급

批评
pī píng

批批批批批批批
评评评评评评评

동 꾸짖다, 나무라다

批 评
pī píng

HSK 3급

年轻
nián qīng

年年年年年年
轻轻轻轻轻轻轻轻轻

형 젊다, 어리다

年 轻
nián qīng

看上去
kàn shàng qu

看看看看看看看看看
上上上
去去去去去

동 ~해 보이다

看 上 去
kàn shàng qu

一路顺风
yí lù shùn fēng

一
路路路路路路路路路路路路路
顺顺顺顺顺顺顺顺
风风风风

성 하는 일이 모두 잘 되길 바랄게요

一 路 顺 风
yí lù shùn fēng

DAY 20 다음 달에 회사에 의해 중국 본사로 가게 되었어요. 下个月我被公司调到中国总公司。

루루와 떠나는 중국 문화 여행

福를 거꾸로 달면 복(福) 받으실 거예요!

여러분~! 저와 함께 떠나는 중국 문화 여행이 어느덧 마지막 시간이 되었어요. 정말 정말 아쉬워요. 그래도 1탄, 2탄에 걸쳐 여러분과 함께 중국 문화 여행을 할 수 있어서 정말 즐거웠어요! 이제 여러분도 중국 문화 전문가가 되신 것 같지 않나요?

중국 여행 중에 거리를 돌아다니다 보면 여러 상점들에도 福자가 거꾸로 붙어있는 것을 보실 수 있을 거예요. 함께 여행하고 있는 가족이나 친구가 福자가 왜 거꾸로 붙어 있는지 궁금해하면 여러분이 답을 딱 알려주면 되겠죠?

마지막으로 소개해드릴 중국 문화는 중국 사람들이 가장 좋아하는 글자인 福(fú, 복)와 관련된 거예요. ==중국 사람들은 새해를 맞이하는 춘절(春节, Chūnjié) 전후로 집에 '福' 자를 거꾸로 붙여요.== 이것을 거꾸로 붙이는 이유는 복이 많이 오게 하려는 것인데, 복이 오다의 '오다(到, dào)'와 '거꾸로(倒, dào)'의 발음이 같거든요.

그동안 열심히 중국어 공부하느라 정말 수고 많으셨어요. 지금까지 루루와 떠나는 중국 문화 여행의 루루였습니다! 여러분~ 행운을 빌어요! 祝大家好运!!!!!

🎧 바로 쓰는 초보 여행 중국어

복을 빌 때

1 행운을 빌어요!
  祝你好运!
  Zhù nǐ hǎo yùn!

2 모두 다 잘 되길 바랄게요!
  祝你一路顺风!
  Zhù nǐ yílùshùnfēng!

3 여러분 모두 복 받으실 거예요!
  大家都会有福的!
  Dàjiā dōu huì yǒu fú de.

4 여러분이 매순간 행복하기를 빌어요!
  祝大家每时幸福!
  Zhù dàjiā měishí xìngfú!

> "거꾸로 붙이는 이유는 복이 많이 오게 하려는 것인데, 복이 오다의 '오다(到, dào)'와 '거꾸로(倒, dào)'의 발음이 같거든요."

福자는 집 대문과 집안 곳곳에 붙이는데, ==대문에 붙이는 이유는 집안으로 복의 기운이 들어오도록== 하기 위함이에요. 각 방이나 귀중품을 많이 보관하는 옷장 문에도 福자를 붙이는데, ==옷장에는 복이 잘 쌓이라는 의미로== 붙여요.

바로 듣고 따라하기

연습문제로 실력다지기 정답

DAY 01

p.34

1 1) 문장 你什么时候去旅游？
   병음 Nǐ shénme shíhou qù lǚyóu?
   뜻 너 언제 여행 가니?

   2) 문장 我后天晚上回来。
   병음 Wǒ hòutiān wǎnshang huílai.
   뜻 나 모레 저녁에 돌아와.

   3) 문장 好好儿玩儿吧！
   병음 Hǎohāor wánr ba!
   뜻 재미있게 놀아!

2 1) 문장 民俊去旅游。(✓)
   Mínjùn qù lǚyóu.
   민준이는 여행을 가요.
   음성 民俊跟朋友一起去旅游。
   Mínjùn gēn péngyou yìqǐ qù lǚyóu.
   민준이는 친구와 함께 여행을 가요.

   2) 문장 露露明天上午回来。(✗)
   Lùlu míngtiān shàngwǔ huílai.
   루루는 내일 오전에 돌아와요.
   음성 露露后天中午回来。
   Lùlu hòutiān zhōngwǔ huílai.
   루루는 모레 정오에 돌아와요.

3 보기 ⓐ 昨天   ⓑ 今天 ✓   ⓒ 前天
         zuótiān   jīntiān   qiántiān
         어제   오늘   그저께

   음성 남: 露露，你什么时候买了火车票？
       Lùlu, nǐ shénme shíhou mǎile huǒchē piào?
       루루, 너는 언제 기차표를 샀니?
   여: 我今天买了两张火车票。
       Wǒ jīntiān mǎile liǎng zhāng huǒchē piào.
       나는 오늘 기차표 두 장을 샀어.
   질문: 루루는 언제 기차표를 샀나요?

4 1) 我(明)年去留学。
   Wǒ (míng)nián qù liúxué.
   나 내년에 유학 가.

   2) 你跟谁一起去？
   Nǐ (gēn) shéi yìqǐ qù?
   누구와 함께 가니?

5 1) 我下午做运动。
   Wǒ xiàwǔ zuò yùndòng.
   저는 오후에 운동을 해요.

   2) 今天晚上我们一起吃吧。
   Jīntiān wǎnshang wǒmen yìqǐ chī ba.
   오늘 저녁에 우리 함께 먹죠.

6 1) 你什么时候看了这部电影？
   Nǐ shénme shíhou kànle zhè bù diànyǐng?
   당신은 언제 이 영화를 봤나요?

   2) 我前天中午吃了拉面。
   Wǒ qiántiān zhōngwǔ chīle lāmiàn.
   나는 그저께 정오에 라면을 먹었어.

DAY 02

p.48

1
1) 문장 今天几月几号星期几？
   병음 Jīntiān jǐ yuè jǐ hào xīngqī jǐ?
   뜻 오늘이 몇 월 며칠 무슨 요일이지?

2) 문장 那这个星期六就是你的生日，对吗？
   병음 Nà zhè ge xīngqī liù jiù shì nǐ de shēngrì, duì ma?
   뜻 그러면 이번 주 토요일이 바로 네 생일이네, 맞아?

3) 문장 我们见面吧。
   병음 Wǒmen jiànmiàn ba.
   뜻 우리 만나자.

2
1) 문장 我打算买裤子。(✗)
   Wǒ dǎsuan mǎi kùzi.
   나는 바지를 사려고 해요.
   음성 我上个月买了一条裤子。
   Wǒ shàng ge yuè mǎile yì tiáo kùzi.
   나는 지난달에 바지 한 벌을 샀어요.

2) 문장 露露的生日是星期三。(✓)
   Lùlu de shēngrì shì xīngqī sān.
   루루의 생일은 수요일이에요.
   음성 露露，这个星期三是你的生日，提前祝你生日快乐！
   Lùlu, zhè ge xīngqī sān shì nǐ de shēngrì, tíqián zhù nǐ shēngrì kuàilè!
   루루, 이번 주 수요일이 네 생일이네, 미리 생일 축하해!

3 보기 ⓐ 九月七号 ✓   ⓑ 九月八号   ⓒ 九月九号
   jiǔ yuè qī hào   jiǔ yuè bā hào   jiǔ yuè jiǔ hào
   9월 7일   9월 8일   9월 9일

음성 여: 民俊，今天是几月几号星期几？
   Mínjùn, jīntiān shì jǐ yuè jǐ hào xīngqī jǐ?
   민준아, 오늘이 몇 월 며칠 무슨 요일이지?

   남: 今天是九月七号星期三。
   Jīntiān shì jiǔ yuè qī hào xīngqī sān.
   오늘은 9월 7일 수요일이야.

   질문: 오늘은 몇 월 며칠인가요?

4
1) 下(星)期三是春节。
   Xià (xīng)qī sān shì Chūnjié.
   다음 주 수요일이 춘절이에요.

2) 中秋节几(月)几号？
   Zhōngqiūjié jǐ (yuè) jǐ hào?
   중추절은 몇 월 며칠입니까?

5
1) 今天星期三。
   Jīntiān xīngqī sān.
   오늘은 수요일이야.

2) 我们周五见吧。
   Wǒmen zhōu wǔ jiàn ba.
   우리 금요일에 만나자.

6
1) 下次奥运会二零二零年举行。
   Xiàcì Àoyùnhuì èr líng èr líng nián jǔxíng.
   다음 번 올림픽은 2020년에 열려.

2) 她上个星期五去了北京。
   Tā shàng ge xīngqī wǔ qùle Běijīng.
   그녀는 지난주 금요일에 베이징에 갔어요.

연습문제로 실력다지기 정답

DAY 03

p.62

1 1) 문장 现在几点?
   병음 Xiànzài jǐ diǎn?
   뜻 지금 몇 시죠?

2) 문장 我见过他。
   병음 Wǒ jiànguo tā.
   뜻 저는 그를 만나본 적 있어요.

3) 문장 那家的菜又便宜又好吃…
   병음 Nà jiā de cài yòu piányi yòu hǎochī…
   뜻 그 집 요리가 싸기도 하고 맛도 있는데…

2 1) 문장 民俊看过那本小说。(✗)
   Mínjùn kànguo nà běn xiǎoshuō.
   민준이는 그 소설을 본 적 있어요.
   음성 民俊和露露没看过那本小说。
   Mínjùn hé Lùlu méi kànguo nà běn xiǎoshuō.
   민준이와 루루는 그 소설을 본 적 없어요.

2) 문장 会议九点半开始。(✓)
   Huìyì jiǔ diǎn bàn kāishǐ.
   회의는 9시 반에 시작해요.
   음성 今天的会议九点三十分开始。
   Jīntiān de huìyì jiǔ diǎn sānshí fēn kāishǐ.
   오늘 회의는 9시 30분에 시작해요.

3 보기 ⓐ 13:00   ⓑ 22:00 ✓   ⓒ 21:00
   음성 남: 那家饭馆儿几点关门?
   Nà jiā fànguǎnr jǐ diǎn guānmén?
   그 식당 몇 시에 문 닫나요?
   여: 晚上十点。
   Wǎnshang shí diǎn.
   저녁 10시요.
   질문: 식당은 몇 시에 문을 닫나요?

4 1) 现在(差)十分五点。
   Xiànzài (chà) shí fēn wǔ diǎn.
   지금은 5시 10분 전(10분 모자란 5시)이에요.

2) 会议四点一(刻)结束。
   Huìyì sì diǎn yí (kè) jiéshù.
   회의는 4시 15분에 끝납니다.

5 1) 你吃过羊肉串没有?
   Nǐ chīguo yángròuchuàn méiyǒu?
   너는 양꼬치를 먹어본 적 있니 없니?

2) 你什么时候下班?
   Nǐ shénme shíhou xiàbān?
   당신은 언제 퇴근하시나요?

6 1) 我朋友看电影的时候喜欢吃热狗。
   Wǒ péngyou kàn diànyǐng de shíhou xǐhuan chī règǒu.
   내 친구는 영화를 볼 때 핫도그 먹는 것을 좋아한다.

2) 地铁又快又方便。
   Dìtiě yòu kuài yòu fāngbiàn.
   지하철은 빠르고 또한 편리하다.

DAY 04

p.76

1 1) 문장 天阴了。
   병음 Tiān yīn le.
   뜻 날이 흐려졌습니다.

2) 문장 听说下午有雨。
   병음 Tīngshuō xiàwǔ yǒu yǔ.
   뜻 듣자 하니 오후에 비 온대요.

3) 문장 一把是为别人准备的。
   병음 Yì bǎ shì wèi biérén zhǔnbèi de.
   뜻 한 개는 다른 사람을 위해 준비한 거예요.

2 1) 문장 明天下雪。(✗)
   Míngtiān xiàxuě.
   내일은 눈이 와요.
   음성 听天气预报说，明天下雨。
   Tīng tiānqìyùbào shuō, míngtiān xiàyǔ.
   듣자 하니 일기예보에서 내일 비가 온대요.

2) 문장 我爸爸昨天到了。(✓)
   Wǒ bàba zuótiān dàole.
   우리 아빠는 어제 도착했어요.
   음성 我爸爸是昨天到的。
   Wǒ bàba shì zuótiān dào de.
   우리 아빠가 도착한 것은 어제였어요.

3 보기 ⓐ 冷 ✓   ⓑ 热   ⓒ 凉快
         lěng   rè   liángkuai
         춥다   덥다   시원하다

   음성 여: 外面天气怎么样?
       Wàimian tiānqì zěnmeyàng?
       바깥 날씨 어때요?
       남: 外面天气很冷。
       Wàimian tiānqì hěn lěng.
       바깥 날씨 추워요.
       질문: 바깥 날씨는 어떤가요?

4 1) (听)天气预报说明天下雪。
   (Tīng) tiānqìyùbào shuō míngtiān xiàxuě.
   듣자 하니 일기예보에서 내일 눈이 내린대요.

2) 外面天气很(凉)快。
   Wàimian tiānqì hěn (liáng)kuai.
   바깥 날씨 시원해요.

5 1) 您带雨伞了吗?
   Nín dài yǔsǎn le ma?
   우산 챙기셨는지요?

2) 外面天气怎么样?
   Wàimian tiānqì zěnmeyàng?
   바깥 날씨 어때요?

6 1) 外面天气很暖和。
   Wàimian tiānqì hěn nuǎnhuo.
   바깥 날씨 따뜻해요.

2) 他是从韩国来的。
   Tā shì cóng Hánguó lái de.
   그는 한국에서 왔어요.

연습문제로 실력다지기 정답

DAY 05

p.88

1
1) 문장 你在干什么呢?
   병음 Nǐ zài gàn shénme ne?
   뜻 너 지금 뭐하고 있니?

2) 문장 我们一起喝一杯咖啡，好吗?
   병음 Wǒmen yìqǐ hē yì bēi kāfēi, hǎo ma?
   뜻 우리 같이 커피 한 잔 마시는 것, 어때?

3) 문장 他们加班呢。
   병음 Tāmen jiābān ne.
   뜻 그들은 야근하는 중이야.

2
1) 문장 我弟弟正在吃饭呢。(✓)
   Wǒ dìdi zhèngzài chī fàn ne.
   내 남동생은 밥을 먹고 있어요.
   음성 我弟弟正在一边吃饭，一边看电视。
   Wǒ dìdi zhèngzài yìbiān chī fàn, yìbiān kàn diànshì.
   내 남동생은 밥을 먹으면서 TV를 보고 있어요.

2) 문장 我在看书。(✗)
   Wǒ zài kànshū.
   나는 책을 보고 있어요.
   음성 我没有看书，听音乐呢。
   Wǒ méiyǒu kànshū, tīng yīnyuè ne.
   나는 책을 보지 않고, 음악을 듣는 중이에요.

3 보기 ⓐ 民俊   ⓑ 露露   ⓒ 露露的妹妹 ✓
       Mínjùn   Lùlu   Lùlu de mèimei
       민준   루루   루루의 여동생

음성 남: 喂，露露，我是民俊。
     你和你妹妹在干什么呢?
     Wéi, Lùlu, wǒ shì Mínjùn.
     Nǐ hé nǐ mèimei zài gàn shénme ne?
     여보세요, 루루야, 나 민준이야.
     너와 네 여동생은 무엇을 하고 있니?

여: 我在看书，我妹妹正在一边唱歌，一边打扫。
    Wǒ zài kànshū, wǒ mèimei zhèngzài yìbiān chànggē, yìbiān dǎsǎo.
    나는 책을 보고 있고, 내 여동생은 노래하면서 청소하고 있어.
    질문: 누가 청소를 하고 있나요?

4
1) 她正在一边(洗)碗，一边唱歌。
   Tā zhèngzài yìbiān (xǐ) wǎn, yìbiān chànggē.
   그녀는 설거지를 하면서 노래 부르고 있어.

2) 她(正)在预习呢。
   Tā (zhèng)zài yùxí ne.
   그녀는 예습하는 중이야.

5
1) 我和妹妹都还没吃。
   Wǒ hé mèimei dōu hái méi chī.
   나와 여동생 모두 아직 안 먹었어.

2) 我们在做作业。
   Wǒmen zài zuò zuòyè.
   우리 숙제하는 중이야.

6
1) 他正在参加考试呢。
   Tā zhèngzài cānjiā kǎoshì ne.
   그는 시험 보는 중이야.

2) 我下个星期给你那本书，好吗?
   Wǒ xià ge xīngqī gěi nǐ nà běn shū, hǎo ma?
   내가 너에게 그 책을 다음 주에 주는 것, 괜찮아?

DAY 06

1 1) 문장 我们去网吧玩儿游戏吧!
   병음 Wǒmen qù wǎngbā wánr yóuxì ba!
   뜻 우리 PC방 가서 게임하자!

2) 문장 你们俩要去图书馆学习吗?
   병음 Nǐmen liǎ yào qù túshūguǎn xuéxí ma?
   뜻 너희 둘이 도서관 가서 공부하려고?

3) 문장 我要回家休息。
   병음 Wǒ yào huíjiā xiūxi.
   뜻 난 집에 가서 쉴게.

2 1) 문장 今天我要回家学习。(✓)
   Jīntiān wǒ yào huíjiā xuéxí.
   오늘 나는 집에 가서 공부하려고 해.
   음성 我后天有考试，今天要回家学习。
   Wǒ hòutiān yǒu kǎoshì, jīntiān yào huíjiā xuéxí.
   나 모레 시험이 있어서, 오늘 집에 가서 공부해야 해.

2) 문장 我打算先玩儿游戏。(✗)
   Wǒ dǎsuan xiān wánr yóuxì.
   나는 먼저 게임할 계획이야.
   음성 我打算先做作业，然后去网吧玩儿游戏。
   Wǒ dǎsuan xiān zuò zuòyè, ránhòu qù wǎngbā wánr yóuxì.
   나는 먼저 숙제를 하고, 그다음 PC방 가서 게임할 계획이야.

3 보기 ⓐ 打扫 ✓   ⓑ 去商店   ⓒ 喝咖啡
          dǎsǎo   qù shāngdiàn   hē kāfēi
          청소하다   상점에 가다   커피를 마시다

음성 여: 民俊，今天你打算做什么?
      Mínjùn, jīntiān nǐ dǎsuan zuò shénme?
      민준아, 오늘 너는 무엇을 할 계획이니?

남: 我打算先打扫房间，然后去图书馆学习。
    Wǒ dǎsuan xiān dǎsǎo fángjiān, ránhòu qù túshūguǎn xuéxí.
    나는 먼저 방을 청소하고, 그다음 도서관에 가서 공부할 계획이야.

질문: 민준이는 오늘 무엇을 할 계획인가요?

4 1) 我先问他，(然)后告诉你。
   Wǒ xiān wèn tā, (rán)hòu gàosu nǐ.
   내가 먼저 그에게 물어보고, 그다음 네게 알려줄게.

2) 他没坐(着)。
   Tā méi zuò(zhe).
   그는 앉아 있지 않다.

5 1) 我们去游乐园玩儿吧!
   Wǒmen qù yóulèyuán wánr ba!
   우리 놀이공원 가서 놀자!

2) 你哥哥还躺着吗?
   Nǐ gēge hái tǎngzhe ma?
   네 오빠는 아직 누워 있니?

6 1) 我去江南吃饭。
   Wǒ qù Jiāngnán chī fàn.
   나는 강남에 가서 밥을 먹어요.

2) 我明天去百货商店买东西。
   Wǒ míngtiān qù bǎihuòshāngdiàn mǎi dōngxi.
   나는 내일 물건을 사러 백화점에 간다.

연습문제로 실력다지기 정답

DAY 07

1
1) 문장: 先一直往前走，然后往右拐。
   병음: Xiān yìzhí wǎng qián zǒu, ránhòu wǎng yòu guǎi.
   뜻: 먼저 앞쪽으로 쭉 걸어가시다가, 그다음 오른쪽으로 꺾으세요.

2) 문장: 请问一下，明洞怎么走？
   병음: Qǐngwèn yíxià, Míngdòng zěnme zǒu?
   뜻: 말씀 좀 물을게요. 명동에 어떻게 가나요?

3) 문장: 我也正好要去那儿。
   병음: Wǒ yě zhènghǎo yào qù nàr.
   뜻: 저도 마침 거기로 가야 해요.

2
1) 문장: 我打算去明洞。(✓)
   Wǒ dǎsuan qù Míngdòng.
   저는 명동에 가려고 해요.
   음성: 请问一下，我想去明洞，那儿怎么走？
   Qǐngwèn yíxià, wǒ xiǎng qù Míngdòng, nàr zěnme zǒu?
   말씀 좀 물을게요, 저 명동에 가려고 하는데, 거긴 어떻게 가나요?

2) 문장: 我们应该去火车站。(✗)
   Wǒmen yīnggāi qù huǒchēzhàn.
   우리는 기차역에 가야 해요.
   음성: 银行很远，我们应该坐公共汽车去。
   Yínháng hěn yuǎn, wǒmen yīnggāi zuò gōnggòngqìchē qù.
   은행이 멀어서, 우리는 버스를 타고 가야 해요.

3 보기 ⓐ 地铁站 ✓   ⓑ 飞机场   ⓒ 港口
              dìtiězhàn   fēijīchǎng   gǎngkǒu
              지하철역   공항   항구

음성: 남: 请问一下，在哪儿坐地铁？
   Qǐngwèn yíxià, zài nǎr zuò dìtiě?
   말씀 좀 물을게요. 어디에서 지하철을 타나요?

여: 先一直往前走，然后往右拐，就可以到地铁站。
   Xiān yìzhí wǎng qián zǒu, ránhòu wǎng yòu guǎi, jiù kěyǐ dào dìtiězhàn.
   먼저 앞쪽으로 쭉 걸어가시다가, 그다음 오른쪽으로 꺾으시면, 바로 지하철역에 도착할 거예요.

질문: 남자는 어디에 가려고 하나요?

4
1) 露露(骑)自行车去公园。
   Lùlu (qí) zìxíngchē qù gōngyuán.
   루루는 자전거를 타고 공원에 가요.

2) 你不应该在这儿(跑)。
   Nǐ bù yīnggāi zài zhèr (pǎo).
   당신은 여기에서 뛰어서는 안 돼요.

5
1) 一直往前走，就可以到港口。
   Yìzhí wǎng qián zǒu, jiù kěyǐ dào gǎngkǒu.
   앞쪽으로 쭉 걸어가시면, 바로 항구에 도착할 거예요.

2) 你应该坐地铁去。
   Nǐ yīnggāi zuò dìtiě qù.
   지하철을 타고 가셔야 해요.

6
1) 往西走，就可以到医院。
   Wǎng xī zǒu, jiù kěyǐ dào yīyuàn.
   서쪽으로 걸어가면, 바로 병원에 도착할 거예요.

2) 往前走，就可以到出租车站。
   Wǎng qián zǒu, jiù kěyǐ dào chūzūchēzhàn.
   앞쪽으로 걸어가면, 바로 택시 정류장에 도착할 거예요.

DAY 08

p.128

1 1) 문장 过得怎么样?
   병음 Guò de zěnmeyàng?
   뜻 어떻게 지냈나요?

   2) 문장 你最近干得很好。
   병음 Nǐ zuìjìn gàn de hěn hǎo.
   뜻 요즘 잘 하고 있다더군요.

   3) 문장 我昨天看了你写的报告。
   병음 Wǒ zuótiān kànle nǐ xiě de bàogào.
   뜻 어제 당신이 쓴 보고서 봤어요.

2 1) 문장 我唱歌唱得很好。(✗)
   Wǒ chànggē chàng de hěn hǎo.
   저는 노래를 잘 불러요.
   음성 我唱歌唱得不好，但是我喜欢唱歌。
   Wǒ chànggē chàng de bù hǎo, dànshì wǒ xǐhuan chànggē.
   저는 노래를 잘 못 부르지만, 노래 부르는 것은 좋아해요.

   2) 문장 料理很好吃。(✓)
   Liàolǐ hěn hǎochī.
   요리가 매우 맛있어요.
   음성 这是我妈妈做的料理，好吃极了!
   Zhè shì wǒ māma zuò de liàolǐ, hǎochī jíle!
   이건 우리 엄마가 만든 요리예요, 너무너무 맛있어요!

3 보기 ⓐ 害怕   ⓑ 舒服   ⓒ 开心 ✓
         hàipà   shūfu   kāixīn
         두렵다   편안하다 기쁘다

   음성 여: 东喜，我昨天看了你写的报告，我太感动了。你现在心情怎么样?
   Dōngxǐ, wǒ zuótiān kànle nǐ xiě de bàogào, wǒ tài gǎndòng le. Nǐ xiànzài xīnqíng zěnmeyàng?
   동희 씨, 어제 당신이 쓴 보고서 봤는데, 정말 감동했어요. 지금 기분 어때요?

   남: 我开心极了! 张科长帮了我的忙。
   Wǒ kāixīn jíle! Zhāng kēzhǎng bāngle wǒ de máng.
   너무너무 기쁩니다! 장 과장님이 도와주셨어요.
   질문: 동희 씨의 기분은 어떤가요?

4 1) 我(紧)张极了。
   Wǒ (jǐn)zhāng jíle.
   저는 너무너무 긴장돼요.

   2) 他们(长)得帅。
   Tāmen (zhǎng) de shuài.
   그들은 잘생겼어.

5 1) 我幸福极了。
   Wǒ xìngfú jíle.
   저는 너무너무 행복해요.

   2) 我过得挺好的。
   Wǒ guò de tǐng hǎo de.
   저는 매우 잘 지냅니다.

6 1) 这是今天买的牛奶。
   Zhè shì jīntiān mǎi de niúnǎi.
   이것은 오늘 산 우유예요.

   2) 我有一件可爱的衣服。
   Wǒ yǒu yí jiàn kě'ài de yīfu.
   나는 귀여운 옷이 한 벌 있어.

연습문제로 실력다지기 정답

DAY 09

p.142

1 1) 문장 我还没准备完。
       병음 Wǒ hái méi zhǔnbèi wán.
       뜻 아직 준비가 다 안 끝났습니다.

   2) 문장 我从明天到后天不上班。
       병음 Wǒ cóng míngtiān dào hòutiān bú shàngbān.
       뜻 저 내일부터 모레까지 출근 안 하는데요.

   3) 문장 可能今天晚上能做完。
       병음 Kěnéng jīntiān wǎnshang néng zuò wán.
       뜻 아마도 오늘 저녁에는 끝낼 수 있을 것 같습니다.

2 1) 문장 我明天不在公司。(✓)
           Wǒ míngtiān bú zài gōngsī.
           저는 내일 회사에 없어요.
       음성 我从明天到后天不上班。
           Wǒ cóng míngtiān dào hòutiān bú shàngbān.
           저 내일부터 모레까지 출근 안 해요.

   2) 문장 他是中国人。(✗)
           Tā shì Zhōngguó rén.
           그는 중국 사람이야.
       음성 他会说汉语，可能在中国留学了。
           Tā huì shuō Hànyǔ, kěnéng zài Zhōngguó liúxuéle.
           그는 중국어를 할 줄 아는데, 아마도 중국에서 유학했을 거야.

3 보기 ⓐ 现在   ⓑ 今天 ✓   ⓒ 明天
              xiànzài   jīntiān   míngtiān
              지금   오늘   내일

   음성 남: 资料准备好了吗?
           Zīliào zhǔnbèi hǎo le ma?
           자료 준비 잘 됐나요?

       여: 我还没准备完, 可能今天晚上能做完。
           Wǒ hái méi zhǔnbèi wán, kěnéng jīntiān wǎnshang néng zuò wán.
           아직 준비가 다 안 끝났어요, 아마도 오늘 저녁 에는 끝낼 수 있을 것 같습니다.

       질문: 자료 준비가 언제 끝날 예정인가요?

4 1) 我听清(楚)了。
       Wǒ tīng qīng(chu) le.
       제가 분명히 들었어요.

   2) 我洗(完)了衣服。
       Wǒ xǐ (wán) le yīfu.
       저는 옷을 다 빨았어요.

5 1) 不，他到现在还在睡觉。
       Bù, tā dào xiànzài hái zài shuìjiào.
       아뇨, 그는 지금까지 여전히 자고 있어요.

   2) 可能她明天回来。
       Kěnéng tā míngtiān huílai.
       아마도 그녀는 내일 돌아올 거예요.

6 1) 我没有听清楚你说的。
       Wǒ méiyǒu tīng qīngchu nǐ shuō de.
       난 네가 말한 것을 정확히 듣지 못했어.

   2) 我听懂了她说的话。
       Wǒ tīng dǒng le tā shuō de huà.
       저는 그녀가 한 말을 듣고 이해했어요.

DAY 10

p.154

1 1) 문장 你住在哪儿?
병음 Nǐ zhù zài nǎr?
뜻 어디 사세요?

2) 문장 你早上几点起床?
병음 Nǐ zǎoshang jǐ diǎn qǐchuáng?
뜻 아침에 몇 시에 일어나세요?

3) 문장 真羡慕你啊!
병음 Zhēn xiànmù nǐ a!
뜻 정말 부럽네요!

2 1) 문장 我家离公司非常近。(✓)
Wǒ jiā lí gōngsī fēicháng jìn.
우리 집은 회사에서 진짜 가까워요.

음성 我家在公司旁边，我今天也是走到公司的。
Wǒ jiā zài gōngsī pángbiān, wǒ jīntiān yě shì zǒu dào gōngsī de.
우리 집은 회사 옆쪽에 있어요. 전 오늘도 회사까지 걸어왔어요.

2) 문장 他坐在椅子上。(✗)
Tā zuò zài yǐzi shang.
그는 의자 위에 앉아 있어요.

음성 他站在学校门口等朋友。
Tā zhàn zài xuéxiào ménkǒu děng péngyou.
그는 학교 입구에 서서 친구를 기다리고 있어요.

3 보기 ⓐ 六点   ⓑ 七点   ⓒ 七点半 ✓
liù diǎn   qī diǎn   qī diǎn bàn
6시   7시   7시 반

음성 여: 东喜，你早上几点起床? 我经常六点起床。
Dōngxǐ, Nǐ zǎoshang jǐ diǎn qǐchuáng?
Wǒ jīngcháng liù diǎn qǐchuáng.
동희 씨, 아침에 몇 시에 일어나세요?
전 항상 6시에 일어나는데.

남: 我那时候还躺在床上呢。
我经常睡到七点半。
Wǒ nà shíhou hái tǎng zài chuáng shang ne.
Wǒ jīngcháng shuì dào qī diǎn bàn.

전 그때엔 아직 침대에 누워있어요.
항상 7시 반까지 자거든요.

질문: 동희 씨는 매일 몇 시에 일어나나요?

4 1) 我家离公司太(远)了。
Wǒ jiā lí gōngsī tài (yuǎn) le.
우리 집은 회사에서 너무 멀어요.

2) 爸爸(工)作到下午六点。
Bàba (gōng)zuò dào xiàwǔ liù diǎn.
아빠는 오후 6시까지 일하세요.

5 1) 我们站在门口。
Wǒmen zhàn zài ménkǒu.
우리는 입구에 서 있어요.

2) 要开到两点。
Yào kāi dào liǎng diǎn.
2시까지 열릴 거예요.

6 1) 毕业离今年还有一年。
Bìyè lí jīnnián hái yǒu yì nián.
졸업은 올해로부터 아직 1년 남았어.

2) 我要开到下午四点。
Wǒ yào kāi dào xiàwǔ sì diǎn.
나는 오후 4시까지 운전할 거예요.

연습문제로 실력다지기 정답

DAY 11

p.168

1 1) 문장 你的眼睛红红的。
     병음 Nǐ de yǎnjing hónghóng de.
     뜻 눈이 매우 빨갛네요.

   2) 문장 你喜欢什么样的男人？你说说吧。
     병음 Nǐ xǐhuan shénmeyàng de nánrén?
          Nǐ shuōshuo ba.
     뜻 어떤 남자를 좋아해요? 한번 말해보세요.

   3) 문장 祝你心想事成！
     병음 Zhù nǐ xīn xiǎng shì chéng!
     뜻 마음먹은 대로 이루어지길 바라요!

2 1) 문장 我今天没有买衣服。(✓)
     Wǒ jīntiān méiyǒu mǎi yīfu.
     나는 오늘 옷을 사지 않았어요.
     음성 因为我今天没有钱，所以不能买衣服。
     Yīnwèi wǒ jīntiān méiyǒu qián, suǒyǐ bù néng mǎi yīfu.
     저는 오늘 돈이 없기 때문에, 옷을 살 수 없어요.

   2) 문장 我现在很饱。(✗)
     Wǒ xiànzài hěn bǎo.
     나는 지금 배불러요.
     음성 我没有吃饭，所以现在很饿。
     Wǒ méiyǒu chī fàn, suǒyǐ xiànzài hěn è.
     나는 밥을 안 먹어서, 지금 배고파요.

3 보기 ⓐ 相亲 ✓   ⓑ 开会   ⓒ 出差
            xiāngqīn   kāihuì   chūchāi
            소개팅   회의   출장

   음성 남: 美来，今天怎么打扮得漂漂亮亮的？
        Měilái, jīntiān zěnme dǎban de piàopiaoliàngliàng de?
        미래 씨, 오늘 왜 이렇게 예쁘게 차려입었나요?
        여: 我今天相亲！心跳得特别快！
        Wǒ jīntiān xiāngqīn! Xīn tiào de tèbié kuài!
        저 오늘 소개팅하거든요! 심장이 두근두근거려요!
        질문: 미래 씨는 오늘 무슨 일이 있나요?

4 1) 我要(在)家休息休息。
     Wǒ yào (zài) jiā xiūxixiūxi.
     나는 집에서 좀 쉴 거야.

   2) (只)有努力，才能成功。
     (Zhǐ)yǒu nǔlì, cái néng chénggōng.
     노력해야만, 비로소 성공할 수 있어.

5 1) 我睡得舒舒服服的。
     Wǒ shuì de shūshufúfú de.
     저는 매우 편하게 잤어요.

   2) 如果你去，我也去。
     Rúguǒ nǐ qù, wǒ yě qù.
     만약 네가 가면, 나도 갈 거야.

6 1) 他是好人，不过我不喜欢他。
     Tā shì hǎorén, búguò wǒ bù xǐhuan tā.
     그는 좋은 사람이에요, 하지만 나는 그를 좋아하지 않아요.

   2) 她打扫得干干净净。
     Tā dǎsǎo de gānganjìngjìng.
     그녀는 아주 깨끗하게 청소했어요.

DAY 12

p.180

1 1) 문장 打算进行两个小时。
   병음 Dǎsuan jìnxíng liǎng ge xiǎoshí.
   뜻 두 시간 동안 진행될 예정이에요.

  2) 문장 我准备了一个星期。
   병음 Wǒ zhǔnbèile yí ge xīngqī.
   뜻 저 일주일 동안 준비했어요.

  3) 문장 我学英语学了三年了。
   병음 Wǒ xué Yīngyǔ xuéle sān nián le.
   뜻 저 영어 공부한 지 3년째예요.

2 1) 문장 会议打算两点四十分结束。(✓)
   Huìyì dǎsuan liǎng diǎn sìshí fēn jiéshù.
   회의는 2시 40분에 끝날 예정이에요.
   음성 会议从两点开始，打算进行四十分钟。
   Huìyì cóng liǎng diǎn kāishǐ, dǎsuan jìnxíng sìshí fēnzhōng.
   회의는 2시부터 시작해서, 40분 동안 진행될 예정이에요.

  2) 문장 我汉语学了很长时间。(✗)
   Wǒ Hànyǔ xuéle hěn cháng shíjiān.
   저는 중국어를 오랫동안 공부했어요.
   음성 我学汉语学了三天了。
   Wǒ xué Hànyǔ xuéle sān tiān le.
   저 중국어 공부한 지 3일째예요.

3 보기 ⓐ 两点半   ⓑ 三点 ✓   ⓒ 三点半
        liǎng diǎn bàn   sān diǎn   sān diǎn bàn
        두 시 반   세 시   세 시 반

  음성 남: 会议几点开始，打算进行几个小时？
   Huìyì jǐ diǎn kāishǐ, dǎsuan jìnxíng jǐ ge xiǎoshí?
   회의는 몇 시에 시작해서 몇 시간 동안 진행될 예정인가요?

  여: 会议三点开始，打算进行半个小时。
   Huìyì sān diǎn kāishǐ, dǎsuan jìnxíng bàn ge xiǎoshí.
   회의는 3시에 시작해서 30분 동안 진행될 예정이에요.

  질문: 회의는 몇 시에 시작하나요?

4 1) 我相信你肯(定)没问题。
   Wǒ xiāngxìn nǐ kěn(dìng) méi wèntí.
   난 당신이 분명히 괜찮을 거라고 믿어요.

  2) 你打算用英语发(言)，对吗？
   Nǐ dǎsuan yòng Yīngyǔ fā(yán), duì ma?
   당신이 영어로 발표하는 거, 맞아요？

5 1) 别担心。
   Bié dānxīn.
   걱정 마세요.

  2) 我学汉语学了两个星期了。
   Wǒ xué Hànyǔ xuéle liǎng ge xīngqī le.
   저 중국어 공부한 지 이주일째예요.

6 1) 他离开三个月了。
   Tā líkāi sān ge yuè le.
   그가 떠난 지 3개월 되었어.

  2) 他书看了一个小时了。
   Tā shū kànle yí ge xiǎoshí le.
   그는 책을 한 시간째 보고 있어.

연습문제로 실력다지기 정답

DAY 13

1 1) 문장 饿死了，我要吃辛奇汤。
   병음 È sǐle, wǒ yào chī xīnqítāng.
   뜻 배고파 죽겠어. 난 김치찌개 먹을게.

   2) 문장 我已经看过两遍现在的书。
   병음 Wǒ yǐjing kànguo liǎng biàn xiànzài de shū.
   뜻 지금 책은 이미 두 번 봤거든.

   3) 문장 那么吃完以后我们就去一趟书店吧。
   병음 Nàme chī wán yǐhòu wǒmen jiù qù yí tàng shūdiàn ba.
   뜻 그럼 다 먹고 나서 바로 서점 한 번 다녀오자.

2 1) 문장 我去了一趟中国。(✗)
   Wǒ qùle yí tàng Zhōngguó.
   저는 중국에 한 번 갔다 왔어요.
   음성 我没有去过中国。
   Wǒ méiyǒu qùguo Zhōngguó.
   저는 중국에 가본 적이 없어요.

   2) 문장 我见过小王。(✓)
   Wǒ jiànguo Xiǎo Wáng.
   저는 샤오왕을 만난 적이 있어요.
   음성 我见了一次小王。小王是露露的朋友。
   Wǒ jiànle yí cì Xiǎo Wáng. Xiǎo Wáng shì Lùlu de péngyou.
   저는 샤오왕을 한 번 만났어요, 샤오왕은 루루의 친구예요.

3 보기 ⓐ 咸   ⓑ 辣 ✓   ⓒ 淡
           xián   là   dàn
           짜다   맵다   싱겁다

   음성 남: 今天拉面太咸了。辛奇汤味道怎么样?
        Jīntiān lāmiàn tài xián le. Xīnqítāng wèidao zěnmeyàng?
        오늘은 라면이 너무 짜다. 김치찌개는 맛이 어때?
        여: 今天辛奇汤不咸，但是太辣了。
        Jīntiān xīnqítāng bù xián, dànshì tài là le.
        오늘 김치찌개는 짜지 않은데, 너무 매워요.
        질문: 오늘 김치찌개 맛은 어떠한가요?

4 1) 肚子(疼)死了。
   Dùzi (téng) sǐle.
   배가 아파 죽겠어.

   2) 请再(说)一遍。
   Qǐng zài (shuō) yí biàn.
   (처음부터 끝까지) 다시 한 번 말씀해주세요.

5 1) 我去过一趟。
   Wǒ qùguo yí tàng.
   나는 한 번 갔다 온 적 있어.

   2) 我吃过一次。
   Wǒ chīguo yí cì.
   나는 한 번 먹어본 적 있어.

6 1) 我要读一遍课文。
   Wǒ yào dú yí biàn kèwén.
   나는 본문을 한 번 읽으려고 해.

   2) 他来过这儿一趟。
   Tā láiguo zhèr yí tàng.
   그는 여기에 한 번 왔다 간 적 있어.

DAY 14

p.204

1 1) 문장 那我也要爬上去。
       병음 Nà wǒ yě yào pá shàngqu.
       뜻 그러면 저도 걸어 올라갈래요.

   2) 문장 我最近越来越胖了。
       병음 Wǒ zuìjìn yuèláiyuè pàng le.
       뜻 제가 최근에 갈수록 살이 쪄요.

   3) 문장 我下班的时候也要走下去!
       병음 Wǒ xiàbān de shíhou yě yào zǒu xiàqu!
       뜻 퇴근할 때도 걸어 내려가야겠어요!

2 1) 문장 孩子们回来吃饭。(✓)
       Háizimen huílai chī fàn.
       아이들이 밥 먹으러 왔어요.
       음성 晚饭准备完了，孩子们都跑回来了。
       Wǎnfàn zhǔnbèi wán le, háizimen dōu pǎo huílai le.
       저녁식사가 다 준비되니, 아이들이 모두 뛰어 왔어요.

   2) 문장 最近天气很冷。(✗)
       Zuìjìn tiānqì hěn lěng.
       최근에 날씨가 추워요.
       음성 夏天来了，天气越来越热。
       Xiàtiān láile, tiānqì yuèláiyuè rè.
       여름이 와서, 날씨가 갈수록 더워요.

3 보기 ⓐ 六楼   ⓑ 八楼 ✓   ⓒ 十楼
             liù lóu   bā lóu   shí lóu
             6층   8층   10층

   음성 남: 美来，我最近越来越胖了，今天我要爬上去。
       Měilái, wǒ zuìjìn yuèláiyuè pàng le, jīntiān wǒ yào pá shàngqu.
       미래 씨, 저 최근에 갈수록 살이 쪄서, 오늘은 걸어 올라가야겠어요.
       여: 东喜，我们办公室在八楼，你不会累吗? 我要坐电梯上去。
       Dōngxǐ, wǒmen bàngōngshì zài bā lóu, nǐ bú huì lèi ma? Wǒ yào zuò diàntī shàngqu.

동희 씨, 우리 사무실이 8층에 있는데, 안 피곤하겠어요? 저는 엘리베이터 타고 올라갈래요.

질문: 동희 씨의 사무실은 몇 층에 있나요?

4 1) 我越来越(喜)欢你了。
       Wǒ yuèláiyuè (xǐ)huan nǐ le.
       나는 갈수록 네가 좋아져.

   2) (给)我你的包。
       (Gěi) wǒ nǐ de bāo.
       가방 주세요.

5 1) 是总经理。
       Shì zǒngjīnglǐ.
       사장님이세요.

   2) 天气越来越热。
       Tiānqì yuèláiyuè rè.
       날씨가 갈수록 더워요.

6 1) 上课了，学生们都进教室去。
       Shàngkè le, xuéshengmen dōu jìn jiàoshì qù.
       수업이 시작되자, 학생들이 모두 교실로 들어가요.

   2) 她不在咖啡厅，已经走回去了。
       Tā bú zài kāfēitīng, yǐjing zǒu huíqu le.
       그녀는 카페에 없어요, 이미 걸어서 돌아갔어요.

연습문제로 실력다지기 정답

DAY 15

1
1) 문장: 你可以问他这个怎么卖吗?
   병음: Nǐ kěyǐ wèn tā zhè ge zěnme mài ma?
   뜻: 당신이 그에게 이거 어떻게 파는지 물어봐 주실 수 있나요?

2) 문장: 这里太吵了，我受不了。
   병음: Zhèli tài chǎo le, wǒ shòu bu liǎo.
   뜻: 여기 너무 시끄러워서, 참을 수가 없어요.

3) 문장: 我想回家!
   병음: Wǒ xiǎng huíjiā!
   뜻: 저 집에 가고 싶어요!

2
1) 문장: 我正在做作业。(✗)
   Wǒ zhèngzài zuò zuòyè.
   저는 숙제를 하는 중이에요.
   음성: 我正在非常努力地做资料。
   Wǒ zhèngzài fēicháng nǔlì de zuò zīliào.
   저는 매우 열심히 자료를 만드는 중이에요.

2) 문장: 东喜问我她的名字。(✓)
   Dōngxǐ wèn wǒ tā de míngzi.
   동희가 나에게 그녀의 이름을 물어요.
   음성: 东喜问我她叫什么名字。
   Dōngxǐ wèn wǒ tā jiào shénme míngzi.
   동희가 나에게 그녀의 이름이 무엇인지 물어요.

3 보기 ⓐ 行李箱 ✓   ⓑ 手机   ⓒ 电脑
        xínglǐxiāng   shǒujī   diànnǎo
        트렁크   휴대폰   컴퓨터

음성 남: 露露，我想买那个行李箱，但是我听不懂他说什么。
Lùlu, wǒ xiǎng mǎi nà ge xínglǐxiāng, dànshì wǒ tīng bu dǒng tā shuō shénme.
루루 씨, 저는 저 트렁크 사고 싶어요, 그런데 그가 뭐라고 말하는지 못 알아듣겠어요.

여: 啊，东喜我听得懂，他说八百块钱。
À, Dōngxǐ wǒ tīng de dǒng, tā shuō bābǎi kuài qián.
아, 동희 씨, 저는 알아들을 수 있어요. 그가 800위안이라 말하네요.

질문: 동희 씨가 사려고 하는 것은 무엇인가요?

4
1) 我打算(送)我妈妈一个钱包。
   Wǒ dǎsuan (sòng) wǒ māma yí ge qiánbāo.
   나는 우리 엄마에게 지갑 하나를 선물하려고 해요.

2) 我们慢慢儿(地)走路，好吗?
   Wǒmen mànmānr (de) zǒulù, hǎo ma?
   우리 천천히 길을 걷는 게, 어때요?

5
1) 你做得了这件事吗?
   Nǐ zuò de liǎo zhè jiàn shì ma?
   너는 이 일을 할 수 있니?

2) 明天你去得了百货大楼吗?
   Míngtiān nǐ qù de liǎo bǎihuòdàlóu ma?
   내일 너는 백화점에 갈 수 있니?

6
1) 我们今天做得完。
   Wǒmen jīntiān zuò de wán.
   우리는 오늘 다 할 수 있어요.

2) 你听得清楚听不清楚?
   Nǐ tīng de qīngchu tīng bu qīngchu?
   당신은 분명히 들을 수 있어요 없어요?

DAY 16

1 1) 문장 总经理让我复印这个文件。
   병음 Zǒngjīnglǐ ràng wǒ fùyìn zhè ge wénjiàn.
   뜻 사장님이 저에게 이 서류를 복사하라고 시키셨어요.

   2) 문장 我请你吃意大利面。
   병음 Wǒ qǐng nǐ chī yìdàlìmiàn.
   뜻 내가 스파게티 살게요.

   3) 문장 这件事我今天得做完……。
   병음 Zhè jiàn shì wǒ jīntiān děi zuò wán…….
   뜻 이 일 오늘 꼭 끝내야 하는데….

2 1) 문장 总经理正在准备资料。(✗)
   Zǒngjīnglǐ zhèngzài zhǔnbèi zīliào.
   사장님은 지금 서류를 준비하고 있어요.
   음성 总经理让我准备资料。
   Zǒngjīnglǐ ràng wǒ zhǔnbèi zīliào.
   사장님이 저에게 서류를 준비하라고 시키셨어요.

   2) 문장 我要去超市。(✓)
   Wǒ yào qù chāoshì.
   나는 슈퍼에 가야 해.
   음성 家里没有米，我得去超市买。
   Jiāli méiyǒu mǐ, wǒ děi qù chāoshì mǎi.
   집에 쌀이 없어서, 나는 슈퍼에 사러 가야 해.

3 보기 ⓐ 报告   ⓑ 复印 ✓   ⓒ 做资料
           bàogào   fùyìn   zuò zīliào
           보고하다   복사하다   자료를 만들다

   음성 여: 东喜，总经理让美来去参加研讨会，所以你和我一起做一下资料吧。
   Dōngxǐ, zǒngjīnglǐ ràng Měilái qù cānjiā yántǎohuì, suǒyǐ nǐ hé wǒ yìqǐ zuò yíxià zīliào ba.
   동희 씨, 사장님이 미래 씨에게 세미나 참석하라고 시키셔서 그러니 나랑 같이 자료 좀 만들어요.

   남: 不好意思科长，总经理让我复印这个文件，我很忙。
   Bù hǎo yìsi kēzhǎng, zǒngjīnglǐ ràng wǒ fùyìn zhè ge wénjiàn, wǒ hěn máng.
   죄송합니다, 과장님. 사장님이 저에게 이 서류를 복사하라고 시키셔서요, 저는 바쁩니다.
   질문: 사장님은 동희 씨에게 무엇을 시키셨나요?

4 1) 老师(叫)我做作业。
   Lǎoshī (jiào) wǒ zuò zuòyè.
   선생님이 저에게 숙제를 하라고 했어요.

   2) 我(请)她帮我。
   Wǒ (qǐng) tā bāng wǒ.
   나는 그녀에게 나를 도와달라고 청했어요.

5 1) 上课的时候不得玩儿手机。
   Shàngkè de shíhou bù dé wánr shǒujī.
   수업할 때에는 핸드폰을 가지고 놀아서는 안 돼.

   2) 那是露露的。
   Nà shì Lùlu de.
   그것은 루루의 것이야.

6 1) 妈妈叫我洗衣服。
   Māma jiào wǒ xǐ yīfu.
   엄마가 저에게 옷을 세탁하라고 했어요.

   2) 那不是你已经说的吗？
   Nà bú shì nǐ yǐjing shuō de ma?
   그건 네가 이미 말한 것이 아니니?

연습문제로 실력다지기 정답

DAY 17

p.244

1 1) 문장 你是怎么做到的?
병음 Nǐ shì zěnme zuò dào de?
뜻 너 어떻게 해낸 거니?

2) 문장 我的汉语水平还是没有你高。
병음 Wǒ de Hànyǔ shuǐpíng háishi méiyǒu nǐ gāo.
뜻 내 중국어 실력은 그래도 너만큼 높지는 않아.

3) 문장 其实我正在打算下个月就要去留学了。
병음 Qíshí wǒ zhèngzài dǎsuan xià ge yuè jiùyào qù liúxué le.
뜻 사실 다음 달에 바로 유학 가려고 계획 중이야.

2 1) 문장 今天比昨天冷。(✗)
Jīntiān bǐ zuótiān lěng.
오늘은 어제보다 추워요.
음성 今天没有昨天冷。
Jīntiān méiyǒu zuótiān lěng.
오늘은 어제만큼 춥지 않아요.

2) 문장 我比哥哥高。(✓)
Wǒ bǐ gēge gāo.
나는 형보다 (키가) 커요.
음성 我比哥哥高五厘米。
Wǒ bǐ gēge gāo wǔ límǐ.
나는 형보다 (키가) 5cm 더 커요.

3 보기 ⓐ 50分 ✓   ⓑ 55分   ⓒ 60分
wǔshí fēn   wǔshíwǔ fēn   liùshí fēn
50점   55점   60점

음성 남: 露露，我的汉语水平考试成绩比上次的高五十分！
Lùlu, wǒ de Hànyǔ Shuǐpíng Kǎoshì chéngjì bǐ shàngcì de gāo wǔshí fēn!
루루야, 내 HSK 점수가 지난번보다 50점 높아!

여: 真的吗? 民俊，恭喜恭喜!
Zhēn de ma? Mínjùn, gōngxǐ gōngxǐ!
정말? 민준아, 축하해!

질문: 민준이의 HSK 점수는 몇 점 올랐나요?

4 1) 我(快)要出国了。
Wǒ (kuài)yào chūguó le.
나는 곧 출국하려 해.

2) 今天比昨天(还)冷。
Jīntiān bǐ zuótiān (hái) lěng.
오늘은 어제보다 더 추워요.

5 1) 天阴了，要下雨了。
Tiān yīn le, yào xiàyǔ le.
날씨가 흐려졌어, 곧 비가 오려 하네.

2) 他比我冷静。
Tā bǐ wǒ lěngjìng.
그는 나보다 침착해.

6 1) 这次研讨会对科长来说很重要。
Zhècì yántǎohuì duì kēzhǎng lái shuō hěn zhòngyào.
이번 세미나는 과장님에게 있어 중요해요.

2) 我没有他幽默。
Wǒ méiyǒu tā yōumò.
나는 그만큼 유머러스하지 않아.

DAY 18

p.258

1
1) 문장　今天的气温跟昨天的气温一样高。
   병음　Jīntiān de qìwēn gēn zuótiān de qìwēn yíyàng gāo.
   뜻　오늘의 기온이 어제의 기온과 똑같이 높아요.

2) 문장　我身体很好，也没有发烧。
   병음　Wǒ shēntǐ hěn hǎo, yě méiyǒu fāshāo.
   뜻　나 몸은 괜찮고, 열도 없는데.

3) 문장　除了您以外，没有会教我的人。
   병음　Chúle nín yǐwài, méiyǒu huì jiāo wǒ de rén.
   뜻　당신 외에는 저를 가르쳐 줄 사람이 없습니다.

2
1) 문장　露露没有电脑。(✓)
   Lùlu méiyǒu diànnǎo.
   루루는 컴퓨터가 없어요.
   음성　除了露露，我们都有电脑。
   Chúle Lùlu, wǒmen dōu yǒu diànnǎo.
   루루 이외에, 우리는 모두 컴퓨터를 가지고 있어요.

2) 문장　我喜欢运动。(✗)
   Wǒ xǐhuan yùndòng.
   나는 운동을 좋아해요.
   음성　除了我以外，他们都喜欢运动。
   Chúle wǒ yǐwài, tāmen dōu xǐhuan yùndòng.
   나 이외에, 그들은 모두 운동을 좋아해요.

3　보기　ⓐ 冷 ✓　　ⓑ 热　　ⓒ 暖和
　　　　　lěng　　　rè　　　nuǎnhuo
　　　　　춥다　　　덥다　　따뜻하다

음성　남: 今天办公室有点冷吧?
　　　　Jīntiān bàngōngshì yǒudiǎn lěng ba?
　　　　오늘 사무실이 조금 춥지 않아요?
　　　여: 是啊，我也觉得很冷。
　　　　Shì a, wǒ yě juéde hěn lěng.
　　　　그러네요, 저도 추운 것 같아요.
　　　질문: 사무실은 어떤가요?

4
1) 他性(格)很幽默。
   Tā xìng(gé) hěn yōumò.
   그는 성격이 유머러스해요.

2) (怪)不得你没有来上课。
   (Guài)bude nǐ méiyǒu lái shàngkè.
   어쩐지 네가 수업을 들으러 안 왔다 했어.

5
1) 我觉得跟昨天一样。
   Wǒ juéde gēn zuótiān yíyàng.
   저는 어제랑 똑같은 것 같습니다.

2) 我肚子疼。
   Wǒ dùzi téng.
   배가 아파요.

6
1) 我的衣服跟她的衣服不一样大。
   Wǒ de yīfu gēn tā de yīfu bù yíyàng dà.
   나의 옷은 그녀의 옷과 크기가 같지 않아요.

2) 我为什么觉得更冷?
   Wǒ wèishénme juéde gèng lěng?
   난 왜 더 추운 것 같지?

연습문제로 실력다지기 정답

DAY 19

p.272

1 1) 문장 上周我把电子邮件发给你了。
     병음 Shàng zhōu wǒ bǎ diànzǐyóujiàn fā gěi nǐ le.
     뜻 지난주에 내가 너에게 이메일을 보냈었는데.

  2) 문장 连门都不敢出去。
     병음 Lián mén dōu bù gǎn chūqu.
     뜻 문조차도 나갈 수 없어.

  3) 문장 鸡蛋有是有，可是不新鲜。
     병음 Jīdàn yǒu shì yǒu, kěshì bù xīnxiān.
     뜻 달걀이 있긴 있어요, 그러나 신선하지 않아요.

2 1) 문장 我看完了那本书。(✓)
     Wǒ kàn wán le nà běn shū.
     나는 그 책을 다 봤어요.
     음성 我把那本书看完了。
     Wǒ bǎ nà běn shū kàn wán le.
     나는 그 책을 다 봤어요.

  2) 문장 老师打扫了教室。(✗)
     Lǎoshī dǎsǎole jiàoshì.
     선생님이 교실을 청소했어요.
     음성 我们把教室打扫得很干净。
     Wǒmen bǎ jiàoshì dǎsǎo de hěn gānjìng.
     우리가 교실을 깨끗하게 청소했어요.

3 보기 ⓐ 上海   ⓑ 首尔   ⓒ 北京 ✓
         Shànghǎi Shǒu'ěr   Běijīng
         상해   서울   북경

  음성 여: 民俊，你好！在北京生活得怎么样？
         Mínjùn, nǐ hǎo! Zài Běijīng shēnghuó de zěnmeyàng?
         민준아, 안녕! 북경 생활은 어때?

     남: 非常有意思，不过最近太冷了，连门都不敢出去。
         Fēicháng yǒu yìsi, búguò zuìjìn tài lěng le, lián mén dōu bù gǎn chūqu.
         정말 재밌어. 그런데 요즘은 너무 추워서 문조차도 나갈 수 없어.

     질문: 민준이는 지금 어디에 살고 있나요?

4 1) 我把电视(关)了。
     Wǒ bǎ diànshì (guān) le.
     제가 TV를 껐어요.

  2) 我只不(过)想帮你罢了。
     Wǒ zhǐbú(guò) xiǎng bāng nǐ bàle.
     나는 그저 너를 돕고 싶을 뿐이야.

5 1) 我只是认真地学习罢了。
     Wǒ zhǐshì rènzhēn de xuéxí bàle.
     나는 단지 열심히 공부했을 뿐인데 말야.

  2) 好吃是好吃，但是太辣了。
     Hǎochī shì hǎochī, dànshì tài là le.
     맛있긴 맛있어요, 그런데 너무 매워요.

6 1) 我把它放在桌子上了。
     Wǒ bǎ tā fàng zài zhuōzi shang le.
     저는 그것을 책상 위에 두었어요.

  2) 我把行李箱搬到那儿了。
     Wǒ bǎ xínglǐxiāng bān dào nàr le.
     제가 트렁크를 저기로 옮겼어요.

DAY 20

p.286

1
1) 문장 听说我是被您推荐的。
   병음 Tīngshuō wǒ shì bèi nín tuījiàn de.
   뜻 제가 당신의 추천을 받았다고 들었습니다.

2) 문장 我不记得了。
   병음 Wǒ bú jìde le.
   뜻 난 기억 안 나는데.

3) 문장 祝你一路顺风。
   병음 Zhù nǐ yílùshùnfēng.
   뜻 하는 일이 모두 잘 되길 바랄게요.

2
1) 문장 我妹妹昨天没喝牛奶。(×)
   Wǒ mèimei zuótiān méi hē niúnǎi.
   내 여동생은 어제 우유를 마시지 않았어요.
   음성 那个牛奶昨天被我妹妹喝光了。
   Nà ge niúnǎi zuótiān bèi wǒ mèimei hē guāng le.
   그 우유는 어제 내 여동생이 다 마셨어요.

2) 문장 我的钱包没有了。(✓)
   Wǒ de qiánbāo méiyǒu le.
   내 지갑이 없어졌어요.
   음성 我的钱包被偷走了。
   Wǒ de qiánbāo bèi tōu zǒu le.
   내 지갑은 (누군가) 훔쳐갔어요.

3 보기 ⓐ 明年　　ⓑ 下个星期　　ⓒ 下个月 ✓
　　　　míngnián　　xià ge xīngqī　　xià ge yuè
　　　　내년　　　　다음 주　　　　다음 달

음성 남: 张科长，下个月我被公司调到中国总公司了。
　　　Zhāng kēzhǎng, xià ge yuè wǒ bèi gōngsī diào dào Zhōngguó zǒnggōngsī le.
　　　장 과장님, 다음 달에 제가 회사에 의해 중국 본사로 가게 되었어요.

여: 东喜，太好了!
　　Dōngxǐ, tài hǎo le!
　　동희 씨, 정말 잘됐네요!

질문: 동희 씨는 언제 중국 본사에 가나요?

4
1) 你的雨伞(没)被人拿走。
   Nǐ de yǔsǎn (méi) bèi rén ná zǒu.
   너의 우산은 누구도 안 들고갔어.

2) 你要记(住)学过的内容。
   Nǐ yào jì(zhu) xuéguo de nèiróng.
   당신은 배운 내용을 기억해두어야 해요.

5
1) 感谢您这么说。
   Gǎnxiè nín zhème shuō.
   그렇게 말씀해주셔서 감사합니다.

2) 祝你好运。
   Zhù nǐ hǎo yùn.
   행운을 빕니다.

6
1) 我被我妈妈批评了。
   Wǒ bèi wǒ māma pīpíngle.
   나는 우리 엄마에 의해 꾸지람 들었어.

2) 今天你看上去身体不舒服。
   Jīntiān nǐ kàn shàngqu shēntǐ bù shūfu.
   오늘 너는 몸이 안 좋아 보인다.